जनसंचार माध्यम और विशेष लेखन
स्वरूप और प्रकार

जनसंचार माध्यम और विशेष लेखन

(स्वरूप और प्रकार)

प्रो. निरंजन सहाय

लोकभारती प्रकाशन

लोकभारती प्रकाशन
पहली मंजिल, दरबारी बिल्डिंग, महात्मा गांधी मार्ग
प्रयागराज-211 001

वेबसाइट : www.lokbhartiprakashan.com
ई-मेल : info@lokbhartiprakashan.com

शाखाएँ : 1-बी, नेताजी सुभाष मार्ग, दरियागंज
नई दिल्ली-110 002
अशोक राजपथ, साइंस कॉलेज के सामने
पटना-800 006
1, अनमोल सोराबजी संतुक लेन, धोबी तलाव,
मरीन लाइंस, मुम्बई-400 002

पहला संस्करण : 2023

मूल्य : ₹695

This book is printed on **Print on Demand** Technology : 2025

JANSANCHAR MADHYAM
AUR VISHESH LEKHAN
(Swaroop Aur Prakar)
by Prof. Niranjan Sahay

ISBN : 978-93-93603-61-6

भूमिका

मौजूदा दौर की हिन्दी आत्मविश्वास से सम्पन्न है। हिन्दी का यह जनतंत्र अंग्रेजी के आभिजात्य से डरा और घबराया हुआ नहीं है। हिन्दी संस्कृत की अनुकृति मात्र भी नहीं रही अब। वह संस्कृत, जनपदीय भाषाओं, अंग्रेजी और उर्दू से बतियाती हुई खुद की पहचान बनाने में सफल हुई है। वह धीरे-धीरे एक समर्थ भाषा के रूप स्थापित होकर अपने नए दौर के हौसले और भरोसे में बढ़ोतरी कर रही है। राष्ट्रीय शिक्षा नीति 2020 ने भाषा के सिलसिले में दो बातों पर बल दिया है—पहली बात, मातृभाषा में शिक्षा की वकालत और दूसरी बात, बहुभाषिकता की व्याप्ति और ताकत को शिक्षायी नीति-निर्धारण में स्वीकार। सवाल यह है कि इससे हिन्दी पर क्या असर होगा? शिक्षा की दुनिया में भाषा का जिक्र दो सन्दर्भों में होता है—विषय के रूप में और माध्यम भाषा के रूप में। हिन्दी की दुनिया विषय के रूप में अपने विस्तार को बदलते दौर में बनाए रखे, इसके लिए जरूरी है कि उसमें रोजगार की सम्भावनाएँ बरकरार रहें। जब मातृभाषा में शिक्षा की बात की जाती है तो एक बड़े भूभाग की मातृभाषा हिन्दी होने के कारण इस भाषा का माध्यम भाषा के रूप में स्वीकार, सरकारी नीतियों में एक बड़े बदलाव की ओर बढ़ने के संकल्प को जाहिर करता है।

हिन्दी और रोजगार के सघन रिश्ते का विस्तार अनेक क्षेत्रों में हुआ है। मुख्य रूप से उन्हें दो भागों में विभाजित करना सम्भव है—विभिन्न जनसंचार माध्यम और विशेष लेखन। अखबार, रेडियो, टेलीविजन, फिल्म, धारावाहिक, फीचर, कविता, कहानी, पटकथा, सोशल मीडिया, ट्विटर, ब्लॉग—न जाने ऐसे कितने क्षेत्र हैं जिनमें रोजगार की नई-नई सम्भावनाओं के प्रवेश द्वार खुल रहे हैं। यह बात जरूर समझ लेना चाहिए कि हिन्दी की ताकत को बढ़ाने में भोजपुरी,

अवधी, ब्रजभाषा, बुन्देली आदि जनपदीय भाषाओं की खासी भूमिका रही है। जाहिर बात यह है कि आज की हिन्दी केवल संस्कृत, उर्दू और अंग्रेजी से ही नहीं विभिन्न जनपदीय भाषाओं से भी अपनी जड़ों को मजबूत करने का निरन्तर अभ्यास कर रही है। जाहिर है, हिन्दी के रोजगारपरक संसार के लिए दक्ष और प्रशिक्षित युवाओं/युवतियों की आवश्यकता अबाध रूप से विस्तृत हो रही है।

राष्ट्रीय शिक्षा नीति 2020 की प्रस्तावना है कि नए और पारम्परिक रोजगार क्षेत्रों में कौशल विकास के समयानुकूल आयाम जुड़ें, इस महती आवश्यकता के अनुरूप पुस्तक निर्मित की गई है।

पुस्तक निर्माण के दरमियान अनेक अभिलेखों, पुस्तकालयों और विविध लेखन सामग्रियों की आधारभूत जरूरतों के सिलसिले में जवाहरलाल नेहरू विश्वविद्यालय के जनसंचार संस्थान के शोधार्थी अक्षत सेठ ने अकल्पनीय सहायता की। लेखक इस श्रमसाध्य कार्य के लिए आभारी है। अन्त में श्री आमोद जी, राजकमल प्रकाशन, दिल्ली का विशेष आभार कि इतने कम समय में सुरुचिपूर्ण तरीके से पुस्तक का प्रकाशन सम्भव किया।

वाराणसी, 07 जून, 2022

—निरंजन सहाय

क्रम

भाग : एक

संचार माध्यम : परिचय

भाग : दो

संचार माध्यमों के लिए लेखन

भाग : एक

संचार माध्यम : परिचय

अध्याय : एक

संचार

हम सब बचपन से ही यह सुनते बड़े हुए हैं कि 'मनुष्य एक सामाजिक प्राणी है'। मानव सभ्यता के उद्‌गम से ही मनुष्य ने समूहों में रहना सीख लिया था। शुरुआत में हम कोई भाषा भी नहीं जानते थे। खेती के आविष्कार से पहले कच्चे-पके फल आदि ही खाते थे और गुफाओं में जीवनयापन किया करते थे। उस समय से चलके आज हम ऐसे दौर में हैं जब पलक झपकते हम हजारों मील दूर बैठे परिचित से चेहरा देखते हुए बात कर सकते हैं, जिसे सम्भव किया है इंटरनेट और सूचना क्रान्ति के नूतन आविष्कार 'वीडियो कॉल' ने, जिसमें डाटा एक सेकंड से भी कम समय में वह दूरी तय कर लेता है।

इस विशाल समय में कई महत्त्वपूर्ण पड़ाव आए। हमने बोलने के साथ-साथ गाना सीखा, विभिन्न वाद्य यंत्र बनाए एवं संगीत की रचना की। पहले पत्तों पर लिखना सीखा और फिर काग़ज़ का निर्माण हुआ, जिससे लिखे गए को संरक्षित रखना सम्भव हुआ। पन्द्रहवीं सदी में छापेखाने के आविष्कार ने वह रास्ता दिखाया, जिससे अखबार और किताब लाखों-करोड़ों लोगों तक पहुँच सकें। टेलीग्राफ की तारों से कोई भी लिखित सन्देश चन्द मिनटों में अपनी मंजिल तक पहुँचने लगा। टेलीफोन से हम एक-दूसरे से एक ही समय पर दूर बैठकर बात करने में सक्षम हुए। रेडियो से समाचार तथा विश्वभर में चल रहे घटनाक्रम की सूचना मिनटों में श्रोता तक पहुँची। टेलीविजन से हम सुनने के साथ घटनाएँ घटित होते देख भी सकते थे और कम्प्यूटर, मोबाइल फोन और तार रहित इंटरनेट आने के बाद तो देखने, सुनने, पढ़ने तथा समझने की इस गति में लगातार तेजी आती गई है। हाल ही में हम एक वैश्विक महामारी से गुजरे हैं, जिसके कारण हम कई महीनों तक बाहर नहीं निकल पाए। ऐसे में आज की अत्याधुनिक संचार तकनीक से यह सम्भव हुआ कि हम एक-दूसरे से बात कर सकें, ऑनलाइन कक्षाएँ चला सकें और देश-दुनिया की गतिविधियों से परिचित रह सकें।

हजारों वर्षों के इस तकनीकी कालक्रम में जो एक चीज समान रही है वह है—*अपनी बात दूसरों तक पहुँचाने की आवश्यकता*। आदि मानव इशारों से एक-दूजे

को खतरे की चेतावनी देते थे, तो हम आज विभिन्न प्रयोजनों के लिए लिखित से लेकर वीडियो सन्देश और कॉन्फ्रेंसिंग तक कर लेते हैं। संचार अपने विचारों और जरूरतों को इसी तरह दूसरों तक पहुँचाने का काम है। हमारी आपस में एक-दूसरे को अपनी बात समझा पाने और दूसरे व्यक्ति अथवा व्यक्तियों की बात समझ पाने की चाहत से ही संचार की प्रक्रिया जन्म लेती है।

आइए, हम संचार की परिभाषा को और बेहतर तरीके से समझते हैं।

संचार : परिभाषा एवं व्याप्ति

आधुनिक हिन्दी भाषा में मौजूद 'संचार' शब्द की उत्पत्ति संस्कृत की एक धातु एवं एक उपसर्ग से हुई है :

संचार = सम् + चर

इसमें 'चर' धातु का अर्थ है *चलना* जबकि 'सम्' उपसर्ग का अर्थ है *सही।* अतः संचार का शाब्दिक अर्थ होगा 'सम्यक् / सही रूप से चलकर कहीं पहुँचना'। अतः, यह स्पष्ट है कि हमारे भावों / विचारों / इच्छाओं का एक जगह से चलकर दूसरी जगह (या व्यक्ति तक) पहुँचना संचार की मूल प्रक्रिया है। अंग्रेजी में संचार को 'कम्यूनिकेशन' कहा जाता है। इस शब्द की उत्पत्ति लैटिन भाषा के शब्द 'कम्यूनिकेयर' से हुई है, जिसका अर्थ है *बाँटना, साझा करना।* अतः हिन्दी और अंग्रेजी, दोनों भाषाओं में 'संचार' शब्द के भावार्थ से दो बातें स्पष्ट हैं :

1. किसी विचार या भाव का एक व्यक्ति द्वारा दूसरे व्यक्ति / व्यक्तियों से बाँटना।
2. उस भाव या विचार का एक जगह / व्यक्ति से चलकर दूसरे तक सही रूप में पहुँचना।

अब हम संचार की कुछ औपचारिक तथा तकनीकी परिभाषाएँ समझेंगे :

दो या दो से अधिक व्यक्तियों के बीच सूचनाओं, विचारों और भावनाओं का आदान-प्रदान 'संचार' कहलाता है।

ऑक्सफोर्ड शब्दकोश के अनुसार, सूचनाओं और विचारों के आदान-प्रदान की प्रक्रिया को 'संचार' कहा जाता है।

पीटर लिटिल के अनुसार 'संचार वह प्रक्रिया है' जिससे व्यक्तियों तथा समूहों के बीच सूचनाओं का इस तरह आदान-प्रदान होता है, जिससे वे एक दूसरे को समझ सकें।

जॉन मेरिल तथा राल्फ लवेंस्टीन के अनुसार, संचार अपने भागीदारों में आपसी समझदारी पैदा करने की प्रक्रिया है।

विलबर श्रैम के अनुसार, संचार अनुभवों की साझेदारी है।

इन परिभाषाओं में कुछ चीजें समान हैं, जैसे—*सूचनाओं, विचारों तथा भावों का आदान-प्रदान* जबकि कुछ परिभाषाएँ संचार के अलग-अलग आयाम बतातीं हैं—मसलन, *एक-दूसरे को समझना।* जब हम आगे संचार के विभिन्न हिस्सों के बारे में जानेंगे तो हमें समझ आएगा कि 'एक-दूसरे को समझना' कई अन्य कारकों पर निर्भर करता है।

हम संचार की कुछ अनिवार्य शर्तें भी इस परिभाषा से समझ सकते हैं :

1. संचार में कम-से-कम दो व्यक्ति आवश्यक हैं। यदि आप अपने मित्र से बात कर रहे हैं तो यह दो होगा जबकि टेलीविजन पर समाचार का प्रसारण दो से अधिक, यानी लाखों व्यक्तियों तक होगा।
2. संचार में 'आदान-प्रदान' आवश्यक है। आप अपने सहपाठी से कुछ पूछें और वह सर हिलाकर 'हाँ' या 'न' में इशारे से जवाब दे तो यह सूचनाओं का आदान-प्रदान है।

हम यह समझ ही गए हैं कि संचार में मूलत: क्या होता है? अब हमारे समक्ष या प्रश्न खड़ा होता है कि संचार कैसे होता है और संचार प्रक्रिया क्या चीज है? इसके आगे हमें यह भी जानने की जरूरत है कि संचार प्रक्रिया के क्या-क्या भाग हैं और वे किस प्रकार संचार प्रक्रिया को सुचारू रूप से संचालित करने में सहायक होते हैं? इन प्रश्नों का उत्तर जानने से हम संचार को और बेहतर रूप से समझ पाएँगे।

संचार प्रक्रिया और उसके विभिन्न अंग

जैसा कि पिछले भाग के अन्त में हमने कहा, संचार कैसे घटित होता है, यह जानना हमारे लिए आवश्यक है। हमने संचार की कई परिभाषाएँ जानीं, किन्तु 1948 में संचारशास्त्र के जाने-माने प्रणेता हैरॉल्ड लैसवेल द्वारा दी गई संचार की परिभाषा इस प्रश्न का उत्तर जानने के दरवाजे खोलती है :

लैसवेल के अनुसार, संचार प्रक्रिया का सार है कि किसने किससे किस माध्यम द्वारा क्या कहा और उसका (यानी कहे गए का) क्या प्रभाव पड़ा?

हम इसको कुछ उदाहरणों से बेहतर समझ सकते हैं।

- सलीम ने जावेद की सराहना की और जावेद प्रसन्न हो गए।

- अमेरिकी राष्ट्रपति बाइडेन ने फ्रांस के राष्ट्रपति मेक्रॉन से फोन पर बात की, जिसके बाद फ्रांस ने अपना राजदूत अमेरिका वापस भेज दिया।
- सुश्री रमा गोपाल जी ने अपने गीतों से ऐसा समां बाँधा कि श्रोता मंत्रमुग्ध हो गए।

यहाँ हम आसानी से अन्दाजा लगा सकते हैं कि तीनों वाक्यों में 'किसने', 'किस्से', 'क्या', 'माध्यम' और 'प्रभाव' कौन से हैं? 'माध्यम' को लेकर जहाँ दूसरे वाक्य में यह साफ है कि वह टेलीफोन और आवाज है, पहले वाक्य में स्पष्ट न कहे जाने पर भी जाहिर है कि माध्यम ध्वनि है, वहीं तीसरे वाक्य में गीत तथा हॉल में लगा हुआ माइक। महत्त्वपूर्ण बात यह है कि हम संचार प्रक्रिया को न सिर्फ एक सिलसिलेवार तरीके से देख सकते हैं बल्कि हममें उसके विभिन्न अवयवों को अलग-अलग करके देखने की दृष्टि भी विकसित होती है।

यदि हम इस संचार प्रक्रिया को दर्शाने के लिए संचारकर्ताओं को बिन्दुओं (बिन्दु 1 और बिन्दु 2) के माध्यम से प्रदर्शित करें, तो ऊपर दी गई लैसवेल की परिभाषा को हम निम्न चित्र के रूप में दिखा सकते हैं :

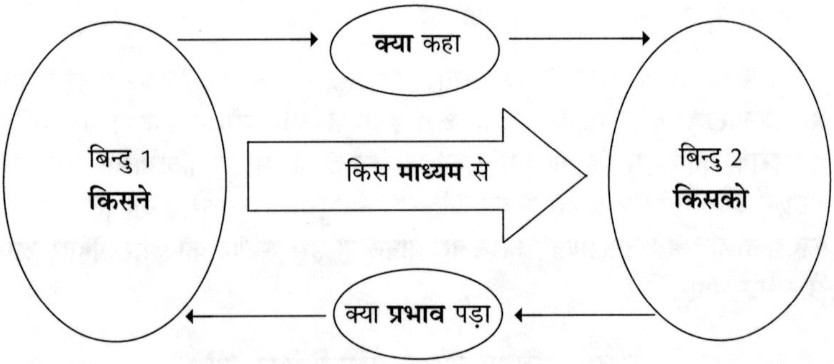

चित्र 1.1 : संचार प्रक्रिया

इस चित्र में हम देख सकते हैं कि संचारित किया गया विषय बिन्दु 1 से बिन्दु 2 के बीच एक माध्यम की सहायता से पहुँचता है, जिसका प्रभाव बिन्दु 2 से बिन्दु 1 की ओर वापस जाता है। यदि बिन्दु 1 तथा 2 की जगह हम बात कर रहे दो व्यक्तियों की कल्पना करें तो 1 द्वारा कही गई बात के प्रत्युत्तर में 2 द्वारा कही गई बात 'प्रभाव' भी दर्शाएगी और 1 द्वारा पुनः जवाब दिए जाने पर संचार प्रक्रिया उलटी दिशा में प्रवाह करेगी। इस तरह हम चित्र की सहायता

से यह भी समझ सकते हैं कि *सूचनाओं, विचारों या भावों का आदान प्रदान किस प्रकार होता है!*

अब हम इस संचार प्रक्रिया के अलग-अलग हिस्सों को विस्तार से समझेंगे :

स्रोत

हम यह बात भली-भाँति जानते हैं कि एक नदी अपने हिमखंड या ग्लेशियर से शुरू होकर ही सागर तक का रास्ता तय करती है अर्थात् वह ग्लेशियर इस नदी का प्रस्थान बिन्दु है। संचार की प्रक्रिया शुरू करने के लिए ऐसे ही प्रस्थान बिन्दु की आवश्यकता है और बिना इसके संचार हो ही नहीं सकता। 'स्रोत' आसान भाषा में यही उद्‌गम स्थल है, जिससे संचार की धारा बहते हुए अपनी मंजिल की ओर जाती है।

स्रोत संचार प्रक्रिया का सबसे शुरुआती हिस्सा है, जिसके द्वारा सूचना, विचार तथा भाव दूसरे तक पहुँचाए जा सकें। यदि आप सामान लेने दुकान पर जाते हैं और विक्रेता से सामान माँगने के लिए संचार प्रक्रिया शुरू करते हैं तो आप संचार का स्रोत हैं। जो व्यक्ति संचार की यह प्रक्रिया शुरू करता है, उसे 'संचारक' या 'प्रेषक' भी कहा जा सकता है। हालाँकि हमें यह समझना होगा कि स्रोत और संचारक में एक महीन फर्क है। यदि कोई वैज्ञानिक अपने नए आविष्कार की सूचना देने के लिए खुद ही लेख या वीडियो सोशल मीडिया पर डाल दे तो वह स्रोत भी है और संचारक भी, लेकिन यदि इसके लिए वह किसी समाचार या विज्ञापन एजेंसी का सहारा ले तो सूचना का स्रोत तो वह है, लेकिन बाकी सबको वह सूचना देनेवाला प्रेषक वह एजेंसी होगी।

इस आलोक में स्रोत की एक नई परिभाषा उपजती है :

स्रोत वह व्यक्ति, समूह या संस्था है जहाँ सूचना, विचार या भावना की उत्पत्ति होती है।

स्रोत का काम यह तय करना है कि वह अपना सन्देश किस प्रकार पहुँचाएगा, उसके लिए कैसा माध्यम चुनेगा और कितने व्यक्तियों तक वह सन्देश प्रसारित करेगा? इसके अलावा अपना सन्देश भेजने से पूर्व स्रोत को यह योजना तैयार रखनी होगी, जिससे उसके सन्देश का प्राप्त करनेवाले व्यक्तियों पर वही असर पड़े जैसा वह चाहता है। स्रोत का कार्य यह भी है कि प्राप्तकर्ता की प्रतिक्रिया को समझे और उसी के आधार पर अगला सन्देश भेजे।

हम इसका सबसे अच्छा उदाहरण विज्ञापन एजेंसी में देख सकते हैं। विज्ञापन एजेंसी किसी सामान की बिक्री बढ़ाने के लिए ग्राहकों के बीच उसका व्यापक प्रचार करने के उद्‌देश्य से विज्ञापन तैयार करने का स्रोत है। एजेंसी तय करती है

कि सन्देश क्या होगा, किस तरह दिखाया जाएगा और किन-किन माध्यमों (अखबार, टेलीविजन, रेडियो, इंटरनेट) के जरिये प्रसारित किया जाएगा? बाजार में अपने सन्देश को मिली अच्छी या बुरी प्रतिक्रिया के आधार पर ही विज्ञापन एजेंसी अपना अगला विज्ञापन तैयार करती है।

स्रोत के कई अन्य उदाहरण हैं। सबसे सामान्य है वह व्यक्ति जो दूसरे से मौखिक या इशारों में बात शुरू करे। जनसंचार की दुनिया में अखबार के पत्रकार, टेलीविजन का उद्घोषक (एंकर) और किसी कवि सम्मेलन में कवि संचार प्रक्रिया के स्रोत के रूप में काम करेगा, लेकिन जैसा ऊपर कहा गया है, स्रोत और संचारक अलग होने की स्थिति में स्रोत वह है जिसने विचार या भाव को जन्म दिया है।

जैसा कि परिभाषा से स्पष्ट है, स्रोत कोई व्यक्ति भी हो सकता है, एक समूह हो सकता है (एक संगीत बैंड या नाटक मंडली) या कोई संस्था हो सकती है (सरकार और उसके विभाग, अखबार की मालिक कम्पनी या इंटरनेट की वेबसाइट)।

एन्कोडिंग (कूटीकरण)

यदि आपके मन में कोई विचार आता है तो आप उसे किसी और को बताने के लिए या तो बोल सकते हैं, लिख सकते हैं या इशारों में समझा सकते हैं। *कूटीकरण* या *एन्कोडिंग* अपने विचार या भाव को इसी तरह ऐसे किसी माध्यम में बदलने का नाम है, जिसे आप भेज सकें। देखा जाए तो यह ऐसा ही है कि बिना लिफाफे में डाले और पता लिखे हम एक कोरा काग़ज़ पत्र के रूप में नहीं भेज सकते। अत: अमूमन अपने सन्देश को एक 'कोड' में परिवर्तित करना होता है, जिसे सन्देश पानेवाला आसानी से समझ सके और उसका अर्थ निकाल सके।

एन्कोडिंग वह प्रक्रिया है, जिससे भेजे जानेवाले सन्देश को प्रसारण और प्राप्तकर्ता के अनुरूप भाषा या कोड में बदला जा सके।

प्रसिद्ध मीडिया अध्येता स्टुअर्ट हाल कहते हैं—एन्कोडिंग की प्रक्रिया में प्रेषक (भेजनेवाला) मौखिक (शब्द, इशारे, चित्र या वीडियो) एवं अमौखिक (चेहरे की अभिव्यक्ति आदि) चिह्नों के प्रयोग द्वारा प्राप्तकर्ता को ऐसा सन्देश भेजता है जो वह समझ सके।

डेनियल चैंड्लर का मत है कि कोई ऐसा सन्देश नहीं होता जो कोड न किया गया हो। इसे हम आसानी से समझ सकते हैं—यदि हम एक सार्वजनिक जगह पर हैं और अपने मित्र से ऐसा कुछ कहना चाहते हैं जो कोई और न सुन सके तो धीमी आवाज में या फुसफुसाकर बात करते हैं। हमारा धीरे बोलना या फुसफुसाना एक कोड की तरह ही है। हमारा भेजा गया हर सन्देश व्यक्ति, देश काल, परिस्थिति देखकर ही भेजा जाता है, अत: हमारे मन में आए विचारों को सही कोड में बदले बिना हम उसे प्रेषित नहीं कर सकते।

जो व्यक्ति या व्यक्तियों का समूह सन्देश भेजता है उसे 'कोडकर्ता' या 'एन्कोडर' कहा जाता है।

जो व्यक्ति या व्यक्तियों का समूह सन्देश प्राप्त करता है और उसका अर्थ निकालता है, उसे 'डिकोडर' कहा जाता है।

यहाँ समझने की जरूरत है कि डिकोडर का कार्य सन्देश को सिर्फ प्राप्त करना ही नहीं बल्कि उसके कोड का अर्थ निकालना अर्थात् कूटवाचन या *डिकोड* करना है। स्टुअर्ट हाल का मानना है कि कई बार डिकोडर सन्देश का अर्थ वह निकलता है जो एन्कोडर ने नहीं सोचा था। उदाहरण के लिए 'विज्ञापन' हमें किसी उत्पाद की खूबी बताना चाहते हैं, लेकिन हम उस विज्ञापन का कोई और अर्थ निकाल लेते हैं।

कई बार एन्कोड किया गया सन्देश सही तरीके से डिकोड नहीं होता जिससे *संचार प्रक्रिया असफल हो जाती है।* मसलन, यदि किसी और देश से आया हुआ व्यक्ति आपकी भाषा नहीं जानता तो आप जो कहना चाह रहे हैं, उसे समझ नहीं आएगा।

हमने पढ़ा कि सामान्य-सी संचार प्रक्रिया में भी एन्कोडिंग की आवश्यकता होती है, किन्तु विशिष्ट प्रकार के संचार में इसकी महत्ता और भी बढ़ जाती है। फिल्मों में अक्सर दिखाया जाता है किस तरह सेना या सुरक्षा एजेंसियाँ अपना सन्देश 'कोड' करके भेजती हैं। यहाँ उद्देश्य यह होता है कि सुरक्षा से जुड़ी गोपनीय जानकारी किसी भी तरह गलत हाथों में न जाने पाए। इसीलिए सन्देश को इस तरह तैयार किया जाता है कि उसे सिर्फ वह प्राप्तकर्ता ही समझ पाए, जिसके लिए वह बनाया गया था। इस तरह की विशिष्ट एन्कोडिंग का इस्तेमाल कम्प्यूटर, सूचना प्रौद्योगिकी, हवाई उड़ानों आदि में किया जाता है। चूँकि सामान्यतः जब तक एन्कोडर तथा डिकोडर ऐसी परिस्थिति न बना लें, कोड किया गया सन्देश आस-पास मौजूद सभी व्यक्तियों को पता रहेगा।

सन्देश

संचार प्रक्रिया चरण में स्रोत तथा एन्कोडिंग के बाद अगला चरण आता है सन्देश भेजने का। यहाँ हम आसानी से सन्देश को परिभाषित कर सकते हैं :

संचार प्रक्रिया के तहत भेजी जानेवाली सामग्री 'सन्देश' कहलाती है।

यदि हम तकनीकी पक्ष के अनुसार इसे परिभाषित करें तो सन्देश संचार प्रक्रिया की वह इकाई है, जिसे एक या उससे ज्यादा प्राप्तकर्ताओं के लिए भेजा जाता है।

फोन तथा इंटरनेट की सहायता से सन्देश भेज सकते हैं। सन्देश व्यक्तिगत बातचीत, संकेत, हाव-भाव, चिट्ठी, लेख, रिकॉर्डिंग या वीडियो शैली में भेजा जा

सकता है। सफल संचार के लिए यह अति आवश्यक है कि सन्देश सरल और स्पष्ट हो, जिससे प्राप्तकर्ता को उसे समझने में कठिनाई न हो। सन्देश आमने-सामने भी दिया जा सकता है और हजारों मील दूर से भी। सन्देश मौखिक भी हो सकता है और अमौखिक भी। सन्देश के कई उद्देश्य हो सकते हैं—अपनी बात पहुँचाना, इच्छा व्यक्त करना, आदेश देना, सरकारी कार्यक्रम की जानकारी देना, घोषणा करना, अखबार के माध्यम से प्रेस रिलीज भेजना या टेलीविजन और इंटरनेट पर लाइव जाकर किसी चालू घटना से दर्शकों को अवगत कराना।

सन्देश कई प्रकार के हो सकते हैं :

- **व्यक्तिगत सन्देश :** जो सिर्फ एक व्यक्ति को दिया जाए—जैसे मित्रों की परस्पर बातचीत, साक्षात्कार आदि।
- **सामूहिक सन्देश :** जो किसी समूह को दिया जाए—जैसे कक्ष में अध्यापन कार्य, पत्रकार वार्ता आदि।
- **सार्वजनिक सन्देश :** जो सभी को ज्ञात हो, अर्थात् जनसंचार माध्यमों द्वारा हर व्यक्ति तक पहुँचे—जैसे दीवार पर पोस्टर, समाचार, फिल्म, खेलों का सीधा प्रसारण, प्रधानमंत्री का सन्देश आदि।
- **गुप्त सन्देश :** इसमें जरूरी है कि सन्देश के विषय में केवल स्रोत और प्राप्तकर्ता को जानकारी हो और कोई अन्य तीसरा उसे समझ न सके—जैसे खुफिया रिपोर्टिंग, जासूसी आदि।

माध्यम

माध्यम, जिसे अंग्रेजी में 'मीडियम' या 'चैनल' भी कहा जाता है, संचार प्रक्रिया की रीढ़ की हड्डी के समान है। हम सभी जानते हैं कि हमारी आवाज दूसरों तक हवा के माध्यम से पहुँचती है। यदि हवा न हो तो हम एक दूसरे को सुन भी नहीं पाएँगे। चाँद पर हवा न होने के कारण अन्तरिक्ष यात्री आपस में बात नहीं कर सकते। अतः हवा वह *माध्यम* है जो हमारी बात आवाज के रूप में यहाँ से वहाँ ले जा सकती है।

संचार की भाषा में माध्यम सूचनाओं, विचारों तथा भावनाओं के एक जगह से दूसरी जगह प्रसारण तथा भंडारण का स्थान है।

'मीडिया' शब्द माध्यम के अंग्रेजी रूपान्तरण 'मीडियम' का बहुवचन है। जनसंचार में माध्यम की परिभाषा कुछ इस प्रकार है :

माध्यम सामान्य संचार, सूचना, मनोरंजन आदि का साधन है। अखबार, रेडियो, टेलीविजन, इंटरनेट आदि माध्यम के उदाहरण हैं।

हॉवर्ड राइनगोल्ड के अनुसार, प्राचीन गुफाओं की चित्रकारी तथा पत्तों पर की गई लिखाई माध्यम के सबसे पहले उदाहरणों में से एक हैं। आज जबकि जनसंचार

क्रान्ति तकनीकी उन्नति के बल पर नित नए आयाम छू रही है, सन्देश ले जानेवाले माध्यमों की कोई कमी नहीं रह गई है।

संचार प्रक्रिया में अति महत्त्वपूर्ण होने के कारण किसी भी माध्यम के लिए कुछ बुनियादी खूबियाँ होना नितान्त आवश्यक है, जिसके बिना संचार प्रक्रिया सुचारू रूप से नहीं चल सकती। एक अच्छे माध्यम की चन्द खूबियाँ निम्नलिखित हैं :

1. **विश्वसनीयता :** माध्यम विश्वसनीय होना चाहिए अर्थात् सन्देश भेजनेवाले के निर्देशानुसार वह प्राप्तकर्ता तक पहुँचे। यदि माध्यम विश्वसनीय नहीं है या अन्य बाधाओं के चलते सन्देश गन्तव्य तक नहीं जाता तो संचार प्रक्रिया सवालों के घेरे में आ जाती है। हमने अक्सर देखा है कि आवाज की गुणवत्ता या सिग्नल खराब होने से फोन पर बात नहीं हो पाती या रेडियो पर कोई महत्त्वपूर्ण समाचार खराब श्रवण के कारण हम तक नहीं आ पाता। विश्वसनीयता न होने से माध्यम के ऊपर प्रश्न भी खड़ा हो सकता है, जैसे एक अखबार का गलत खबर प्रकाशित करना।
2. **समय का पाबन्द :** माध्यम समय से सन्देश पहुँचा सकनेवाला होना चाहिए। सन्देश की प्रभावशीलता इसी में है कि वह सही समय पर प्राप्तकर्ता तक पहुँच जाए। कई बार सन्देश के सही समय पर न पहुँचने से उसका असर ही खत्म हो जाता है। रेलगाड़ियों से लेकर डाक विभाग तक में हम माध्यम के समय के पाबन्द होने की आवश्यकता को महसूस कर सकते हैं।

जनसंचार में माध्यम के प्रभावी उपयोग द्वारा अखबार अपना पाठक वर्ग बढ़ा सकते हैं, टेलीविजन चैनल दर्शक वर्ग तथा यूट्यूब जैसी वेबसाइट अपने अभिदाता या सब्स्क्राइबर। विज्ञापनों के लिए माध्यम का सही इस्तेमाल और भी आवश्यक है। इसी कारण विज्ञापन कम्पनियाँ दिन-रात अपने उत्पाद के लिए सही माध्यम का चुनाव करने में व्यस्त रहती हैं।

इन आवश्यक गुणों को देखकर संचारशास्त्री मार्शल मैक्लुहान की इस बात में दम लगता है कि *माध्यम ही सन्देश है।* मीडिया अध्ययन की आगे की पढ़ाई में आप मैक्लुहान की इस अवधारणा को और विस्तार से समझ सकते हैं।

प्राप्तकर्ता

कई बार हम फोन पर कोई नम्बर मिलाते हैं और ऑपरेटर उसे गलत बताता है। यह स्पष्ट है कि यदि कोई फोन उठाने या 'रिसीव' करने के लिए नहीं होगा तो मिलाने का कोई अर्थ नहीं। संचार प्रक्रिया में बिना *प्राप्तकर्ता* या *रिसीवर* के उसका कोई मतलब नहीं रह जाएगा।

भेजे गए सन्देश को प्राप्त करके उसे समझनेवाला संचार प्रक्रिया में 'प्राप्तकर्ता' कहलाता है।

हमने इस अध्याय में पढ़ा कि भेजने से पूर्व सन्देश को कूटिकृत किया जाता है अर्थात् कोड में बदला जाता है। अतः सन्देश प्राप्त करके उसे डिकोड कर उसका अर्थ समझनेवाले को 'प्राप्तकर्ता' कहते हैं। हमें याद रखना होगा कि सन्देश भाषा के साथ-साथ चिह्नों, संकेतों, हाव-भाव आदि से भी दिया जाता है और संचार प्रक्रिया में यह आवश्यक है कि प्राप्तकर्ता इन सभी का अर्थ निकालने का प्रयास करे।

डाक पानेवाला, फोन उठानेवाला, ई-मेल या मोबाइल पर सन्देश प्राप्त करनेवाला व्यक्ति प्राप्तकर्ता है, लेकिन जब अखबार, रेडियो, टीवी जैसे माध्यमों से कई लोगों तक सन्देश प्रसारित किया जा रहा है तो प्राप्तकर्ताओं का एक समूह बन जाता है। मीडिया तथा संचार की भाषा में हम इसे 'ऑडियंस' कहते हैं। रेडियो के श्रोता, टीवी के दर्शक और अखबार के पाठक प्राप्तकर्ता तो हैं ही, साथ ही उन माध्यमों के ऑडियंस भी हैं।

प्राप्तकर्ता संचार प्रक्रिया में उस मछली की आँख है जिस पर निशाना चूक जाने से तीरन्दाज की मेहनत बेकार चली जाती है। यदि प्राप्तकर्ता तक सन्देश सही से पहुँचेगा नहीं, वह भली-भाँति सन्देश को समझेगा नहीं और उसका निहित अर्थ नहीं निकालेगा तो संचार का असर खत्म हो जाएगा।

इसका सबसे सजीव उदाहरण हम जनसंचार माध्यमों में देख सकते हैं जहाँ पाठकों, दर्शकों और श्रोताओं को लुभाए रखने के लिए जी-जान लगा दी जाती है। यदि वे इस लुभाने की प्रक्रिया में असफल होते हैं तो उनका ऑडियंस सिमटता चला जाता है।

तकनीकी माध्यमों में हम कई बार मशीनी उपकरणों को भी प्राप्तकर्ता या रिसीवर की संज्ञा दे सकते हैं, जैसे टेलीफोन का रिसीवर या रेडियो सेट का रिसीवर।

फीडबैक

प्रसिद्ध भौतिकशास्त्री आइजैक न्यूटन ने गति के नियम के सिद्धान्त प्रतिपादित किए जिनमें से एक है : *हर क्रिया की निश्चित प्रतिक्रिया होती है।* संचार प्रक्रिया प्राप्तकर्ता को सन्देश पहुँचने भर से समाप्त नहीं हो जाती। यदि एक सामान्य संचार का उदाहरण लें जहाँ आप किसी से कुछ माँगते हैं। आपका सन्देश प्राप्तकर्ता को पहुँच चुका है, पर वह माँगी गई चीज देने के लिए 'हाँ' या 'न', दोनों ही कर सकता है। अतः सन्देश प्राप्त करने के पश्चात् प्राप्तकर्ता की प्रतिक्रिया संचार का एक महत्त्वपूर्ण पक्ष बन जाती है। तकनीकी भाषा में इसी प्रतिक्रिया को 'फीडबैक' कहा जाता है।

सन्देश मिलने के बाद प्राप्तकर्ता द्वारा स्रोत को दी गई प्रतिक्रिया 'फीडबैक' कहलाती है।

मेरियम-वेबस्टर शब्दकोश के अनुसार किसी कार्य, घटना या प्रक्रिया के जवाब में स्रोत को मूल्यांकन या संशोधन हेतु भेजी गई सूचना के प्रसारण को 'फीडबैक' कहते हैं।

यहाँ 'मूल्यांकन' और 'संशोधन' को और बेहतर समझने हेतु हम आज के सूचना प्रौद्योगिकी जगत् से उदाहरण लेते हैं—कई बार हम किसी उत्पाद या सेवा से सन्तुष्ट नहीं होने पर ग्राहक सेवा या कस्टमर केयर में बात करते हैं। कॉल हो जाने के पश्चात् हमसे मैसेज के माध्यम से पूछा जाता है कि क्या ग्राहक सेवा अधिकारी से बात करके हम सन्तुष्ट हैं? क्या उनका व्यवहार ठीक था? क्या वे आपकी सहायता करने में सक्षम थे/थीं? कई बार ये सभी सवाल 'फीडबैक फॉर्म' के अन्तर्गत ही पूछ लिए जाते हैं। इसमें दो बातें यहाँ हैं—हमारा अनुभव क्या रहा, या उस अनुभव का हम कैसा *मूल्यांकन* करते हैं? दूसरा, किन-किन क्षेत्रों में सुधार या *संशोधन* की आवश्यकता है? किसी अध्यापक द्वारा हमारी कॉपी चेक करते समय भी मूल्यांकन के आधार पर हमें नम्बर दिए जाते हैं और बताया जाता है कि कहाँ सुधार करें। संचार प्रक्रिया भी इन्हीं सिद्धान्तों से चलती है, जहाँ प्राप्तकर्ता सन्देश का मूल्यांकन करता है तथा जरूरत पड़ने पर सुधार/संशोधन की सलाह देता है। फीडबैक के आधार पर ही संचारक या स्रोत सन्देश को और बेहतर बनाने की दिशा में कार्य कर सकता है।

मूल्यांकन तथा संशोधन के आधार पर फीडबैक को तीन प्रकार में बाँट सकते हैं :

1. **सकरात्मक फीडबैक :** यहाँ प्राप्तकर्ता सन्देश की प्रतिक्रिया सकारात्मक रूप से देता है। शिक्षक द्वारा तारीफ करना, किसी होटल में अच्छे खाने की प्रशंसा या टेलीविजन के किसी शो की सराहना करने हेतु पत्र लिखना या ऑनलाइन कमेंट करना, यह सब सकारात्मक फीडबैक के उदाहरण हैं।
2. **नकारात्मक फीडबैक :** नकारात्मक फीडबैक में प्राप्तकर्ता स्रोत को सन्देश से अपनी नाखुशी से अवगत करता है। माँगने पर कोई वस्तु देने से मना करना, किसी कम्पनी के उत्पाद की शिकायत या अखबार में किसी पसन्दीदा कॉलम के बन्द हो जाने पर नाराजगी नकारात्मक फीडबैक के उदाहरण हैं।
3. **सुधारात्मक फीडबैक :** जैसा कि बताया गया, प्राप्तकर्ता सन्देश मिलने पर सुधार की आवश्यकता से स्रोत को अवगत कराता है, जिसे 'सुधारात्मक फीडबैक' कहते हैं। किसी रेस्तराँ में रखी सुझाव पेटी, शिक्षक का हमारी खामियाँ गिनवाकर सुधार के लिए प्रेरित करना एवं टेलीविजन के किसी कार्यक्रम को लेकर दर्शकों के सुझाव सुधारात्मक फीडबैक के उदाहरण हैं।

जनसंचार में फीडबैक का स्वरूप बदल जाता है। जब आपका सन्देश एक साथ कई प्राप्तकर्ताओं तक पहुँचता है तो यह जरूरी नहीं कि उनकी प्रतिक्रिया सही अनुपात और समय में स्रोत के पास हो। यदि किसी अखबार से पाठक सन्तुष्ट नहीं और वे पत्र लिखने की जगह कोई दूसरा अखबार पढ़ना शुरू कर दें तो पहले अखबार को पाठक-वर्ग के नकारात्मक फीडबैक का अन्दाजा तब तक नहीं होगा जब तक बहुत देर न हो जाए। ऐसे में अखबार, पत्रिकाएँ, किताबों के प्रकाशक और टेलीविजन या रेडियो पर प्रसारित कार्यक्रम के निर्माता खुद फीडबैक प्राप्त करने की कोशिश करते हैं। फीडबैक का यह स्वरूप एक साक्षात्कार से अलग होगा, जहाँ संचार प्रक्रिया एक छोटे भौगोलिक क्षेत्र में सिमटी हुई है।

संचार के स्तर पर हम फीडबैक को अन्य दो प्रकारों में बाँट सकते हैं :

1. **प्रत्यक्ष फीडबैक :** यह तब सम्भव होता है जब संचार का दायरा व्यक्तियों का क्षेत्र के हिसाब से सिमटा हुआ हो। साथ बैठकर आपसी चर्चा, साक्षात्कार, फोन पर बातचीत या किसी मैदान में कोच द्वारा खिलाड़ियों को ट्रेनिंग देना प्रत्यक्ष फीडबैक के उदाहरण हैं।
2. **अप्रत्यक्ष फीडबैक :** इसमें बड़े संचार माध्यम जैसे अखबार, पत्रिकाएँ या टेलीविजन चैनल अपने ऑडियंस के बीच सर्वे या उनके पत्रों द्वारा उनकी राय जानने की कोशिश करते हैं। चूँकि सन्देश प्राप्तकर्ताओं की संख्या फैली हुई है और कहीं ज्यादा है, इसीलिए तुरन्त और एकदम सही फीडबैक एक साथ मिलना अत्यन्त कठिन है। इसीलिए यह फीडबैक अप्रत्यक्ष होता है।

शोर

जैसा कि नाम से ही स्पष्ट है, शोर संचार प्रक्रिया में बाधक का काम करता है। अगर हम अपने परिवार के सदस्यों के साथ किसी समारोह में गए हों जहाँ बहुत ज्यादा कोलाहल है, तो हम एक दूसरे के पास रहकर भी नहीं सुन पाते। यही माजरा फोन पर बात करते समय भी पेश आता है जब एक या दोनों व्यक्ति किसी भीड़भाड़ वाली जगह पर हों।

संचार की भाषा में 'शोर' का अर्थ आम बोलचाल से कुछ अलग है। मसलन यदि आप ऐसे व्यक्ति से बात करें जो आपकी बात सुनना ही नहीं चाहता तो भी संचार में रुकावट या सकती है।

ऐसा कोई भी कारक जो संचार प्रक्रिया में बाधा उत्पन्न करे, जिससे सन्देश को प्राप्तकर्ता तक पहुँचने में कठिनाई हो, उसे 'शोर' कहते हैं।

शोर के कारण सन्देश या तो अस्पष्ट हो जाता है या पहुँच ही नहीं पाता। हमने ऊपर शोर के दो अलग-अलग उदाहरण दिए। इन्हें देखकर हम सहज

ही अनुमान लगा सकते हैं कि शोर के अलग-अलग प्रकार हैं, जिन्हें हम अब चिह्नित करेंगे :

1. **भौतिक या बाहरी शोर :** जब संचार प्रक्रिया के बीच बाहरी वातावरण से कोई बाधा उत्पन्न हो तो उसे 'भौतिक शोर' कहा जाता है। बातचीत के बीच में फोन की रिंगटोन बजना, गाड़ियों की आवाजाही और ऐसे कई अन्य कारणों से संचार में रुकावट या सकती है। जनसंचार के स्तर पर खराब मौसम, प्राकृतिक आपदाएँ या किसी घटना-दुर्घटना जिसमें संचार माध्यमों के साजो-समान जैसे तारों, टॉवर आदि को नुकसान पहुँचे, भौतिक शोर की मिसालें हैं। आज के समय में मोबाइल के सिग्नल उपलब्ध न होना भी भौतिक या बाहरी शोर है।
2. **मनोवैज्ञानिक शोर :** यदि संचारक या प्राप्तकर्ता की ओर से एक दूसरे के प्रति पूर्वग्रह, पूर्वानुमान आदि की स्थिति है तो मनोवैज्ञानिक शोर उपजता है। किसी की छवि खराब होने पर उसकी बात को वजन न देना मनोवैज्ञानिक शोर की वजह से ही होता है, जिसका सबसे बड़ा उदाहरण भेड़िये और गड़रिये की बचपन में सुनी गई कहानी है। चूँकि गड़रिये ने बार-बार झूठ बोला, जब सच में भेड़िया आया तो किसी ने उसकी बात पर ध्यान नहीं दिया क्योंकि उसकी छवि एक झूठे व्यक्ति की बन गई थी।
3. **अर्थगत शोर :** अर्थगत या सिमैंटिक शोर तब उपजता है जब संचारक की ओर से भेजे गए सन्देश में भाषायी या अर्थ सम्बन्धी जटिलता के कारण प्राप्तकर्ता उसे डिकोड नहीं कर पाता। अतः अर्थगत शोर एन्कोडिंग सम्बन्धी त्रुटि से उपजता है। हमने ऊपर किसी विदेशी व्यक्ति के हमारी भाषा न समझ पाने का उदाहरण दिया है। इसके अलावा ऐसे शब्दों या व्याकरण का प्रयोग जो प्राप्तकर्ता न समझ सके, संचार को बाधित करता है।

शोर के स्वरूप के अनुसार उसे दूर करने के उपाय किए जाते हैं। अर्थगत शोर हेतु अपनी भाषा और बात को भरसक ऐसा बनाने की चेष्टा करनी चाहिए जो प्राप्तकर्ता के लिए सरल हो। मनोवैज्ञानिक शोर के निदान हेतु पूर्वग्रह के कारकों को दूर करना आवश्यक है। भौतिक शोर को दूर करने हेतु कई उपाय संचार माध्यम की वस्तुगत परिस्थिति को देखकर किए जाते हैं। पहले टेलीविजन प्रसारण ऐंटीना तथा केबल तारों की सहायता से होता था, लेकिन अब उपग्रहों के माध्यम से डिजिटल सिग्नल भेजे जाते हैं, जिन पर मौसम के मार का कम असर पड़ता है। बिजली के तार जो आमतौर पर खम्भों से बाँधे जाते हैं, आजकल जमीन के अन्दर बिछाए जाने लगे हैं।

संचार प्रक्रिया मॉडेल

हमने इस अध्याय की शुरुआत में संचार की परिभाषा समझते हुए हमने एक चित्र देखा था जो हैरॉल्ड लैसवेल द्वारा दिए गए कारकों—किसने, किससे, क्या, क्या प्रभाव पड़ा आदि पर आधारित था। उसके बाद हमने विस्तार से संचार प्रक्रिया के अवयवों को समझा है। क्या हम अब इन अवयवों को उस चित्र में दिखा सकते हैं?

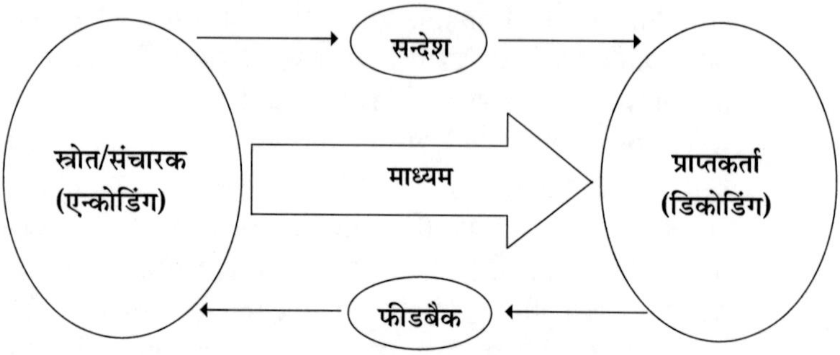

चित्र 1, 2 : संचार प्रक्रिया के विभिन्न अंग

संचार प्रक्रिया के इस मॉडेल चित्र में हालाँकि *शोर* का जिक्र नहीं है। संचार को चित्र के माध्यम से दर्शाने के लिए और भी कई मॉडेल हैं, जिन्हें हम सिलसिलेवार तरीके से यहाँ दिखाएँगे।

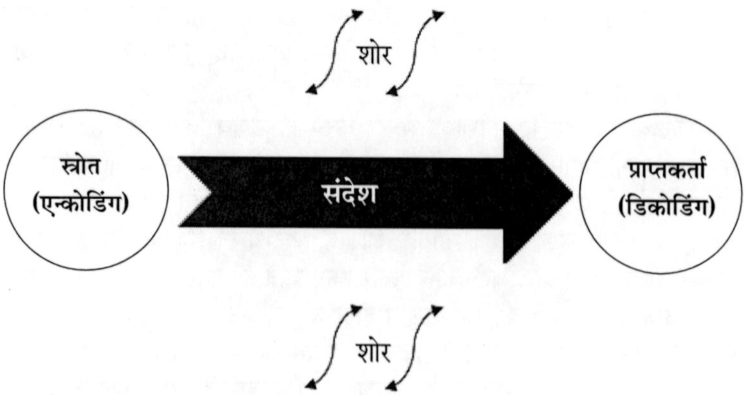

चित्र 1.3 : रेखीय संचार मॉडेल

चित्र 1.3 में दिए संचार मॉडेल को 'रेखीय संचार मॉडेल' कहा जाता है। इसका कारण यह है कि यहाँ सन्देश एक रेखा में स्रोत से प्राप्तकर्ता की ओर जा रहा है और आसपास शोर की सम्भावना है। इस मॉडेल को संचारशास्त्रियों, शरनॉन और वीवर ने विकसित किया था। इस मॉडेल की कई सीमाएँ हैं—इसमें सन्देश का प्रवाह सिर्फ एक ओर दर्शाया गया है।

चित्र 1.4 में दिया गया संचार मॉडेल 'वृत्तीय संचार मॉडेल' कहलाता है। इसमें हम देख सकते हैं कि सन्देश की यात्रा एक वृत्त की शक्ल में स्रोत से प्राप्तकर्ता तक जाती है एवं फीडबैक के रूप में वापस आती है। रेखीय मॉडेल की तुलना में यह मॉडेल ज्यादा बेहतर तरीके से संचार के आदान-प्रदान को दर्शाता है।

वृत्तीय मॉडेल को सम्वदात्मक या 'इनरैक्टिव' मॉडेल भी कहा जाता है।

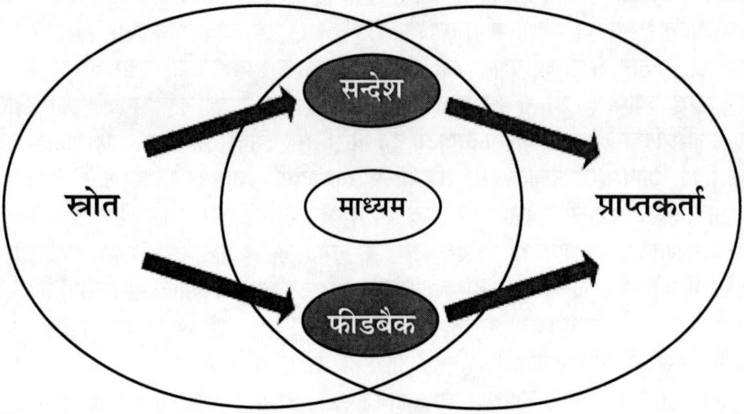

चित्र 1.4 : वृत्तीय संचार मॉडेल

हमने इस अध्याय में संचार के अवयवों तथा पूरी प्रक्रिया को समझने की कोशिश की है। आगे हम संचार के विस्तृत प्रकारों को जानेंगे।

अध्याय : दो

संचार के प्रकार एवं उद्देश्य

पिछले अध्याय में हमने विस्तार से संचार की प्रक्रिया को समझा। उदाहरणों के जरिये हमने समझा कि संचार आपसी बातचीत से लेकर हजारों-लाखों लोगों तक सन्देश पहुँचाने तक फैला हुआ है। जीवन में मनुष्य के अपनी अनिवार्य आवश्यकताओं, जैसे रोटी, कपड़ा, मकान से लेकर दर्शन जैसे गम्भीर विषयों के विमर्श तक संचार की प्रक्रिया हर जगह व्याप्त है, किन्तु इन अनगिनत उदाहरणों से हम यह नहीं समझ सकते कि एक जैसे दिखनेवाली संचार प्रक्रियाओं को किस तरह आपस में जोड़ा जाए। उदाहरण के लिए, आपसी बोलचाल और रेडियो प्रसारण, दोनों संचार के उदाहरण हैं, लेकिन दोनों की कार्यप्रणाली, विस्तार और स्वरूप में कई फर्क हैं। हम साक्षात्कार और मित्र से बातचीत को इन मानदंडों पर एक-दूसरे के ज्यादा करीब पाते हैं, और अलग-अलग इन्द्रियों की ओर केन्द्रित होते हुए भी रेडियो और अखबार में ज्यादा समानताएँ हैं।

अत: हमें जानना चाहिए कि हम संचार को किस तरह से अलग-अलग कर और किस आधार पर बाँट सकते हैं? साथ ही, संचार क्यों आवश्यक है और उससे व्यक्तिगत, सामाजिक, आर्थिक, राजनीतिक और अन्य स्तर पर क्या-क्या लाभ हैं, हमें समझना आवश्यक है। अत: *संचार के प्रकार* पर बात करने के पश्चात् हम *संचार के उद्देश्य* को समझेंगे।

संचार के प्रकार

संचार को विभिन्न रूपों में विभाजित करने के कई पैमाने हमारे पास हो सकते हैं। हमारे लिए दो तरह के पैमाने या आधार महत्त्वपूर्ण हैं :

- शैली के आधार पर
- पहुँच के आधार पर

शैली या संचार के स्वरूप के आधार पर संचार के निम्नलिखित प्रकार हैं :

1. सांकेतिक या अमौखिक संचार
2. मौखिक संचार
3. लिखित संचार

4. श्रवण संचार
5. दृष्टिगत संचार

पहुँच और दायरे—यानी संचार कितने व्यक्तियों तक जा रहा है, के आधार पर हम इसे निम्न रूप में बाँट सकते हैं :

1. अन्त:वैयक्तिक संचार
2. अन्तरवैयक्तिक संचार
3. समूह संचार
4. जनसंचार

आइए, हम अब इन सभी प्रकार को विस्तार से समझना शुरू करते हैं।

शैली के आधार पर

सांकेतिक या अमौखिक संचार

हमारे जीवन में इशारों या चेहरा पढ़कर बात समझने की महत्ता को बताने की आवश्यकता नहीं है। भाषा के निर्माण से पहले से आदि मानव इसी तरह एक-दूसरे से विचारों का आदान-प्रदान करते थे। पशु-पक्षियों में अब भी यह चलन आम है। इस *अमौखिक* या *सांकेतिक* संचार की परिभाषा इस प्रकार है :

संकेतों, हाव-भाव, चेहरे-मोहरे अथवा शरीर की मुद्रा के जरिये सन्देश का प्रसारण 'सांकेतिक' या 'अमौखिक संचार' कहलाता है। क्योंकि यह संचार अमौखिक है, इसीलिए इसमें शब्दों या भाषा का इस्तेमाल नहीं होता है। सांकेतिक संचार में शारीरिक दूरी या नजदीकी, वातावरण, छूने या आवाज निकालने की क्षमता बहुत महत्त्वपूर्ण है। वैज्ञानिक रे बर्डविस्टेल के अनुसार, मनुष्य के संचार का साठ से सत्तर फीसदी हिस्सा अमौखिक या सांकेतिक होता है। अमौखिक संचार का अध्ययन करने में एक और प्रसिद्ध वैज्ञानिक चार्ल्स डार्विन ने अग्रिम पहल की जब उन्होंने शेरों, बाघों और अन्य जीवों के बीच संचार प्रक्रिया को समझने का प्रयास किया।

हमने पिछले अध्याय में सांकेतिक संचार के कुछ उदाहरण दिए थे। दरवाजा खटखटाना जहाँ आप कुछ कहते नहीं, पर भीतर के व्यक्ति को यह दरवाजा खोलने का संकेत लगता है, सांकेतिक संचार का उदाहरण है। कई बार देश, काल, परिस्थिति को देखते हुए हम आँखों के जरिये ही एक-दूसरे से कुछ कह देना चाहते हैं, यह भी सांकेतिक संचार है। यहाँ तक कि हम किस प्रकार के कपड़े पहनते हैं, वह भी एक सन्देश देने का प्रयास रहता है और अमौखिक संचार का उदाहरण है। आप स्वयं ऐसे कई उदाहरण सोच सकते हैं।

सांकेतिक संचार के कई उपयोग हैं :

1. हम किसी गुप्त सन्देश को संकेतों के जरिये प्रसारित कर सकते हैं। सुरक्षा ऑपरेशन में यह बहुत प्रभावी है।

2. खेलों में सांकेतिक संचार का बहुत महत्त्व है। क्रिकेट में अम्पायर इशारों के जरिये खेल संचालित करता है।
3. अमौखिक संचार और सांकेतिक भाषा का प्रयोग कर मूक-बधिर व्यक्तियों हेतु समाचार तथा अन्य जानकारियाँ प्रसारित की जाती हैं।
4. अमौखिक संचार कई बार हमारी कई भावनाएँ, जैसे दु:ख, खुशी, विस्मय आदि प्रकट करने में सहायक होता है।

कई विधाएँ, जैसे कठपुतली का खेल, नाटक और यहाँ तक कि सिनेमा में भी सांकेतिक संचार की एक विशेष भूमिका है। जैसे एक चित्र हजार शब्दों के समान है वैसे ही चेहरे की अभिव्यक्ति हजारों कहानियाँ कह देती है। यही नहीं है कि कई अभिनेता सिर्फ इसीलिए लोकप्रिय हैं चूँकि उनके चेहरे के हाव-भाव बेजोड़ अदाकारी का नमूना हैं।

मौखिक संचार

किसी भी परिवार के लिए शिशु का पहली बार बोलना एक सुखद अनुभूति होता है। बोलकर अपने भाव अभिव्यक्त कर सकना मानव सभ्यता के लिए सबसे बड़े वरदानों में से एक है। बोलने के बाद ही भाषाओं की रचना हुई और आज हम एक ऐसे संसार में हैं जहाँ सैकड़ों तरह की बोलियाँ और भाषाएँ मौजूद हैं।

शब्दों तथा भाषा के माध्यम से सन्देश प्रसारण 'मौखिक संचार' कहलाता है। मौखिक संचार में हम भौतिक रूप से पास होते हुए भी बात करते हैं और अब तकनीकी विकास के साथ टेलीफोन या इंटरनेट के माध्यम से भी बातचीत कर सकते हैं। मौखिक संचार का स्वरूप *अनौपचारिक* हो सकता है जैसे आपसी बातचीत, गपशप, किसी विषय पर चर्चा आदि। साथ ही, यह *औपचारिक* भी हो सकता है जैसे साक्षात्कार, भाषण, समाचार-वाचन आदि।

मौखिक संचार के कई ऐसे लाभ हैं जो इसे एक प्रमुख संचार माध्यम के रूप में स्थापित करते हैं। इनमें से कुछ निम्न हैं :

1. मौखिक संचार में हम अपनी बात को अधिक सरलता, स्पष्टता और गहराई से कह सकते हैं। भाषा के विकास ने ही राजनीति, दर्शन, इतिहास, अर्थशास्त्र आदि में प्रगति के साथ मानव सभ्यता को नए आयाम दिए हैं।
2. कई परिस्थितियों में मौखिक संचार अति अनिवार्य हो जाता है, जैसे जब घर में बिजली चली जाए।
3. नेत्रहीन व्यक्तियों हेतु मौखिक संचार उन्हें समाज से जोड़े रखने का एक अभिन्न माध्यम हो सकता है।

मौखिक संचार में कुछ बातें ध्यान देने योग्य हैं। इनमें सबसे प्रमुख है कि कई बार यह अकेले वह सन्देश देने की प्रक्रिया पूरी नहीं कर सकता जो हम चाहते हैं। इसीलिए *मौखिक संचार को अमौखिक संचार के साथ एक मिले-जुले रूप में भी इस्तेमाल*

किया जाता है। इसका सबसे बड़ा उदाहरण है किसी को नमस्कार करना, जिसमें हम आम तौर पर 'नमस्ते' कहने के साथ हाथ भी जोड़ लेते हैं। मौखिक संचार में 'क्या बोला गया है' के साथ-साथ 'किस प्रकार बोला गया है' भी बहुत महत्त्वपूर्ण है। शब्दों के अलावा आवाज की बनावट, ध्वनि की ऊँचाई या नीचाई एवं हल्केपन या तीखेपन से कई जटिल भाव, जैसे व्यंग्य, अनिच्छा, मजाक आदि अभिव्यक्त कर सकते हैं। मौखिक संचार में आवाज का आकर्षण बहुत महत्त्वपूर्ण है, जिसकी मिसाल गीतकारों की लोकप्रियता है जो अपनी सुरीली आवाज के दम पर जनता के दिलों पर राज करते हैं।

लिखित संचार

सूचनाओं, विचारों और भावों का अक्षरों या सुनियोजित चिह्नों के माध्यम से प्रसारण लिखित संचार कहलाता है। इन अक्षरों या चिह्नों के इस्तेमाल से ही भाषा बनती है। हमारा इतिहास हमें बताता है कि किसी भी ज्ञान के कई पीढ़ियों तक बचाए रखने के पीछे लिखाई का बहुत बड़ा योगदान है। कई ऐसे उदाहरण हैं जब दो राजाओं की लड़ाई में जीतनेवाले ने हारे हुए राजा के सभी अभिलेख नष्ट कर दिए तो उसका वर्णन इतिहास से लगभग गायब हो गया।

ऐसा माना जाता है कि घड़ों पर बैलों की संख्या चिह्नों के माध्यम से कुरेदे जाने के साथ लिखाई की शुरुआत हुई। कालान्तर में लिखने के लिए स्टाइल्स, कलम और पेंसिल एवं सतह के लिए काग़ज़ का निर्माण हुआ। लेखन पत्तों और पेड़ की छालों से शुरू होकर दीवारों में ईंट-पत्थर द्वारा उकेरे जाने तक देखा गया है। भारत में सिन्धु घाटी की प्राचीन सभ्यता में पत्थर की टैबलेट पर लेखन के सबूत मिले हैं, किन्तु इसे अब तक पढ़ा नहीं जा सका है। लिखित संचार में चिह्नों तथा चित्रों का प्रयोग भी किया जा सकता है और भाषा का भी।

आज लिखित संचार हमारे लिए कितना उपयोगी है, उसका छोटा-सा उदाहरण यह पुस्तक है। हम लिखित संचार के महत्त्व को इसके निम्न लाभों द्वारा समझेंगे :

1. **संरक्षण करना :** जैसा कहा गया, लिखित संचार में ज्ञान का संरक्षण होता है। कई ऐसी पुस्तकें और पांडुलिपियाँ हैं, जिन्हें हजारों साल तक सँभालकर रखा जा सका है, जिसके कारण हम इतिहास और वर्तमान के बारे में जान पाए हैं।
2. **स्थिरता लाना :** संरक्षित लिखित रिकॉर्ड से भविष्य में किसी विवाद से बचा जा सकता है, जैसे दो देशों के बीच लिखित संधि, जिस पर दोनों के हस्ताक्षर हों। कानूनी तौर पर लिखे हुए दस्तावेज की विश्वसनीयता कहीं अधिक होती है।
3. **प्रचार-प्रसार का दायरा बढ़ाना :** रिकॉर्ड और टेलीविजन के आविष्कार से पूर्व तक अखबार, पत्रिकाएँ और किताबें ही ज्ञान तथा सूचना का स्रोत

थीं। आज भी लिखित संचार के प्रसारण से लाखों-करोड़ों लोगों तक पहुँचा जा सकता है।

4. **संचार प्रक्रिया में ठहराव तथा गम्भीरता लाना :** कई बार किसी बात का उत्तर सोच-समझकर दिया जाना आवश्यक होता है, जिसके लिए समय की दरकार होती है। लिखित संचार से न सिर्फ वह समय प्राप्त होता है बल्कि भेजने से पूर्व गलती सुधारने की भी सम्भावना रहती है।

लिखित संचार के असंख्य उदाहरण मौजूद हैं। इन्हें हम मोटे तौर पर दो रूपों में बाँट सकते हैं—*भौतिक, इलेक्ट्रॉनिक।* ये दोनों उन सतहों से सम्बन्धित हैं जिन पर लिखा जाता है। *भौतिक* रूप में हम काग़ज़, दीवार, साइनबोर्ड, पोस्टर और ऐसे अन्य माध्यमों को रख सकते हैं, जिन्हें हम भौतिक रूप से देख और छू सकते हैं। इलेक्ट्रॉनिक रूप में लिखी हुई सामग्री हमारे समक्ष किसी प्रकार की स्क्रीन पर उपलब्ध रहती है। मोबाइल, कम्प्यूटर, इलेक्ट्रॉनिक रेलवे टाइम टेबल, कैलक्युलेटर आदि माध्यम इस रूप की जिन्दा मिसालें हैं।

हम देखते हैं कि समय के साथ जैसे-जैसे सूचना टेक्नोलॉजी युग का विस्तार होता रहा है, लिखे हुए को स्क्रीन पर देखने का चलन बढ़ा है। हालाँकि भविष्यवाणियों के विपरीत अखबार और किताबें आज भी महत्त्वपूर्ण हैं। चूँकि काग़ज़ के निर्माण में पेड़ों की मुख्य भूमिका है अत: पर्यावरण संरक्षण के लिए लिखित संचार को डिजिटल माध्यम की ओर मोड़ने की बात कही जाती रही है। किन्तु डिजिटल या इलेक्ट्रॉनिक माध्यम की अपनी चुनौतियाँ हैं, जिनमें आँखों पर पड़नेवाला प्रभाव महज एक है।

श्रवण संचार

हमने अक्सर यह कहावत सुनी है कि 'ताली एक हाथ से नहीं बजती'। यह संचार प्रक्रिया में, और विशेषकर मौखिक संचार में बहुत मायने रखता है। यदि कोई हमारी बात नहीं सुनेगा तो बोलने का बहुत ज्यादा लाभ नहीं रह जाएगा। हमें कई बार अपने माता-पिता या अध्यापकों द्वारा यह सीख भी दी जाती है कि ध्यान से सुनना एक खूबी है जो धैर्य की निशानी है।

कानों के द्वारा ध्वनि तरंगों को प्राप्त करके उसके सन्देश को डिकोड करना 'श्रवण संचार' कहलाता है।

आम तौर पर या तो हम ध्यान से सुनते हैं या एक कहावत के अनुसार 'सुने को अनसुना' कर देते हैं और 'एक कान से सुनकर दूसरे से निकाल देते हैं'। अत: श्रवण की प्रक्रिया के दो प्रकार हो जाते हैं—*क्रियात्मक श्रवण* (एक्टिव लिसनिंग) और *अनिवारक श्रवण* (पैसिव लिसनिंग)। क्रियात्मक श्रवण में श्रोता सक्रिय रूप से ध्यान देकर संचारक की बात सुनता है और फीडबैक देता है। अनिवारक श्रवण में श्रोता का ध्यान सन्देश पर नहीं रहता, जिसके कारण फीडबैक या तो प्राप्त ही नहीं होता या उसकी गुणवत्ता खराब होती है। अनिवारक श्रवण को हम 'शोर' का

उदाहरण मान सकते हैं। कक्षा में शिक्षक द्वारा पढ़ाए गए पाठ को ध्यान से सुनना या अनसुना कर देना पैसिव और एक्टिव लिसनिंग के उदाहरण हैं।

श्रवण संचार में कई प्रकार की बाधाएँ आ सकती हैं—जैसे शारीरिक विकृति, पूर्वग्रह, एकाग्रता की कमी, सिग्नल खराब होना या सन्देश डिकोड करनेवाले यंत्र (जैसे ऑडियो कैसेट) का खराब होना।

रेडियो, संगीत, पॉडकास्ट, टेप रेकॉर्डर आदि सभी श्रवण संचार के उदाहरण हैं।

दृष्टिगत संचार

दृष्टिगत संचार या विजुअल कम्युनिकेशन, प्रकृति के हमको दिए नायाब तोहफे यानी देख पाने की क्षमता का संचार प्रक्रिया में इस्तेमाल है। कहा जाता है कि मनुष्य अपने जीवन में ज्ञान का बहुतेरा हिस्सा दृष्टि की वजह से प्राप्त करता है। दृष्टिगत संचार की औपचारिक परिभाषा इस प्रकार है :

दृष्टिगत संचार में देखे जा सकनेवाले कारकों के जरिये संचार किया जाता है, जिनमें अक्षर, चिह्न, चित्रकारी, ग्राफ, डिजाइन, एनिमेशन और विज्ञापन आदि शामिल हैं।

इस संचार स्वरूप के कई उदाहरण ऐसे हैं जो हम अब तक कई बार दे चुके हैं, जैसे पुस्तक, अखबार, कलाकारी, टेलीविजन, इंटरनेट आदि। कुल मिलाकर यह कहना सही होगा कि हमारे जीवन के लगभग हर पहलू में दृष्टिगत संचार निहित है। आज के समय में इस स्वरूप का दायरा और भी फैल गया है, जिसका कारण सूचना क्रान्ति और टेक्नोलॉजी के विकास से उपजे सोशल मीडिया में हम देख सकते हैं। कई सोशल मीडिया प्लेटफॉर्म, जैसे इंस्टाग्राम, फेसबुक आदि बहुत हद तक आँखों को लुभाने का काम करते हैं और इस तरह दृष्टि पर ही आधारित हैं। सोशल मीडिया के विषय में हम आगे और भी जानेंगे।

दृष्टिगत संचार में देखी गई वस्तु *छवि* या 'इमेज' कहलाती है। इस संचार माध्यम को आकर्षक बनाने हेतु छवि के सन्दर्भ में कुछ बातों का ध्यान रखना अनिवार्य है—जैसे स्पष्टता, रंगों का आँखों में न चुभना आदि। ग्राहक संख्या बढ़ाने हेतु विज्ञापन कम्पनियाँ यह सुनिश्चित करने में बहुत संसाधन खर्च करती हैं ताकि विज्ञापन दर्शकों को लुभावना लगे।

अगले चरण में हम पहुँच के आधार पर संचार का विभाजन जानें, उससे पहले एक महत्त्वपूर्ण बात कहना आवश्यक है। चूँकि संचार प्रक्रिया लगभग हर पल में घटित होती है, ऊपर बताए गए प्रकार कई बार एक साथ काम करते हैं। जैसे मौखिक और श्रवण संचार एक साथ घटित होते हैं और दृष्टिगत संचार में सांकेतिक संचार भी शामिल है।

पहुँच के आधार पर

अन्त:वैयक्तिक संचार

हमने पढ़ा है कि संचार के लिए स्रोत तथा प्राप्तकर्ता का होना जरूरी है, एवं सन्देश किसी माध्यम द्वारा स्रोत से एन्कोड होकर प्राप्तकर्ता तक पहुँचता है, लेकिन यदि स्रोत तथा प्राप्तकर्ता एक ही हो तो क्या होगा? *अन्त:वैयक्तिक संचार* इस पहेली को हमारे लिए सुलझा सकता है।

जब संचारक/स्रोत तथा प्राप्तकर्ता एक ही बिन्दु पर हों तो उसे 'अन्त:वैयक्तिक संचार' या 'इंट्रापर्सनल कम्यूनिकेशन' कहा जाता है।

पर हमने अब तक पढ़ा है कि सन्देश एक बिन्दु से दूसरे तक यात्रा करता है, तभी संचार हो पाता है। ऐसे में प्रश्न उठता है कि दोनों बिन्दुओं—स्रोत तथा प्राप्तकर्ता का एक जगह होना कैसे सम्भव है? आपने कभी आम तौर पर हमारे सोचने की प्रक्रिया पर गौर किया होगा। क्या जब हम अपने मन में कुछ विचार कर रहे होते हैं तो क्या एक तरह से खुद को सन्देश प्रसारित नहीं कर रहे होते? अत: सोचना, योजना बनाना, खुद से सवाल पूछना, प्रार्थना और इबादत करना—ये सब अन्त:वैयक्तिक संचार की निशानियाँ हैं। इन उदाहरणों से हमारे समक्ष एक और परिभाषा निकलकर आती है :

व्यक्तियों का खुद से संवाद करना अर्थात् खुद ही को सन्देश प्रसारित करना अन्त:वैयक्तिक संचार की श्रेणी में आता है। यहाँ व्यक्ति स्वयं ही स्रोत तथा प्राप्तकर्ता होकर एक आन्तरिक प्रक्रिया के तहत खुद ही को फीडबैक भी देता है।

अन्त:वैयक्तिक संचार कई मायनों में मनोविज्ञान के बहुत करीब है, चूँकि इसमें भी अन्तर्मन की प्रक्रियाओं पर ध्यान केन्द्रित किया जाता है, लेकिन जहाँ मनोविज्ञान में हम मन तथा दिमाग के कई पहलुओं की व्याख्या करते हैं, अन्त:वैयक्तिक संचार में हम केवल अन्दर चलनेवाले विचारों को सन्देश प्रसारण की तरह समझने का प्रयास करते हैं, लेकिन यह सन्देश प्रसारण किसी बाहरी कारक द्वारा भी संचालित हो सकता है (जैसे प्रकृति को देखकर कुछ सोचना), अत: अन्त:वैयक्तिक संचार में बाहरी कारकों की भूमिका से भी इनकार नहीं किया जा सकता।

अन्त:वैयक्तिक संचार की प्रक्रिया में कई बार किसी बाहरी यंत्र का भी सहयोग रहता है, जैसे कम्प्यूटर पर कुछ टाइप करना। जब तक वह टाइप किया हुआ विषय हम किसी और से साझा नहीं करते, यह हम तक ही सीमित रहता है—यानी अभी भी अन्त:वैयक्तिक ही है।

इस संचार के कई उदाहरण हमें आम जिन्दगी में मिल सकते हैं—जैसे सोते या जागते सपने देखना, सोच में डूबे रहना, डायरी लिखना, खुद से बातें करना इत्यादि।

चूँकि संचार एक जटिल प्रक्रिया है और आम जीवन में इसके कई प्रकार एक साथ घटित होते हैं, इसीलिए हम कह सकते हैं कि अन्त:वैयक्तिक उस जटिल

प्रक्रिया की शुरुआत है। हमारे पास जितने भी महान आविष्कारों, रचनाओं और अन्य कार्यों के उदाहरण हैं, उनकी शुरुआत तभी होती है जब उस विषय पर सोचा जाना शुरू होता है। चाहे आयुर्वेद का महान ग्रंथ चरक संहिता हो या न्यूटन द्वारा गुरुत्वाकर्षण की खोज और या राजनीति, अर्थशास्त्र, समाजशास्त्र आदि पर लिखे महान ग्रंथ—सभी के मूल में अन्त:वैयक्तिक संचार है।

अन्तरवैयक्तिक संचार

बचपन से हम यह सीख रहे हैं कि आपसी सम्बन्ध मधुर होने चाहिए—माता-पिता के बीच, भाई-बहन के बीच, दोस्त-दोस्त के बीच, छात्र-शिक्षक के बीच एवं बॉस-कर्मचारी के बीच। यदि इन सम्बन्धों में मिठास नहीं रहेगी तो यह हमारी परस्पर प्रगति और कल्याण के लिए बाधक होगा। इन सम्बन्धों को कायम रखने के लिए जिस संचार की जरूरत है, उसे ही *अन्तरवैयक्तिक संचार* की संज्ञा दी गई है।

दो या दो से अधिक व्यक्तियों के बीच मौखिक या अमौखिक रूप में सूचनाओं, विचारों और भावों का आदान-प्रदान अन्तरवैयक्तिक संचार या इंटरपर्सनल कम्यूनिकेशन कहलाता है। आम तौर पर यह संचार आमने-सामने किया जाता है, किन्तु आजकल ऑनलाइन माध्यम से भी होने लगा है। इसमें बात करने की शैली, हाव-भाव आदि उतने ही महत्त्वपूर्ण होते हैं जितना वह, जो कहा गया। यह संचार औपचारिक हो सकता है, जैसे साक्षात्कार, परिचर्चा, सेमीनार आदि और अनौपचारिक, जैसे परिवार, मित्रों या पड़ोसियों से बात करना। अन्तरवैयक्तिक संचार की एक विशेषता यह है कि उसमें संचारक और प्राप्तकर्ता एक-दूसरे से कुछ हद तक परिचित होते हैं।

अन्तरवैयक्तिक संचार की सफलता या असफलता कुछ बातों पर निर्भर करती है जो इस प्रकार हैं :

1. **परिचय :** जब दो लोग आपस में जान-पहचान करते हैं, जिससे एक-दूसरे के विषय में मोटी जानकारी हो सके।
2. **विस्तार :** यहाँ संचार को आसान बनाने हेतु सम्बन्धों को और प्रगाढ़ बनाने की ओर कदम बढ़ाए जाते हैं, जिससे संचारक और प्राप्तकर्ता के बीच भरोसा जन्म लेता है।
3. **निरन्तरता :** संचार को बनाए रखने हेतु उसकी निरन्तरता जरूरी है, जिससे एक-दूसरे के प्रति प्रतिबद्धता विकसित होती है।
4. **बिगाड़ :** जब पूर्वग्रह या अविश्वास के चलते संचार प्रक्रिया में कठिनाई आने लगे जिसकी परिणति मतभेद में व्यक्त हो।
5. **अन्त :** जब सम्बन्ध में बिगाड़ इस हद तक पहुँच जाए कि संचार कायम रखने के सभी माध्यम अवरुद्ध हो जाएँ तो रिश्ते का अन्त हो जाता है।

ध्यान दें कि बिन्दु 1, 2 और 3 संचार प्रक्रिया को सुदृढ़ करते हैं एवं 4 और 5 उसे शिथिल करते हैं।

अन्तरवैयक्तिक संचार का सबसे ज्यादा प्रयोग आजकल कम्पनी की कार्यप्रणाली मजबूत बनाने के लिए किया जाता है, जिसमें ऑफिस के कर्मचारियों के मैनेजमेंट से रिश्ते और उनके आपसी रिश्ते सुचारू रखने हेतु 'ह्यूमन रिसोर्स' या मानव संसाधन विभाग सक्रिय भूमिका निभाता है।

अन्तरवैयक्तिक संचार के कई प्रकार होते हैं—जैसे सवाल पूछना, किसी मुद्दे का सार प्रस्तुत करना, सुनना, माता-पिता की बच्चों के लालन-पालन में भूमिका इत्यादि।

इस संचार प्रक्रिया से हमें कई लाभ हैं, जैसे :

1. फीडबैक तुरन्त प्राप्त होता है।
2. संचार में स्पष्टता रहती है।
3. समस्याओं का निदान जल्दी सम्भव होता है।

समूह संचार

प्राचीन समय में मनुष्य कबीलों में रहता था, जहाँ सब एक साथ मिलकर शिकार की तलाश करना, बारिश-धूप से बचाव के लिए सुगम स्थान खोजना और बच्चों के लालन-पालन जैसे कार्य करते थे। हालाँकि कालान्तर में मनुष्य ने छोटे परिवारों में और अकेले रहना भी सीख लिया, लेकिन समूहों और सामूहिक कार्य का महत्त्व आज के युग में भी जगजाहिर है।

व्यक्तियों के समूह के बीच विचारों, सूचनाओं और भावनाओं का आदान-प्रदान समूह संचार कहलाता है। दूसरे शब्दों में, किसी समूह के कई सदस्यों का आपस में सन्देश भेजना और प्राप्त करना समूह संचार कहलाता है।

समूह संचार में गाँव की चौपाल, मुहल्ले की गपशप, चाय की दुकान पर राजनीतिक चर्चा से लेकर कक्षा में अध्ययन, सेमिनार, सम्मेलन, अधिवेशन, भाषण, सामूहिक खेल, संसद की कार्रवाई आदि काफी कुछ सम्मिलित है। हाल ही में लोकप्रिय हो रही ऑनलाइन कक्षाएँ, वीडियो कॉन्फ्रेंसिंग आदि भी समूह संचार के अंग हैं। इस संचार की शर्त यह है कि भौतिक या डिजिटल रूप से किसी समूह का गठन आवश्यक है।

समूह संचार के लाभ निम्नलिखित हैं :

1. किसी सामूहिक लक्ष्य की प्राप्ति के लिए विचार-विमर्श करने में सरलता।
2. सदस्यों में निर्णय लेने की क्षमता विकसित करना।
3. आपसी समझदारी और सद्भाव का प्रसार।
4. सामूहिक आकांक्षाओं में एकरूपता तथा स्पष्टता लाना।

समूह संचार में व्यक्तियों के बीच परस्पर सम्बन्ध को समझने का अध्ययन 'समूह गतिकी' या 'ग्रुप डाइनैमिक्स' कहलाता है। इसमें हम देखते हैं कि कैसे समूह के बीच सुचारू संचार कायम रखने हेतु उनके बीच के मतभेद कम किए जाएँ तथा लक्ष्यों में समानता स्थापित की जाए। क्रिकेट, हॉकी तथा अन्य खेलों में हमने 'टीमवर्क' शब्द कई बार उपयोग होते हुए सुना होगा। खिलाड़ियों में समूह भावना का निर्माण भी समूह संचार के दायरे में आता है।

जनसंचार

जनसंचार, संचार प्रक्रिया का सबसे विस्तृत स्वरूप है। कई बार जब हम 'संचार' शब्द का प्रयोग करते हैं तो हमारा अभिप्राय जनसंचार ही होता है। जब हम मीडिया या पत्रकारिता के बारे में पढ़ते हैं तो हम जनसंचार की ही बात कर रहे होते हैं। आप भी जनसंचार के सभी लोकप्रिय माध्यमों की बात करेंगे, लेकिन उससे पूर्व जनसंचार की परिभाषा जानना आवश्यक है। जनसंचार को निम्न तरह से समझा जा सकता है :

जब किसी सन्देश का प्रसारण ज्यादा-से-ज्यादा प्राप्तकर्ताओं तक करने की कोशिश हो तो उसे 'जनसंचार' कहते हैं।

चूँकि ये लोग ज्यादातर स्रोत तथा संचार माध्यम के भौगोलिक क्षेत्र से अलग होते हैं और इन तक सन्देश पहुँचने की गति तथा समय अलग-अलग हो सकते हैं, अतः जनसंचार उन अनगिनत व्यक्तियों तक सन्देश पहुँचाने की प्रक्रिया है जो समय और भूगोल के स्तर पर स्रोत से कटे हुए हैं।

जनसंचार अन्य संचार प्रक्रियाओं से इस मायने में अलग है कि बाकी सभी संचार एक निश्चित दायरे तक सीमित हैं, किन्तु सैद्धान्तिक रूप से जनसंचार का कोई दायरा नहीं है। आमतौर पर जनसंचार माध्यमों का प्रयास ही यह रहता है कि इसे ज्यादा-से-ज्यादा लोगों तक पहुँचाया जा सके। पत्रकारिता और विज्ञापन आधुनिक समय के महत्त्वपूर्ण स्तम्भ हैं जो जनसंचार के सिद्धान्त पर आधारित हैं। आज मनोरंजन और सूचना के सभी लोकप्रिय माध्यम जनसंचार का उदाहरण हैं। ऐसा नहीं है कि आधुनिक वैज्ञानिक और तकनीकी विकास से पहले जनसंचार माध्यम नहीं थे। डुगडुगी या डमरू बजाकर शासकों द्वारा नगरों और गाँवों में ऐलान किए जाते थे, जो ज्यादा-से-ज्यादा जनता तक पहुँच सकने का प्रयास थे। इसके अलावा ऊँची आवाज वाले उद्घोषक भी जनता को सूचित करने का काम करते थे। कई तरह के नृत्य, तमाशे, मेले और नाटक जनसंचार का माध्यम रहे हैं। आज अखबार, पत्रिका, टेलीविजन, सोशल मीडिया आदि सभी जनसंचार माध्यम हैं। जनसंचार विधाओं में समाचार, रिपोर्ट, समीक्षा, फिल्म, टीवी सीरियल, संगीत आदि हैं।

शुरुआत में जनसंचार का सिद्धान्त इस तथ्य पर आधारित था कि पैसे और संसाधनों से युक्त कुछ संगठित संस्थाएँ सन्देश प्रेषित करती हैं जबकि पाठकों, दर्शकों,

श्रोताओं का वर्ग सन्देश प्राप्त करता है। यह ऑडियंस फीडबैक भी अप्रत्यक्ष रूप से ही दे सकता था और बहुत हद तक जनसंचार माध्यमों और उनके संचारकों को प्रभावित नहीं कर सकता था। इंटरनेट और सोशल मीडिया के आने से ऑडियंस वर्ग अब सन्देश निर्माता में परिवर्तित हो गया है जहाँ लेखन (टेक्स्ट), छवि (इमेज) और वीडियो द्वारा आज कोई भी अपना सन्देश प्रेषित कर सकता है। समय के साथ जनसंचार माध्यम ज्यादा विकेन्द्रीकृत एवं लोकतांत्रिक हुए हैं। अगले अध्याय में जनसंचार विधाओं के साथ हम इन विषयों को और विस्तार से समझ सकते हैं।

जनसंचार की कुछ खूबियाँ हैं जो निम्नलिखित हैं :

1. सन्देश को ज्यादा-से-ज्यादा लोगों तक पहुँचाने में सुविधा होती है।
2. कम समय में ज्यादा प्रसारित किया जा सकता है।
3. सूचना प्राप्ति में सरलता आ जाती है।
4. दूर बैठे भी हम एक-दूसरे से जुड़े रह सकते हैं।
5. एक ही सन्देश को बहुगुणित किय़ा जा सकता है।
6. दर्शक/श्रोता/पाठक के बीच अमीर-गरीब, पुरुष-महिला और ऐसे कई विषमताओं के वर्ग टूट जाते हैं चूँकि सभी को समान रूप से सन्देश प्राप्त होता है।

इस प्रकार के कई लाभ आप खुद भी सोच सकते हैं। जनसंचार का दायरा बहुत व्यापक है एवं उसे समझने हेतु वर्गीकृत करना होगा। जनसंचार के निम्नलिखित प्रकार या माध्यम हैं, जिनके जरिये संचार किया जाता है :

1. **लोक माध्यम :** कम-से-कम तकनीक का इस्तेमाल कर प्राचीन समय से चले आ रहे जनसंचार माध्यमों को लोक माध्यम या 'फोक मीडिया' कहा जाता है। ये ऐसे माध्यम हैं जो चिरकाल से जनता को सूचित करने और उनका मनोरंजन करने के काम में आते रहे हैं। भारत में लोक माध्यम का एक बहुत ही समृद्ध एवं विविध संसार रहा है, जिसने हमारी संस्कृति और परम्परा के निर्माण में भूमिका निभाई है। उत्तर भारत में 'तमाशा', 'नौटंकी', महाराष्ट्र का 'पवाला', गुजरात का 'भवाई', कर्नाटक का 'यक्षगान' एवं बंगाल में 'जात्रा' सभी लोक माध्यम के उदाहरण हैं। हमारे बचपन से मुहल्ले-पड़ोस में देखी जा रही दशहरे की रामलीला एवं जन्माष्टमी की रासलीला भी लोक मीडिया का स्वरूप हैं। लोक माध्यम में ढोल या डुगडुगी बजाना, नुक्कड़ सभा या नाटक, विभिन्न परिधानों और मुखौटों का स्वरूप लोक माध्यम से ही निकला है। आज के समय में भी हजारों की भीड़ के सामने भाषण, जुलूस और झाँकी जैसे कार्यक्रम लोक मीडिया का रूप हैं।
2. **प्रिंट :** काग़ज़ पर लिखकर या छापकर सन्देश ज्यादा-से-ज्यादा लोगों को प्रसारित करने का माध्यम 'प्रिंट मीडिया' कहलाता है। 'प्रिंट' शब्द

की उत्पत्ति फ्रेंच भाषा के शब्द 'प्रेंट' से हुई है, जिसका अर्थ है सील या मोहर को काग़ज़ पर छाप देना। पुराने समय में पेड़ की छाल या रीड पर लिखाई होती थी। किताबों की ज्यादा प्रतियाँ छपवाने हेतु बाकायदा कारीगर और कलाकार होते थे जो वैसा का वैसा लिख सकते थे जैसा मूल ग्रंथ में लिखा हुआ था। पन्द्रहवीं सदी में जॉन गुटेनबर्ग नामक जर्मन आविष्कारक ने छापेखाने या प्रिंटिंग प्रेस बनाकर संचार की दुनिया में नई क्रान्ति ला दी। प्रेस के आविष्कार से किताबें और अखबार सैकड़ों मील तक जा सकते थे। भारत में पुर्तगाली ईसाई मिशनरी पहली बार प्रिंटिंग प्रेस गोवा में लेकर आए। आज सहस्त्र अखबार, पत्रिकाएँ, किताबें, पर्चे, पोस्टर आदि छापे जाते हैं तथा प्रिंट तकनीक में बड़े-बड़े सुधार आए हैं। फोटोग्राफी भी परम्परागत रूप से प्रिंट का ही भाग रही है। अतः प्रकाशन की प्रक्रिया बहुत आसान हो गई है, किन्तु काग़ज़ के बढ़ते उपयोग और उस पर पर्यावरण संरक्षण की चिन्ता और साथ-साथ इलेक्ट्रॉनिक तथा डिजिटल मीडिया के उभार ने प्रिंट के भविष्य पर सवाल खड़े कर दिए हैं, लेकिन कई भविष्यवाणियों को गलत सिद्ध कर प्रिंट आज भी काफी हद तक प्रासंगिक है।

3. **इलेक्ट्रॉनिक :** बिजली तथा आधुनिक तकनीक के सहारे चलनेवाले जनसंचार माध्यम जो सूचना के साथ-साथ मनोरंजन भी करते हैं, इलेक्ट्रॉनिक मीडिया कहलाते हैं। उन्नीसवीं और बीसवीं सदी में टेलीफोन, रेडियो, टेलीविजन, टेलीग्राफ तथा कम्प्यूटर के आविष्कार ने यह सम्भव किया कि हम हजारों मील तक भी आवाज, छवि, टेक्स्ट तथा वीडियो पहुँचा सके। इन माध्यमों के आविष्कार से ही सिनेमा, सीरियल, वेब सीरीज, लाइव समाचार एवं खेल प्रसारण का रास्ता साफ हुआ। इलेक्ट्रॉनिक मीडिया में पारम्परिक रूप से बिजली की तार का बहुत प्रयोग होता रहा है, हालाँकि रेडियो जैसे माध्यम उस पर पूरी तरह निर्भर नहीं थे। आज हम जिस दौर में हैं, वहाँ इलेक्ट्रॉनिक मीडिया भी पारम्परिक मीडिया में आ गया है तथा इसकी कई विधाएँ और माध्यम इस्तेमाल में कम हो गए हैं या बन्द—जैसे ग्रामोफोन, शॉर्टवेव रेडियो, ऑडियो कैसेट, कॉम्पैक्ट डिस्क आदि। इलेक्ट्रॉनिक मीडिया ने ही यह सम्भव किया कि पलक झपकते ही सन्देश लम्बी दूरी तय कर सकें। आज हम दुनिया को एक 'वैश्विक गाँव' या 'ग्लोबल विलेज' इसीलिए कहते हैं कि इलेक्ट्रॉनिक मीडिया ने समय और भूगोल के बन्धन तोड़कर पूरी दुनिया को संचार के जाल में बाँध दिया है।

4. **डिजिटल :** डिजिटल माध्यम पिछले तीस साल में तेजी से दुनिया में आई सूचना क्रान्ति का द्योतक है, जिसके अन्तर्गत सूचनाएँ और भी

तेजी से इधर से उधर जा रही हैं। इलेक्ट्रॉनिक तथा डिजिटल मीडिया में मूल अन्तर यह है कि पारम्परिक रूप से इलेक्ट्रॉनिक मीडिया में प्राप्तकर्ता या ऑडियंस तुरन्त न तो फीडबैक दे सकता था, न ही सन्देश का स्रोत या संचार। क्रान्ति की भाषा में कहें तो 'कंटेंट क्रिएटर' बन सकता था। डिजिटल माध्यम ने और भी उन्नत तकनीक के इस्तेमाल से आज ऑडियंस को ही सामग्री का रचनाकार भी बना दिया है, जिसका सबसे जीवन्त उदाहरण सोशल मीडिया है। डिजिटल मीडिया के मूल में इंटरनेट तथा तार रहित संचार का सिद्धान्त है, जिसकी सहायता से मोबाइल, लैपटॉप, किंडल तथा टैबलेट जैसे यंत्र संचालित होते हैं। डिजिटल माध्यम से न सिर्फ हम सब खुद सन्देश का निर्माण कर सकते हैं बल्कि दूसरों द्वारा भेजे गए सन्देश को जब चाहे सुन सकते हैं। जैसे टीवी कार्यक्रम की एक समय-सीमा होती है, किन्तु यूट्यूब वीडियो की बिलकुल नहीं।

संचार के उद्देश्य

संचार हमारे जीवन में अग्रणी भूमिका निभाते हैं और कई आवश्यकताएँ पूरी करते हैं जो निम्नलिखित हैं :

1. कोई चीज प्राप्त करना, जैसे अपने परिवार के किसी व्यक्ति से भूख लगने पर खाने की इच्छा प्रकट करना।
2. नियंत्रण तथा सुनियोजित करना, जैसे किसी आयोजन स्थल की सुसज्जा का नेतृत्व करनेवाला समूह के बाकी लोगों को बताए कि क्या करना है।
3. सूचित करना, मसलन किसी मित्र के घर आने के बारे में अपने माता-पिता को बताना।
4. अभिव्यक्त करना, जैसे किसी भाषण प्रतियोगिता में किसी विषय पर अपने विचार रखना।
5. सम्पर्क बनाना, जैसे किसी सहपाठी से जान-पहचान करना।
6. रुचि पूरी करना, जैसे किसी कॉलेज के किसी खेल में भाग लेना।
7. समस्या निदान, जैसे डॉक्टर के पास जाकर रोग का उपचार कराना।
8. भूमिका का निर्वहन, जैसे वित्त मंत्री का संसद में बजट पेश करना।

जनसंचार के उद्देश्य

संचार के अन्य स्वरूपों की तुलना में अपना दायरा अधिक व्यापक होने के कारण जनसंचार के उद्देश्य संचार के आम उद्देश्यों से कुछ हद तक भिन्न हैं। आइए, उन्हें समझते हैं :

सूचना देना

आप घर पर हैं और आपको आपका परिचित आकर बताता है कि बाजार में आज एक दुर्घटना हो गई। अत: आपको किसी ऐसी बात का पता चलता है जो आपको मालूम नहीं थी, और किसी के माध्यम से पता चलता है।

किसी को दी गई कोई जानकारी, तथ्य या अन्य बात 'सूचना' कहलाती है।

जे. बीकर के अनुसार, किसी विषय से सम्बन्धित तथ्यों को 'सूचना' कहते हैं।

हॉफमैन के अनुसार, सूचना तथ्यों, वक्तव्यों तथा आकृतियों का संकलन होती है।

यहाँ दी गई परिभाषा अलग-अलग तरीकों से सूचना को समझने का प्रयास है। एक और नजरिये से हम सूचना को वह कारक मान सकते हैं जिससे *अनिश्चितता का समाधान होता है।* मूल रूप से सूचना हमें 'क्या' 'कैसे' 'कहाँ' आदि प्रश्नों का समाधान करने में मदद करती है।

जनसंचार का मुख्य कार्य ही हमें सूचना देना रहा है। जब भी हम 'मीडिया' शब्द का प्रयोग करते हैं, हमारे दिमाग में सबसे पहले समाचार, न्यूज एंकर, रिपोर्टर आदि का चेहरा घूम जाता है। जनसंचार हमें दुनिया-भर से सूचनाएँ ला-लाकर देता है तथा हमारे ज्ञान में वृद्धि करता है। अमेरिका में हुए आतंकी हमलों की खबर मिनटों में टेलीविजन पर प्रसारित हो गई, जिसे पूरी दुनिया ने देखा। इसी तरह समाचार-पत्र, पत्रिकाएँ, किताबें और आजकल इंटरनेट हमारे लिए दुनिए से जुड़े रहने और पल-पल घटित होती घटनाएँ जानने का साधन हैं। जनसंचार में सूचनाएँ कई प्रकार की हो सकती हैं—समाचार हेडलाइन, रिपोर्ट, खेल का प्रसारण, राजनीतिक घटनाएँ और संसदीय बहस, नेशनल जियोग्रैफिक अथवा डिस्कवरी आदि चैनलों पर पशु-पक्षियों के सम्बन्ध में जानकारी, डॉक्यूमेंट्री फिल्म, शैक्षणिक सामग्री इत्यादि।

जहाँ पहले यातायात के साधन सीमित होने से दुर्गम क्षेत्रों में अखबार देर से पहुँचते थे और कई बार महत्त्वपूर्ण समाचार और सन्देश देरी से प्राप्त होते थे, आज 'सूचना क्रान्ति' का युग है। इस शब्द का हमने पहले भी प्रयोग किया है। *सूचना क्रान्ति तकनीकी उन्नति के दौर में झट-से भूगोल तथा समय की सीमाएँ लाँघकर सूचनाओं का आदान-प्रदान है।* 1950 के बाद कम्प्यूटर के विकास और धीरे-धीरे बिजली के जरिये इलेक्ट्रॉनिक सन्देश ले जानेवाली तारों में सिलिकॉन नामक धातु का प्रयोग हमें एक ऐसे युग में ले आया है, जहाँ आज हम 'फोर जी' या 'फाइव जी' की तेजी से इंटरनेट इस्तेमाल कर रहे हैं। इसीलिए पिछले तीस सालों में कम्प्यूटर, मोबाइल, स्मार्टफोन तथा इंटरनेट के प्रसार को सूचना क्रान्ति युग कहा जाने लगा है।

शिक्षित करना

जहाँ सूचनाओं से हमें जानकारी मिलती है, वहीं शिक्षा हमें समझदार और जागरूक नागरिक बनाती है। हमारे स्कूल से ही हमें अच्छी किताबें पढ़ने हेतु प्रेरित किया जाता रहा है। चूँकि शिक्षा सिर्फ औपचारिक माध्यम या अक्षर ज्ञान से ही नहीं,

बल्कि अपने परिवेश से सीखने-समझने का भी नाम है, अत: इसमें जनसंचार की भूमिका यहाँ हो जाती है क्योंकि वह हमारे परिवेश में घुला-मिला है।

आपने देखा होगा कि अखबारों में गणित आधारित 'सुडोकू' नामक जापानी पहेली बहुत प्रचलित और लोकप्रिय रही है। इससे मानसिक विकास होता है तथा समस्या हाल करने की क्षमता बढ़ती है। यह जनसंचार द्वारा शिक्षित करने का महज एक उदाहरण है। इसके अलावा समाचारों से हमें नए-नए तथ्य पता चलते हैं, समीक्षा तथा सम्पादकीय पढ़कर न सिर्फ मुद्दों का सही अवलोकन करना आता है बल्कि प्रभावशाली लेखन की भी प्रेरणा मिलती है। रेडियो पर उद्घोषक का स्वर सुनकर वाणी में स्पष्टता और मधुरता लाने का सन्देश मिलता है जबकि टीवी एंकर को देख ऐसे समय में क्षमता दिखाने का पता चलता है जब पूरी दुनिया की नजरें आप पर ही टिकी हों। इन सब उदाहरणों में हम कुछ-न-कुछ सीख ही रहे होते हैं।

वर्तमान में जनसंचार और शिक्षा का रिश्ता और भी गहरा हो गया है। इंटरनेट की सहायता से हर तरह के कोर्स ऑनलाइन किए जा सकते हैं। कई विश्वविद्यालय मुफ्त में भी आपको सर्टिफिकेट पाने का मौका देते हैं। तकनीक की सहायता से खाना बनाने से लेकर पियानो बजाने तक—सभी कुछ सीखा जा सकता है। महामारी ने तो भौतिक रूप से क्लास में जाने की अक्षमता के समक्ष ऑनलाइन शिक्षा का विकल्प खड़ा कर दिया है। आज न सिर्फ 'जूम', 'गूगल' 'मीट' तथा 'माइक्रोसॉफ्ट टीम्स' से वीडियो कॉन्फ्रेंसिंग पर कक्षाएँ ली जा रही हैं, बल्कि 'बायजूज' 'वेदन्तु' जैसी कम्पनियाँ विभिन्न विषयों पर अलग से कक्षाएँ ले रही हैं। यह मॉडेल पारम्परिक संचार माध्यमों, जैसे प्रतियोगी परीक्षाओं के लिए किताब, दूरदर्शन के कार्यक्रम 'ज्ञान दर्शन' आदि से बहुत अलग है। इसकी कई सम्भावनाएँ हैं, पर साथ ही साथ हमें देखना होगा कि क्या ऑनलाइन शिक्षा आँखों पर पड़नेवाले प्रभाव, ऊँची कीमत और इंटरनेट की पहुँच में कमी से जूझ तो नहीं रही?

मनोरंजन करना

'मनोरंजन' शब्द एक मिश्रित या संयुक्त शब्द है जो 'मन' और 'रंजन से बना है। 'रंजन' शब्द का अर्थ है 'प्रसन्न करना'। अत:, मनोरंजन *मन को प्रसन्न रखने या आनन्द देने की क्रिया है।*

कोई भी ऐसी चीज जो हमारा ध्यान अपनी ओर बनाए रखे एवं सुख, रोमांच, आनन्द, सन्तोष और प्रसन्नता की अनुभूति दे, 'मनोरंजन' कहलाती है।

मनोरंजन दो प्रकार का होता है—*सक्रिय मनोरंजन,* जिसमें हम खुद किसी क्रिया में भाग लेते हैं, जैसे झूला झूलना, तैरना, खेल खेलना, घुड़सवारी आदि। *अनिवारक* (पैसिव) मनोरंजन में व्यक्ति एक जगह बैठकर होनेवाली क्रिया को देखता है, जैसे नाटक, सिनेमा, नृत्य, संगीत आदि। जनसंचार में आम तौर पर मनोरंजन अनिवारक

रूप से ही होता है चूँकि ज्यादातर दर्शक, श्रोता और पाठक यानी ऑडियंस एक जगह रहकर ही सन्देश प्राप्त करते हैं। इसका उदाहरण लेटे-लेटे जासूसी उपन्यास पढ़ने से लेकर अखबार में चुटकुले पढ़ना, रेडियो पर संगीत सुनना, टीवी पर खेल देखना आदि हो सकता है। हालाँकि जनसंचार में भी सक्रिय मनोरंजन सम्भव है, जैसे आजकल सोशल मीडिया का इस्तेमाल करना या फोन पर कोई गेम खेलना।

आम तौर पर मनोरंजन को हँसने-हँसाने तथा प्रसन्न करने के सन्दर्भ में देखा जाता है, जैसे कॉमेडी फिल्म, हास्य कलाकार, कवि सम्मेलन आदि। उसके साथ-साथ ड्रामा नामक विधा जिसमें प्रेम, खुशी आदि भावनाएँ प्रधान रहती हैं, मनोरंजन की पारम्परिक समझ पर आधारित है। किन्तु कई बार कोई गम्भीर विषय भी मनोरंजन कर सकता है, जैसे सामाजिक यथार्थ पर बनी फिल्म। उसी तरह, कई बार हल्की-फुल्की सामग्री भी मनोरंजन के साथ-साथ शिक्षित कर सकती है, जैसे व्यंग्य। अतः हम हमेशा मनोरंजन तथा शिक्षा को अलग-अलग करके जनसंचार का अध्ययन नहीं कर सकते।

जनसंचार ने मनोरंजन का स्वरूप बहुत बदल दिया है। पहले मेले, विभिन्न तरह के पारम्परिक खेल तथा नुक्कड़ नाटक जैसी विधाएँ मनोरंजन का साधन थीं। आज के समय में मनोरंजन का स्वरूप ज्यादा निजी हो गया है और चारदीवारी तक सिमट भी गया है, जिसकी अपनी चिन्ताएँ हैं। ज्यादा टेलीविजन तथा इंटरनेट के फेर में खेलना-कूदना और बाहर निकालना कम हो गया है।

एजेंडा तय करना

हमें याद होगा कि 2012 में दिल्ली में हुई भयानक घटना में किस तरह पूरा देश आन्दोलित हुआ था एवं सरकार को महिला सुरक्षा पर नए कानून बनाने पड़े थे। उस समय हम टीवी चैनल पर विरोध प्रदर्शनों की लाइव तस्वीरें देख रहे थे और वहाँ न होकर भी उस विषय से जुड़ पा रहे थे। यहाँ मीडिया का उस विषय को उठाने और लगातार उस पर जोर देने का अहम रोल था, जिससे देश में एक नई चेतना का निर्माण हुआ। इसी प्रक्रिया को हम 'एजेंडा सेटिंग' कहते हैं।

'एजेंडा' शब्द की उत्पत्ति लैटिन भाषा के 'एगेयर' शब्द से हुई है, जिसका अर्थ है 'किसी चीज को चलाना या गति देना'। इस शब्द का प्रयोग कई अर्थों में किया जा सकता है—जैसे मीटिंग का एजेंडा। किन्तु हमारे लिए मीडिया से जुड़ी इसकी परिभाषा आवश्यक है जो इस प्रकार है :

'एजेंडा' का अर्थ है, मीडिया द्वारा सार्वजनिक दिलचस्पी के किसी विषय को उठाना या किसी विषय में दिलचस्पी बनाना।

हम विभिन्न राजनीतिक, आर्थिक या सामाजिक मुद्दों पर अखबारों के सम्पादकों, टीवी एंकरों और विशेषज्ञों की राय से प्रभावित होते ही हैं। इसी तरह मीडिया किसी एजेंडा को स्थापित कर सकता है। जनसंचार के माध्यम चूँकि ज्यादा

लोगों तक पहुँचते हैं, इसीलिए वे व्यापक स्तर पर सामाजिक विमर्श या आसान भाषा में कहें तो चाय के अड्डे पर होनेवाली चर्चा को प्रभावित कर सकते हैं।

1968 में डॉ. मैक्स मैकॉमब्स एवं डॉ. डॉनलड शॉ द्वारा प्रतिपादित एजेंडा सेटिंग सिद्धान्त के अनुसार मीडिया तथा जनसंचार माध्यम कई बार यह तय करते हैं कि उनके दायरे में आनेवाली ऑडियंस किन विषयों पर चर्चा करेगी या महत्ता देगी? 1968 के अमेरिकी राष्ट्रपति चुनाव के दौरान इन दोनों ने किसी एक इलाके के निवासियों से पूछा कि चुनावों के क्या मुद्दे हैं, और फिर उसकी तुलना स्थानीय अखबारों और टेलीविजन चैनल द्वारा उठाए गए चुनावी मुद्दों से की। उन्हें समझ आया कि मीडिया यह तय कर रहा है कि किन मुद्दों को प्राथमिकता दी जाए और किन्हे नहीं। एजेंडा सेटिंग सिद्धान्त जनसंचार तथा समाज के रिश्तों की बेहतर ढंग से समझ का साधन है क्योंकि इसके अनुसार मीडिया यह तय नहीं करता कि हम 'क्या सोचते हैं' पर यह जरूर तय करता है कि 'हम किस विषय पर ज्यादा सोचते हैं'।

जब हम कहते हैं कि मीडिया एजेंडा तय करता है, इसका अर्थ यह कतई नहीं निकाला जाए कि केवल पत्रकार या सम्पादक अपनी मर्जी से जो चाहे दिखा सकते हैं। कई बार लोकप्रिय कलाकार, विद्वान एवं खुद सरकार और जनता भी इस प्रक्रिया को चलाने में सहायक होते हैं। सरकार चाहती है कि उसकी योजनाओं और कामों के इर्द-गिर्द बातचीत हो जबकि जनता जानना चाहती है कि क्या उन योजनाओं से लाभ हुआ या नहीं? अतः एजेंडा बनाने में नीति-निर्माता के साथ ही जनता का भी बहुत बड़ा रोल है। लोकप्रिय खिलाड़ी या फिल्मी सितारे हमारे रहन-सहन और मूल्यों को प्रभावित करते हैं तथा उनके द्वारा उठाए मुद्दे—जैसे किसी सामाजिक कुरीति के खिलाफ बयान हमारी समझ को प्रभावित करता है चूँकि वे सभी जनसंचार माध्यमों पर छाए रहते हैं।

एजेंडा के कई लाभ हो सकते हैं, मसलन :

1. मीडिया कई बार ऐसे जनसरोकार के मुद्दे उठाती है जो शायद आम जनता की नजर से छूट जाएँ और शासन-प्रशासन को इस व्याधि को दूर करने के लिए बाध्य करती है—जैसे टूटी सड़कों या पानी न आने पर लगातार रिपोर्टिंग।
2. सरकार की कई ऐसी लाभकारी योजना जिन्हें सरकार जनता तक न पहुँचा सके, मीडिया जनता को उनके प्रति जागरूक कर सकता है।
3. एजेंडा तय करने की प्रक्रिया में मीडिया यह सुनिश्चित कर सकता है कि लोकतांत्रिक और संवैधानिक मूल्य बचे रहें, और जिनके पास सत्ता है, वे उसका प्रयोग जनकल्याण के लिए करें। अतः वह सही को सही तथा गलत को गलत कहने के लिए प्रेरित भी कर सकता है और जरूरत पड़ने पर सवाल उठाने के रास्ते खुले रखता है।

आजकल डिजिटल संचार माध्यमों ने एजेंडा तय करने की प्रक्रिया में नए समीकरण पैदा किए हैं। पारम्परिक रूप से सम्पादकों और न्यूज एंकरों के पास एजेंडा चलाने की ज्यादा सामर्थ्य रही है, पर फेसबुक तथा ट्विटर के उत्थान से यह सिद्ध हुआ है कि आम जनता में भी संगठित होकर मुद्दे उठाने और उन पर मुख्यधारा के मीडिया में चर्चा करवाने की क्षमता है। इसका उदाहरण आजकल बहुत प्रचलित हो चले 'ट्विटर ट्रेंड' तथा 'ट्विटर स्टॉर्म' में हम देख सकते हैं, जहाँ किसी विषय पर सुनियोजित ढंग से एक ही समय कई लोगों द्वारा बात कहना उस विषय पर ध्यान आकर्षित करता है।

एजेंडा तय करने की शक्ति मीडिया को कई मायनों में एक बड़ी जिम्मेदारी देती है, जिसका सही उपयोग अति आवश्यक है। यदि एजेंडा के नाम पर मीडिया ऐसी प्रवृत्तियों को ज्यादा महत्त्व दे जो समाज, लोकतंत्र और संवैधानिक मूल्यों के लिए हानिकारक हों तो यह ताकत दुरुपयोग में बदल जाती है।

निगरानी करना

लोकतंत्र में विश्वसनीयता बनी रहे, इसके लिए जरूरी है कि किसी भी स्तर पर जिसके पास सत्ता है, चाहे वह ग्राम प्रधान हो या सरकार और अन्य प्रभावशाली संस्थाएँ, जैसे बड़ी कम्पनी या कोई ट्रस्ट—इनके कार्य-कलापों को समझना तथा यह देखना जरूरी है कि ये ठीक ढंग से काम कर रहे हैं या नहीं? यदि कोई अनियमितता निकलकर आती है, तो उसकी जानकारी जनता और प्रशासन को देना भी आवश्यक होता है। इसी को निगरानी कहा जाता है, जिसे जनसंचार बेहतर ढंग से निभा सकता है। हम यदि मीडिया को 'लोकतंत्र का चौथा स्तम्भ' कहते हैं तो उसका एक बड़ा कारण है कि जनसंचार के पास यह सामर्थ्य है कि वह अन्य संस्थाओं के कार्य की जनता के समक्ष खुली समीक्षा रख सके।

इस निगरानी की प्रक्रिया को अंग्रेजी में 'वाचडॉग' कहा जाता है। निगरानी करने से लोकतांत्रिक प्रक्रिया और ज्यादा सुदृढ़ होती है और एक सही शासन-प्रशासन तथा समाज की दिशा में कदम बढ़ाया जा सकता है। निगरानी के उदाहरण में हम सरकार के कामकाज पर की गई समीक्षा के साथ-साथ 'स्टिंग ऑपरेशन' को भी रख सकते हैं जो गुप्त माध्यम से किसी बड़े अपराध या अनियमितता का पर्दाफाश करता है, किन्तु स्टिंग ऑपरेशन एक दुधारी तलवार है और इसका स्वच्छन्द प्रयोग जनसंचार में कुरीतियों को जन्म देता है। अतः निगरानी के समय पत्रकारों के कुछ मानक होना जरूरी है। जैसे मीडिया अन्य संस्थाओं की निगरानी करता है वैसे ही मीडिया के कार्यकलापों पर निगरानी हेतु भी संस्थाएँ होती हैं। 'एडिटर्स गिल्ड ऑफ इंडिया', 'ब्रॉडकास्टिंग अथॉरिटी ऑफ इंडिया' जैसी संस्थाएँ यह कार्य करती हैं।

विचार-विमर्श मंच

हमने शायद सुना होगा कि 'कविता से कविता निकलती है' अर्थात् एक कविता पढ़कर दूसरी लिखने की प्रेरणा बनती है। इसी प्रकार हम जब तक किताब नहीं पढ़ते, कोई नई किताब नहीं लिख सकते। पढ़ने के साथ-साथ आपस में चर्चा करने, एक-दूसरे से नए तथ्य जानने तथा गम्भीर बहस के द्वारा भी हमारा बौद्धिक उत्थान होता है। इसी प्रक्रिया को हम *विचार-विमर्श* कहते हैं जहाँ आपसी बातचीत से हम कुछ नया सीख या सिखला सकते हैं।

जनसंचार इस सोचने-समझने की प्रक्रिया को एक मंच या प्लेटफॉर्म देता है जहाँ हम सरलता से यह प्रक्रिया अंजाम दे सकते हैं। विचार-विमर्श मंच जनसंचार द्वारा इसीलिए ज्यादा कारगर ढंग से फलीभूत होता है चूँकि दूर बैठे लोग भी आपस में संवाद कर सकते हैं। इसका सबसे बड़ा उदाहरण अखबार के 'सम्पादकीय' पन्ने पर आई पाठकों की चिट्ठियाँ, विभिन्न विषयों पर लिखे गए विशेषज्ञों के लेख आदि हैं। इनके जरिये हम आपस में विचारों का आदान-प्रदान कर रहे होते हैं।

इलेक्ट्रॉनिक मीडिया ने यह सम्भव किया है कि अब विचार-विमर्श मंच का स्वरूप ऐसा हो कि बात तुरन्त जनता तक पहुँचे। इसका उदाहरण है टीवी या रेडियो पर 'पैनल डिस्कशन', जहाँ एंकर किसी विषय के अलग-अलग पहलुओं को समझने के लिए अलग-अलग लोग बुलाता है। वे लोग आपस में चर्चा करते हैं जहाँ एंकर का कार्य चर्चा को सुचारू रूप से चलाना होता है। हमने टीवी पर हाल में कई राजनीतिक बहसें देखी होंगी जहाँ विभिन्न पार्टियों के प्रवक्ता अपनी-अपनी बात रखते हैं तथा सामनेवाले के आरोपों का जवाब देते हैं। इसके अलावा भी किसी गम्भीर अकादमिक विषय पर वैज्ञानिकों को बुलाना, छात्रों के बीच वाद-विवाद आदि सभी विचार-विमर्श मंच का अंग हैं।

समाज के लिए एक उपयोगी और गम्भीर विचार-विमर्श मंच बनाने के लिए यह आवश्यक है कि चर्चा में शोर-शराबे और हल्की बातों तथा व्यक्तिगत आक्षेप से बचा जाए। जहाँ 'क्या सही है' की जगह 'कौन सही है' हावी हो जाता है, वहाँ सार्थक बहस की सम्भावना खत्म हो जाती है। एक सभ्य और सुसंस्कृत समाज में विचार-विमर्श मंच का महत्त्वपूर्ण रोल है।

अध्याय : तीन

जनसंचार के माध्यम और विधाएँ

पिछले अध्याय में हमने पढ़ा कि जनसंचार का हमारे जीवन के हर पहलू में महत्त्व है। यह रूप संचार का सबसे व्यापक रूप है, अतः इसे समझना बहुत जरूरी है। जनसंचार के अन्तर्गत कई तरह का मीडिया और उसके अलावा भी बहुत कुछ आता है। हमने संचार तथा जनसंचार को समझते हुए कई उदाहरण चुने जिसमें अखबार, टेलीविजन, रेडियो आदि जैसे माध्यम और समाचार, समीक्षा, सिनेमा जैसी विधाओं का जिक्र था। यहाँ जरूरी यह है कि *माध्यम सन्देश के लाने-ले जाने को नियंत्रित करता है जबकि विधा सन्देश के कंटेंट को,* पर इससे पहले कि हम संचार के माध्यमों और विधाओं पर बात करें, आइए जनसंचार तथा मीडिया के कुछ जरूरी अवयवों से परिचय कर लें जो आगे हमारी सहायता करेंगे।

जनसंचार के प्रमुख अवयव

मीडिया जगत् में आप लगातार 'समाचार', 'पत्रकार', 'सम्पादक', 'रिपोर्टर' आदि सुनते रहते होंगे। आइए, जनसंचार इन अवयवों को विस्तार से समझें :

समाचार

जब हम आम बोलचाल में एक दूसरे को कहते हैं—"समाचार सुनाइए" तो हम उनसे उनका या उनसे जुड़ी किसी चीज का हालचाल पूछ रहे होते हैं, लेकिन औपचारिक बोलचाल में 'समाचार' का अर्थ बदलकर पूरी देश-दुनिया के बारे में जानने से हो जाता है। हम अन्दाज लगा ही सकते हैं कि जनसंचार में वह चीज ही मायने रखती है जो ज्यादा-से-ज्यादा लोगों को प्रभावित करे, यानी ऐसी खबर जिसका व्यापक प्रभाव हो। पर समाचार के औपचारिक तथा अन्तरंग, दोनों ही रूपों में एक चीज समान है कि *हम कोई नई सूचना देते या प्राप्त करते हैं।* अतः हम समाचार की निम्नलिखित परिभाषा ले सकते हैं :

नई तथा समसामयिक घटनाओं की सूचना 'समाचार' कहलाती है।

जनसंचार की दृष्टि से इस परिभाषा में हम कुछ और बदलाव कर सकते हैं :

ज्यादा-से-ज्यादा व्यक्तियों तक एक समान दिलचस्पी तथा रुचि ध्यान में रखते हुए समसामयिक विषयों की त्वरित जानकारी 'समाचार' कहलाती है।

समाचार की कुछ विशेषताएँ इस प्रकार हैं :

- समाचार हमें प्रेरित या उत्तेजित कर सकते हैं।
- समय पर दी गई सूचना ही समाचार है।
- समाचार में किसी घटना का चित्रण किया जाता है।
- समाचार 'जल्दी में लिखा गया इतिहास है'।

आखिरी बिन्दु के बारे में आप खुद सोचें और सहपाठियों और शिक्षकों से चर्चा कर बताएँ कि यह कितना सही है?

समाचार को हम 'खबर' या 'न्यूज' के नाम से भी जानते हैं। अंग्रेजी शब्द 'न्यूज', 'न्यू' अर्थात् 'नए' से बना है, जिससे समाचार की यह अवधारणा पुष्ट होती है कि यह ज्यादातर नई घटनाओं का चित्रण है। आज समाचार के अन्तर्गत हमें राजनीतिक, आर्थिक, वैश्विक, खेल, सिनेमा, फैशन, कला, संस्कृति, साहित्य, विज्ञान, तकनीक तथा अन्य विषयों के बारे में बताया जाता है।

हमने संचार, विशेषकर जनसंचार के प्रकारों के अध्ययन के अनुसार यह जाना कि उसका इतिहास मानव सभ्यता जितना पुराना है। समाचार के लिए भी यह सही है। पुराने जमाने में राजा और शासक मुनादी पिटवाकार या दीवारों-दरवाजों पर लिखवाकर या पोस्टर चस्पां करके महत्त्वपूर्ण फैसलों तथा निर्देशों की जानकारी देते थे। कालान्तर में समाचार-पत्र का विकास हुआ और फिर टेलीग्राफ, रेडियो, टेलीविजन और हाल में इंटरनेट के आने से समाचार पहुँचने की गति तेज हो गई। हम इनमें से कुछ प्रमुख माध्यमों के विषय में इसी अध्याय में पढ़ेंगे।

समाचार लिखते समय हमें घटनाओं का चित्रण करना होता है। उसके लिए 'क्या', 'कौन', 'कब', 'कहाँ', 'क्यों', 'कैसे' आदि प्रश्न महत्त्वपूर्ण हो जाते हैं यानी घटना कहाँ हुई, कैसे हुई, किसके साथ हुई वगैरह। इन चीजों को ध्यान में रखते हुए समाचार के कुछ अंग हैं, जिन पर ध्यान देना आवश्यक है :

हेडलाइन समाचार के शीर्षक को कहा जाता है जो न सिर्फ जल्दी से बताए कि समाचार किस विषय में है, लेकिन उसे पढ़ने, सुनने या देखने में दिलचस्पी भी पैदा करे। इसे हम 'मुख्य समाचार' भी कहते हैं।

इंट्रो समाचार के पहले एक या दो वाक्य हैं, जिसमें घटना के विस्तार से पहले उसका सार दिया जाता है। इसमें हम 'क्या', 'कब', 'कौन', 'कहाँ'' का उत्तर देते हैं।

बॉडी समाचार का विस्तृत ब्योरा देने का जरिया है। इसमें हम विस्तार से 'क्यों' और 'कैसे' का समाधान कर सकते हैं।

समापन समाचार का अन्त है, जहाँ पर हम ऐसी जगह समाचार रोक देते हैं कि पाठक/दर्शक/श्रोता को पूर्ण जानकारी प्राप्त हो चुकी है।

समाचार तैयार करते समय बहुत सावधानी की आवश्यकता रहती है ताकि हर कोई उसे समझ सके। यह कोई कहानी नहीं है जिसमें हम विषयान्तर करें या इधर-उधर भटकें चूँकि आपका ऑडियंस आपके पास सधी और त्वरित जानकारी के लिए आता है और वह न मिलने पर दूर छिटक जाता है। अलग-अलग माध्यमों पर समाचार तैयार करने की शैली अलग-अलग होती है।

अखबारों के लिए समाचार पत्रकार द्वारा लिखकर सम्पादक को भेजे जाते हैं जो उन्हें देखकर अनुमोदित करता है और वे छपने के लिए जाते हैं। चूँकि अखबार के पृष्ठों की सीमित संख्या होती है, इसिलिए समाचार को उसकी महत्ता के अनुसार शब्द सीमा और छपने के लिए जगह दी जाती है। अखबार में समाचार लिखनेवाले व्यक्ति को अक्षर, वर्तनी और व्याकरण में शुद्धता रखनी चाहिए। लोग अखबार समाचार प्राप्त करने और ज्ञानवर्धक बातें जानने के साथ भाषा की समृद्धता पाने के लिए भी पढ़ते हैं। अत: भाषा या शब्दों की मात्राओं के स्तर पर गलती अखबार को पाठक से दूर ले जाती है। रेडियो में श्रोता समाचार-वाचक की बातें बड़े ध्यान से सुन रहा होता है। इसीलिए श्रोता को बाँधे रखने के लिए समाचार आसान भाषा में तथा स्पष्टता से लिखा होना चाहिए। गम्भीर या गूढ़ शब्दावली जो आम लोग नहीं जानते, का प्रयोग होने से श्रोता का ध्यान कही जा रही बात से हटने की सम्भावना होती है। टेलीविजन में समाचार वाचक को आप देख भी सकते हैं और सुन भी सकते हैं। अत: समाचार शैली में सरलता के साथ-साथ दिखाई गई छवि के साथ तारतम्यता होनी भी आवश्यक है।

आमतौर पर समाचार लेखन के लिए **उल्टा पिरमिड शैली** अथवा 'इनवर्टेड पिरमिड स्टाइल' का इस्तेमाल किया जाता है। एक पिरमिड की कल्पना कीजिए जो कि एक त्रिभुज (ट्रायएंगल) के आकार का हो। यदि हम इसका कोनेवाला हिस्सा ऊपर और चौड़ा वाला नीचे रखें तो यह सीधा पिरमिड होगा। जब हम कहानी, फीचर या कोई भी अन्य लेख लिखते हैं तो पिरमिड का सबसे चौड़ा हिस्सा सबसे जरूरी बात या 'क्लाइमैक्स' होगा (चूँकि वह सबसे महत्त्वपूर्ण हिस्सा है) जबकि नुकीला हिस्सा सबसे काम महत्त्वपूर्ण बात दर्शाएगा। जब हम कहानी लिखते हैं तो क्लाइमैक्स सबसे अन्त में आता है, किन्तु समाचार में ऐसा नहीं होता। जैसाकि हमने पढ़ा, समाचार में सबसे पहले सबसे जरूरी हिस्सा जिसमें 'क्या', 'कब', 'कौन' आदि का उत्तर होगा। अत: जहाँ कथा-कहानी में पिरमिड का आकार सीधा (चौड़ा हिस्सा नीचे तथा नुकीला ऊपर होगा) इनवर्टेड पिरमिड स्टाइल में चौड़ा हिस्सा सबसे ऊपर और नुकीला सबसे नीचे होगा।

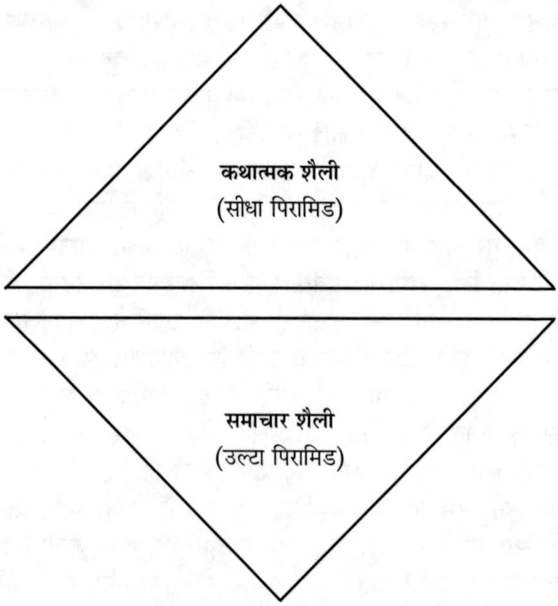

चित्र 3.1 : कथात्मक शैली का पिरामिड चित्रीकरण

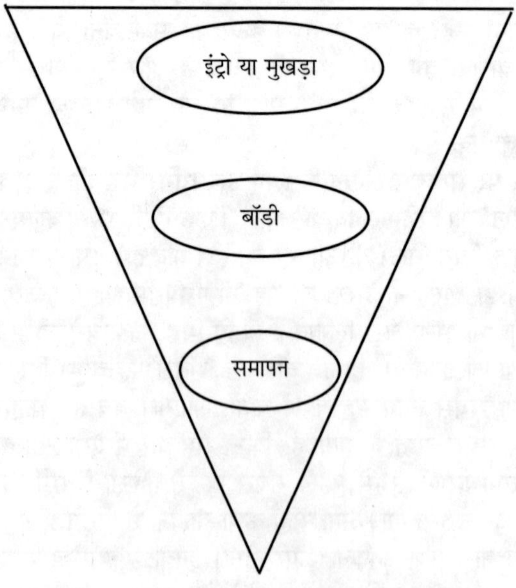

चित्र 3.2 : समाचार की उल्टा पिरामिड लेखन शैली

चित्र 3.2 में आप देख सकते हैं कि समाचार का इंट्रो या मुखड़ा जिसमें सबसे महत्त्वपूर्ण जानकारी या क्लाइमैक्स सबसे ऊपर, फिर उसके नीचे समाचार की बॉडी और उसके नीचे समापन होगा यानी सबसे महत्त्वपूर्ण जानकारी, फिर कम महत्त्वपूर्ण जानकारी और इस तरह अन्त। यह शैली तब से प्रचलन में है जब से टेलीग्राफ की उत्पत्ति हुई। हम जानते ही हैं कि टेलीग्राम भेजने में प्रति शब्द बहुत खर्चा होता था, इसीलिए कम-से-कम शब्दों में समाचार देना होता था।

समाचार दो प्रकार से लिखा जा सकता है। यदि समाचार सामग्री किसी मीडिया संस्थान को किसी अन्य संस्था द्वारा उपलब्ध कराई जाए और उसके आधार पर संस्थान के ऑफिस में ही समाचार तैयार हो तो वह न्यूज एजेंसी द्वारा प्राप्त **डेस्क रिपोर्ट** होगी।

जब मीडिया संस्थान खुद किसी व्यक्ति को किसी घटना की जानकारी लेने भेजता है और उसकी भेजी सामग्री समाचार का आधार बनती है तो उसे 'फील्ड रिपोर्ट' कहा जाता है। घटना के क्षेत्र से रिपोर्ट भेजनेवाला व्यक्ति 'संवाददाता' या 'रिपोर्टर' कहलाता है।

पत्रकारिता

'पत्रकार' तथा 'पत्रकारिता' शब्द के कई आयाम हो सकते हैं, जो मीडिया और जनसंचार के विविध क्षेत्रों से वास्ता रखते हैं, लेकिन कई तरह के उन पेशों में कुछ मूल समानताएँ होती हैं। पत्रकारिता की औपचारिक परिभाषा कुछ इस प्रकार है :

समसामयिक घटनाओं या विविध जनरुचि के विषय पर समाचार या रिपोर्ट तैयार करना, उसकी सामग्री जुटाना या उसे प्रस्तुत करना 'पत्रकारिता' कहलाता है।

आमतौर पर जब हम 'पत्रकार' शब्द का प्रयोग करते हैं तो अक्सर हमारा अभिप्राय संवाददाता (रिपोर्टर) या प्रस्तुतकर्ता (एंकर) से होता है। पत्रकारिता एक बहुत विशाल क्षेत्र है, जिसके कई आयाम हैं। पत्रकारिता के कई विविध प्रकार भी हैं, जिन्हें अब हम समझेंगे :

- **विशेषीकृत पत्रकारिता :** अखबारों या टेलीविजन पर कई प्रकार के समाचार चलाए जाते हैं, जिसमें संसदीय प्रक्रिया, राजनीतिक घटना, अन्तरराष्ट्रीय मामले, नीतिगत ढाँचा, खेल, सिनेमा, फैशन आदि प्रमुख हैं। इन सभी पर ध्यान केन्द्रित करने के लिए मीडिया संस्थान ऐसे विशेषज्ञ विकसित करते हैं जो अपने-अपने क्षेत्र के समाचार और गतिविधियाँ ऑडियंस तक पहुँचाएँ। अतः *क्षेत्र विशेष पर केन्द्रित पत्रकारिता को 'विशेषीकृत पत्रकारिता' कहा जाता है।* विशेषीकृत पत्रकारिता के अन्दर संसदीय, न्यायालयीय, खेल, अपराध, आर्थिक, अन्तरराष्ट्रीय और फिल्म और फैशन पत्रकारिता शामिल हैं।

- **वाचडॉग पत्रकारिता :** मीडिया को 'लोकतंत्र का चौथा स्तम्भ' कहा जाता है। इसका कारण यह है कि बाकी सभी स्तम्भों, जैसे सरकार, प्रशासनिक अधिकारी एवं अदालत के कामकाज पर निगाह रखना तथा अनियमितताओं के प्रति जनता को जागरूक करना मीडिया के लिए ही सम्भव है। *वाचडॉग पत्रकारिता में लोकतंत्र के सभी संस्थानों पर निगाह रखी जाती है।* हमने पिछले अध्याय में 'संचार के उद्देश्य' के अन्तर्गत निगरानी तथा वाचडॉग की भूमिका को समझा ही था। अतः वाचडॉग पत्रकारिता जनता का लोकतंत्र में भरोसा बनाए रखने में सहायक है। आजकल वाचडॉग पत्रकारिता का एक उप-संस्करण 'नागरिक पत्रकारिता' या 'सिटिजन जर्नलिज्म' के नाम से बहुत प्रसिद्ध हुआ है। इसमें जनता में से ही जागरूक लोग किसी समस्या को उजागर करने के लिए आगे आते हैं तथा मुख्यधारा के मीडिया संस्थान उन्हें और उनके काम को जगह देते हैं। सोशल मीडिया पर किसी के भी टेक्स्ट से लेकर वीडियो तक बाकी लोगों से साझा कर पाने की क्षमता ने नागरिक पत्रकारिता को बहुत बढ़ावा दिया है।
- **एडवोकेसी पत्रकारिता :** 'एडवोकेसी' अंग्रेजी का शब्द है जिसका अर्थ है किसी पक्ष या सिद्धान्त के लिए बढ़-चढ़कर प्रचार करना। इसी शब्द से 'एडवोकेट' या वकील निकला है। हमें सिर्फ न्यायालय ही नहीं, जीवन के कई हिस्सों में ऐसे लोगों की दरकार होती है जो किसी विषय पर लगातार जनता का ध्यान दिला कर उसके बारे में जागरूकता और संवेदनशीलता कायम कर सकें, अर्थात् उस बात की वकालत कर सकें। *किसी मुद्दे या पक्ष का लगातार प्रचार करनेवाली पत्रकारिता 'एडवोकेसी पत्रकारिता' कहलाती है।* अतीत में 'टाइम्स ऑफ इंडिया' द्वारा चलाया गया 'अमन की आशा' अभियान इसका सजीव उदाहरण है। इसके अलावा भी कई मुद्दों, जैसे पर्यावरण संरक्षण, जलवायु परिवर्तन तथा भ्रष्टाचार जैसे मुद्दों पर पत्रकार लगातार खबरें, समीक्षाएँ और परिचर्चा के जरिये जागरूकता लाने का कार्य करते हैं। इसे हम सैद्धान्तिक रूप से 'पक्षधरता' भी कह सकते हैं।
- **खोजपरक पत्रकारिता :** खोजपरक पत्रकारिता या 'इंवेस्टिगेटिव जर्नलिज्म' के अन्तर्गत *ऐसे तथ्य और सत्य जो सामान्य तौर से उपलब्ध नहीं होते पर जनहित के लिए उन्हें उजागर करना आवश्यक हो, प्रकाश में लाए जाते हैं।* इस पत्रकारिता में रोमांच तथा जोखिम साथ-साथ चलता है। आपने खोजपरक पत्रकारिता का सबसे प्रचलित रूप 'स्टिंग ऑपरेशन' कई बार टीवी पर देखा होगा। टीवी में यह सुविधा होती है कि छिपकर

रिकॉर्ड किए गए तथ्य वीडियो माध्यम से संरक्षित किए जा सकते हैं, किन्तु पुराने जमाने में अखबार भी कई तरह की ऐसी खोजी लीड स्टोरी करते रहे हैं, जिसमें किसी गड़बड़ी का पर्दाफाश हो। आमतौर पर खोजपरक पत्रकार जान-बूझकर छिपाए गए या मुश्किल से मिलनेवाले तथ्यों की पड़ताल करता है। खोजपरक पत्रकारिता का सबसे अच्छा उदाहरण अमेरिका का 'वॉटरगेट कांड' है, जिसके अन्तर्गत अमेरिका के राष्ट्रपति रिचर्ड निक्सन इस्तीफा देने पर मजबूर किए गए। भारत में खोजपरक पत्रकारिता की सहायता से हॉकी खेल में हो रहे भ्रष्टाचार को जनता के समक्ष लाया गया था।

- **पीत पत्रकारिता :** पीत पत्रकारिता को 'येलो जर्नलिज्म' या 'पेज थ्री' पत्रकारिता भी कहा जाता है। *पीत पत्रकारिता में सिनेमा, फैशन या खेल से जुड़ी खबरों को सनसनीखेज तथा हल्के-फुल्के ढंग से पेश किया जाता है, जिसका लक्ष्य ज्यादा-से-ज्यादा ऑडियंस को प्रभावित करना है।* पीत पत्रकारिता में महत्त्वपूर्ण हस्तियाँ, जैसे फिल्मी सितारे, खिलाड़ी, मॉडल और उनकी पसन्द-नापसन्द तथा सार्वजनिक और यहाँ तक कि निजी जीवन चर्चा का केन्द्र बना रहता है। इन महत्त्वपूर्ण सितारों को हम 'सेलिब्रिटी' कहते हैं। कई अखबारों में पेज थ्री अलग से दिया होता है। पारम्परिक तौर पर ऐसी मसालेदार गपशप तथा अफवाहों पर आधारित खबरें तीसरे पन्ने पर छपा करती थीं, किन्तु आजकल अलग-अलग अखबार इसे अलग-अलग तरीकों से छापते हैं। कई अखबार तो पीत पत्रकारिता के लिए अलग से साप्ताहिक सप्लीमेंट निकालते हैं। कई पत्रिकाएँ, जैसे 'ब्लिट्स' भी इस तरह की खबरों के प्रति समर्पित हैं। ब्रिटेन में 'टैब्लॉइड प्रेस', इटली में 'पापराजी' आदि पीत पत्रकारिता के उदाहरण हैं। टेलीविजन पर 'जूम टीवी' जैसे चैनल भी हम पीत पत्रकारिता की मिसाल हो सकते हैं, किन्तु यह पत्रकारिता कई बार ज्यादा-से-ज्यादा ऑडियंस जुटाने के चक्कर में उन नैतिक मूल्यों तथा सीमाओं को लाँघ जाती है जो पत्रकारिता को विश्वसनीय बनाए रखने के लिए जरूरी हैं। अतः चटपटी खबर जुटाने के लिए अफवाह को प्रकाशित करना, सितारों की निजी जिन्दगी में गैर-कानूनी रूप से ताक-झाँक और मुख्यधारा के मीडिया को पूरी तरह सिर्फ मसालेदार खबरों पर आश्रित बना देना कुछ ऐसे दंश हैं, जिससे पीत पत्रकारिता की विश्वसनीयता प्रभावित होती है। मीडिया का उद्देश्य सिर्फ ज्यादा-से-ज्यादा मुनाफा कमाना और सनसनीखेज खबरें ढूँढ़ना ही नहीं हो सकता, बल्कि सामाजिक सरोकार और आदर्श ही उसे सही पहचान देते हैं।

द्वारपाल एवं सम्पादन

यदि आप किसी को तोहफा भेजते हैं और उसे सुसज्जित करके गिफ्ट रैपर में पैक कर गन्तव्य के लिए प्रेषित करते हैं तो प्राप्तकर्ता उसे पाकर बहुत खुश होता है। शायद वह इतना खुश नहीं होता यदि वह तोहफा बिना किसी साज-सज्जा के गया होता। संचार प्रक्रिया में भी सन्देश के लिए यह सही है कि यदि कोई ऐसा कारक न हो जो तय कर सके कि सन्देश कैसा होगा, कितना बड़ा या छोटा होगा और कौन से माध्यम से कितने समय में जाएगा, तो शायद सन्देश उतना प्रभावी न हो। कई बार जानकारियाँ भेजते समय यह खयाल रखना होता है कि कौन सी जानकारी किस माध्यम से सुरक्षित होगी और कौन-सी उतनी नहीं?

जनसंचार में द्वारपाल का कार्य ही है यह सुनिश्चित करना कि कौन-सा सन्देश किस शैली और मात्रा में कितने समय में कितने प्राप्तकर्ताओं तक पहुँचेगा? अत: **द्वारपाल का कार्य सन्देश का चुनाव, सम्पादन और प्रस्तुतीकरण करके उसे भेजने लायक बनाना होता है।** अंग्रेजी में इसे 'गेटकीपिंग' भी कहते हैं। बिना द्वारपाल के संचार की प्रक्रिया सुचारू नहीं रहेगी। चूँकि सन्देश की गलतियाँ पकड़ में लानेवाला कोई नहीं रहेगा और वह उसी त्रुटिपूर्ण अवस्था में ऑडियंस वर्ग तक पहुँचेगा।

द्वारपाल का सबसे सहज उदाहरण और जनसंचार में अत्यन्त महत्त्वपूर्ण कार्य है *सम्पादन*। **सम्पादन** या 'एडिटिंग' वह प्रक्रिया है जिसके जरिये जनसंचार **के माध्यम जैसे अखबार, रेडियो, टीवी** आदि में समाचार या अन्य सामग्री की **अशुद्धियों को दुरुस्त कर उसे प्रस्तुति लायक बनाया जाता है।** इसके अलावा भूमिका के हिसाब से सम्पादक के और भी बहुत से कार्य हैं जो माध्यम के अनुसार परिवर्तित होते हैं, किन्तु यहाँ यह कहना जरूरी है कि माध्यम चाहे कोई हो, सम्पादक का मुख्य कार्य संचारित की जानेवाली सामग्री का नियंत्रण होता है एवं द्वारपाल की भूमिका में सम्पादक ही उस सामग्री को प्रकाशित या प्रसारित किए जाने की हरी झंडी देता है।

सम्पादक के विविध कार्य हैं :

- **त्रुटियाँ सुधारना :** सम्पादक अक्सर पत्रकार द्वारा भेजे गए लेख की गलतियाँ देखता है या 'प्रूफरीडिंग' करता है। उसमें व्याकरण, भाषा और वर्तनी के साथ तथ्य के स्तर पर भी यदि कोई गलती है तो सम्पादक उसे संशोधित करवाता है। सिर्फ भाषा या व्याकरण के प्रूफ की गलतियों को देखनेवाला सम्पादक **कॉपी एडिटर** कहलाता है।
- **प्रस्तुतीकरण को निर्धारित और व्यवस्थित करना :** सम्पादक का कार्य यह भी है कि जनसंचार की सामग्री किस मात्रा में और किस प्रकार जनता को प्रेषित की जाए। अखबार तथा पत्रिका में खबरों के लिए जगह और

शब्द संख्या निर्धारण, लीड स्टोरी या हेडलाइन तय करना आदि सम्पादक की जिम्मेदारी है। टीवी तथा रेडियो में सम्पादक का कार्य है—खबरों का समय तय करना और किस खबर को कितनी प्राथमिकता के साथ प्रसारित किया जाए। इस तरह मीडिया संस्थान के प्रतिदिन के कामकाज को नियंत्रित करनेवाला व्यक्ति 'चीफ एडिटर' या 'प्रधान सम्पादक' कहलाता है।

- **नीति निर्धारण :** सम्पादक कई बार अपने द्वारा नियंत्रित प्रकाशन अथवा प्रसारण की दशा और दिशा तय करते हैं। कुछ अखबार, जैसे 'टाइम्स ऑफ इंडिया' पीत पत्रकारिता और विज्ञापनों पर अधिक जोर देते हैं जबकि 'द हिन्दू' जैसे अखबार धीर-गम्भीर विषयों पर लेख के लिए जाने जाते हैं। इसी तरह टीवी चैनल और रेडियो स्टेशन भी अपनी सम्पादकीय नीति तय करते हैं। इस तरह संस्थान के प्रतिदिन के कार्य के अलावा उसकी दृष्टि तथा आर्थिक पक्ष भी तय करनेवाले सम्पादक को 'मैनेजिंग एडिटर' कहा जाता है।
- **सम्पादकीय टिप्पणी करना :** यह विशेष रूप से समाचार-पत्रों के लिए लागू है, जहाँ सम्पादक किसी एक पन्ने में महत्त्वपूर्ण समसामयिक घटनाओं पर अपनी राय रखता है।

सम्पादन की कुछ विशेषताएँ हैं, जिनसे एक बेहतर तरीके से अपने चैनल, स्टेशन या पत्र-पत्रिका को संचालित किया जा सकता है। ये तत्त्व इस प्रकार हैं :

1. **तथ्यपरकता** या एक्यूरेसी के जरिये सम्पादक यह सुनिश्चित करता है उसके द्वारा प्रकाशन या प्रसारण के लिए अनुमोदित कंटेंट के तथ्य सही हैं या नहीं? आजकल हम 'फेक न्यूज' के बारे में बहुत सुनते हैं, इसीलिए सम्पादक को यह तय कर लेना चाहिए कि सही तथ्य ही जनता तक पहुँचाए जा रहे हैं।
2. **वस्तुपरकता** या ऑब्जेक्टिविटी का सिद्धान्त कहता है कि सम्पादक बिना राग, द्वेष या भय के, बिना किसी भी प्रकार के विचार या पूर्वग्रह से प्रभावित हुए तथ्यों को इस तरह पेश करे कि वे जैसे घटित हुए वैसे ही जनता तक जाएँ। बिना किसी पूर्वग्रह से प्रभावित हुए जनता तक सत्य पहुँचाना सम्पादक की सर्वोत्तम जिम्मेदारी है।
3. **निष्पक्षता** या फेयरनेस के अनुसार सम्पादक को सुनिश्चित करना चाहिए कि प्रकाशित या प्रसारित सामग्री में घटनाओं के वृत्तान्त और समीक्षाओं में किसी तरह का पूर्वग्रह या झुकाव न दिखे। सम्पादक को तथ्य जनता तक निष्पक्ष होकर पहुँचाना चाहिए।

4. **सन्तुलन** या बैलेंस यह कहता है कि किसी भी घटना या घटनाओं का चित्रण तथा मीडिया संस्थान का दृष्टिकोण ऐसा न दिखे, जिससे यह सन्देश उपजे कि वह किसी एक पक्ष को ज्यादा प्राथमिकता देता है। राजनीति, खेल या अन्य किसी भी घटना को प्रस्तुत करते समय यह ध्यान रखना सम्पादक का काम है कि विषय के सभी पक्ष जनता के सामने खुलकर रखे गए हैं।
5. **स्रोत** या सोर्स/ऐट्रिब्यूशन का अर्थ है, किसी भी तथ्य को छापते, सुनाते या दिखाते समय यह सुनिश्चित करना कि उसके तथ्य कहाँ से लिए गए, यह जनता को पता हो। मीडिया में कई बार हम 'सूत्र' शब्द का इस्तेमाल सुनते हैं। वे यही स्रोत होते हैं जिनसे खबर प्राप्त होती है। मीडिया में स्रोत कई प्रकार के हो सकते हैं, जैसे न्यूज एजेंसी, सरकारी विभाग, पार्टी मुख्यालय आदि। सम्पादक का कर्तव्य है कि वह जनता को स्पष्ट करे कि खबर कहाँ से मिली और स्रोत के अज्ञात रहने की इच्छा की स्थिति में यह बात भी जाहिर करे।

जनसंचार के स्तर पर सम्पादक की भूमिका और किसी भी अवयव से कहीं ज्यादा महत्त्वपूर्ण है। चूँकि जनता को जो सूचना प्राप्त होती है और जिस प्रकार प्राप्त होती है, उसमें सम्पादक का बहुत बड़ा रोल होता है। भारत के स्वतंत्रता संग्राम में कई सम्पादकों, जैसे प्रेमचन्द, गणेश शंकर विद्यार्थी, माखनलाल चतुर्वेदी इत्यादि ने अपने आदर्श और सिद्धान्त कहीं ऊपर स्थापित किए, जिससे जनता में चेतना जाग सके। आजादी के बाद भी सम्पादकों का पत्र-पत्रिकाओं के जरिये सामाजिक चेतना और नए-नए विचारों को गति देने का महत्त्वपूर्ण रोल रहा है। समय के साथ आर्थिक पक्ष विचारों से ज्यादा महत्त्वपूर्ण होता गया है तथा सम्पादक भी उसी प्रकार से ढल चुके हैं, किन्तु एक निष्पक्ष मीडिया के लिए यह जरूरी है कि स्वस्थ मुकाबला कहीं आंधी प्रतिस्पर्धा में न बदले, जिसके चलते पत्रकारिता के सभी नैतिक आदर्श ताक पर रख दिए जाएँ।

जनसंचार के प्रमुख माध्यम

हम जनसंचार के कुछ प्रमुख तथा अनिवार्य कारकों, जैसे समाचार, पत्रकारिता और सम्पादन से परिचित हो गए हैं। अब बारी है मुख्य संचार माध्यमों की। हमने विस्तार से अध्याय एक में 'माध्यम' और उसके संचार क्षेत्र में योगदान के विषय में पढ़ा। जनसंचार के क्षेत्र में सक्रिय माध्यमों के उदाहरण हमने कई और अवधारणाएँ समझने में खूब प्रयोग किए। अब उचित समय है कि हम इन माध्यमों में जो प्रमुख

हैं, उनके बारे में और बेहतर समझ बनाएँ। जिन माध्यमों के बारे में हम समझेंगे, वे इस प्रकार हैं :

- समाचार-पत्र या अखबार
- पत्रिकाएँ या मैगजीन
- रेडियो
- टेलीविजन
- इंटरनेट

समाचार-पत्र

समाचार-पत्र जिसे आम भाषा में हम अखबार भी कहते हैं, लिखित संचार के सबसे पारम्परिक रूप में से एक है। आधुनिक जनसंचार का भी यह सबसे पुराना रूप है जो आज भी हमारे जीवन को प्रभावित करता है। समाचार-पत्र की परिभाषा इस प्रकार है :

लगातार अन्तराल पर जनता को छपे हुए कागज पर समाचार, महत्त्वपूर्ण जानकारियाँ, समीक्षाएँ और मनोरंजन उपलब्ध करानेवाले माध्यम को 'समाचार-पत्र' कहा जाता है। समाचार-पत्र साधारण रूप से कागज पर काले या स्लेटी इंक के अक्षरों में छपता है किन्तु प्रकाशक चाहे तो रंगीन कागज भी इस्तेमाल कर सकता है। चूँकि समाचार-पत्र की प्रतियाँ हजारों-लाखों लोगों तक पहुँच सकती हैं इसीलिए उसे सस्ते कागज पर छापा जाता है और भारत जैसे कई देशों में सस्ते दाम पर उपलब्ध करने हेतु अखबारों को कागज की खरीद में सब्सिडी या छूट दी जाती है। समाचार-पत्र में राजनीति, खेल, विज्ञान, सिनेमा जैसी कई समसामयिक घटनाओं पर जानकारी दी जाती है एवं रोजगार, विवाह तथा उत्पादों से सम्बन्धित विज्ञापन दिए जाते हैं।

समाचार-पत्र, जनसंचार और खासकर प्रिंट मीडिया में 'पीरिऑडिकल' नामक विधा के अन्तर्गत समाहित है। *'पीरिऑडिकल' नामक अंग्रेजी शब्द का अर्थ है—लगातार अन्तराल पर प्रकाशित होनेवाला माध्यम।* समाचार-पत्र साधारणतः प्रतिदिन प्रकाशित होता है, किन्तु यह दिन में दो बार (सुबह और शाम के संस्करण) से लेकर साप्ताहिक, पाक्षिक, मासिक, त्रैमासिक आदि भी हो सकता है। हालाँकि यह सामान्य समझ है कि समाचार-पत्र की प्रासंगिकता इसी बात में है कि वह लगातार हमें नित नई घटनाओं से परिचित कराता रहे। उन्नत तकनीकों के विकास से ही यह सम्भव हुआ है कि न सिर्फ समाचार-पत्र रोज छप सके वरन् पाठकों के घरों तक भी पहुँचे।

विश्व में पहला समाचार-पत्र रोम के साम्राज्य में पहली शताब्दी ई.पू. में छपना शुरू हुआ, जिसका नाम 'एक्टा डिउरना' था। इसमें रोम की हुकूमत द्वारा नागरिकों के नाम जारी सन्देश होते थे, जिसमें शासन, प्रशासन तथा समाज से जुड़ी

महत्त्वपूर्ण जानकारियाँ होती थीं। सातवीं सदी ई. में चीन में हस्तलिखित समाचार-पत्रों की शुरुआत हुई। इधर छापेखाने के आविष्कार के बाद निश्चित अन्तराल पर समाचार-पत्र छपने का रास्ता साफ हुआ। इंग्लैंड में पहला अंग्रेजी समाचार-पत्र 1621 में 'कॉरेंट' नाम से प्रकाशित हुआ, जिसमें विभिन्न यूरोपीय देशों की खबरें हुआ करती थीं। आजकल काफी चर्चित अखबार 'द टाइम्स' तथा 'द ऑब्जर्वर' अठारहवीं सदी के अन्त तक अस्तित्व में आ चुके थे।

हमने अध्याय-दो में पढ़ा था कि भारत में छापेखाने की तकनीक पुर्तगाली ईसाई मिशनरियों के साथ आई। कालान्तर में जब अंग्रेजों ने यहाँ जड़ें जमानी शुरू कीं तो 1781 में जेम्स ऑगस्टस हिकी नामक एक सज्जन ने कलकत्ता में 'बंगाल गजट' नामक अंग्रेजी अखबार निकाला *जो भारत का पहला अखबार माना गया है।* हिकी महाशय उस समय की शासक ईस्ट इंडिया कम्पनी के कोपभाजन बन गए और अखबार बन्द हो गया, किन्तु अखबार निकालने की परम्परा ने उन्नीसवीं शताब्दी तक जोर पकड़ लिया था। शुरू में ज्यादातर अखबार अंग्रेजी में थे जो ब्रिटिश शासन के प्रबल समर्थक थे, पर जैसे-जैसे अंग्रेजी के साथ अन्य भारतीय भाषाओं में साक्षरता और पाठक वर्ग का विकास हुआ, अलग-अलग मत के भारतीयों ने विभिन्न भाषाओं में अखबार निकालने शुरू किए। प्रसिद्ध समाज सुधारक राजाराम मोहन राय ने 1821 में बांग्ला में 'संवाद कौमुदी' शुरू किया और उसके ठीक एक साल बाद कलकत्ता से ही फारसी में 'मिराल उल-अकबर' निकला। 1826 में *जुगलकिशोर सुकुल ने हिन्दी का पहला समाचार-पत्र साप्ताहिक रूप में निकाला* जिसका नाम 'उदंत मार्तंड' था (इसका वास्तविक अर्थ है 'समाचार सूर्य')। स्वतंत्रता संग्राम में भारतीयों की चेतना का विकास करने में अखबारों ने महती भूमिका अदा की। लगभग हर प्रमुख स्वतंत्रता सेनानी ने अखबार निकाला या उससे किसी-न-किसी रूप से रिश्ता रखा। महात्मा गांधी द्वारा 'यंग इंडिया' तथा 'हरिजन' जैसे अखबार न सिर्फ राष्ट्रीय चेतना का प्रसार कर रहे थे बल्कि सामाजिक सुधार की भी वकालत कर रहे थे। इसमें हम बाल गंगाधर तिलक के मराठी अखबार 'केसरी' बांग्ला के 'अमृत बाजार पत्रिका' तथा अंग्रेजी के 'हिन्दुस्तान टाइम्स', 'नेशनल हेरॉल्ड' और 'पायोनियर' को भी शामिल कर सकते हैं। ये सभी अखबार यह बताने के लिए कारगर औजार थे कि क्यों भारतीय खुद पर शासन करने में सक्षम हैं।

इस सन्दर्भ में बेनेडिक्ट एंडर्सन नामक मीडिया अध्येता ने एक महत्त्वपूर्ण बात कही है। एंडर्सन के अनुसार, पन्द्रहवीं सदी में प्रिंट और उसके बाद अखबारों के प्रसार ने पहले यूरोप और फिर बाकी देशों में राष्ट्रवादी सोच जगाने में मदद की यानी पहले साक्षरता तथा लिखित सूचना के अभाव में लोग अपने गाँव-कस्बे से बाहर के बारे में कम ही जान पाते थे और राजाओं-महाराजाओं की तूती बोलती थी, किन्तु अखबार ने जब भाषा का लिखित रूप घर-घर पहुँचाया तो लोगों को

एहसास हुआ कि "हम सब एक ही देश के वासी हैं"। यदि आप एंडर्सन की इस अवधारणा में दिलचस्पी रखते हैं तो इसके विषय में आप और आगे की कक्षाओं में जान सकते हैं।

हिन्दी के ज्यादातर वर्तमान में प्रचलित समाचार-पत्र आजादी के बाद विकसित हुए। इनमें 'दैनिक भास्कर' की शुरुआत 1958 में हुई। 1980 तक राष्ट्रीय स्तर पर हिन्दी में 'जनसत्ता' तथा 'नवभारत टाइम्स' ज्यादा प्रमुख थे, पर उसके बाद 'दैनिक जागरण' और 'अमर उजाला' जैसे अखबारों ने पैठ बनाई। आज हिन्दी पट्टी में सुदूर उत्तर भारत में 'पंजाब केसरी', मध्य प्रदेश तथा छत्तीसगढ़ में 'दैनिक भास्कर', उत्तर प्रदेश तथा उत्तराखंड में 'दैनिक जागरण', 'हिन्दुस्तान' और 'अमर उजाला' एवं राजस्थान में 'पत्रिका' काफी प्रसिद्ध हैं। अंग्रेजी के ज्यादातर अखबार आजादी से पहले से स्थापित हैं, जिनमें 'टाइम्स ऑफ इंडिया' और 'द हिन्दू' पुराने हैं, 'हिन्दुस्तान टाइम्स' और 'नेशनल हेराल्ड' आजादी के आन्दोलन से निकले और 'इंडियन एक्सप्रेस' आजादी के बाद। इसके अलावा प्रमुख महानगरों में अंग्रेजी अखबारों के क्षेत्रीय संस्करण निकलते हैं, जैसे कोलकाता से 'द टेलीग्राफ', मुम्बई से 'मिरर', चंडीगढ़ से 'ट्रिब्यून' एवं हैदराबाद से 'डेक्कन क्रॉनिकल'। यदि हिन्दी के अलावा बाकी भारतीय भाषाओं की बात करें तो बांग्ला में 'आनन्द बाजार पत्रिका', मराठी में 'लोकमत', तेलगु में 'ईनाडु' तथा मलयालम में 'मनोरमा' प्रचलित नाम हैं।

पिछले तीस वर्षों में क्षेत्रीय और जिला स्तर के कई अखबार या तो छपना बन्द हुए हैं या बड़े राष्ट्रीय स्तर के अखबारों द्वारा खरीद लिये गए हैं। आम तौर पर चलन यह रहा है कि क्षेत्रीय अखबार (जैसे पूर्वी उत्तर प्रदेश और बिहार में 'आज') अपने क्षेत्र की खबरों को तरजीह देते रहे हैं, लेकिन अब बड़े अखबारों के ही क्षेत्रीय तथा शहरी संस्करण हो गए हैं। आप यदि अखबारों के मुख्य पृष्ठ पर जाएँ तो कई बार यह विदित होता है कि वे कहाँ-कहाँ से छपते हैं जिससे उनके संस्करणों की संख्या का अन्दाजा होता है।

वर्तमान में अखबारों के इंटरनेट पर उपलब्ध ऑनलाइन संस्करणों का भी चलन बढ़ा है। कोरोना महामारी के पश्चात् तो काफी समय तक ऑनलाइन अखबार ही हमारी सूचना के स्रोत रहे, किन्तु छपे हुए अखबारों की प्रासंगिकता अभी भी कायम है। अखबार या तो समाचार-पत्र विक्रेता तथा न्यूज स्टैंड से ग्राहक स्वयं खरीदता है अथवा वे उसके घर पर ही सुबह-सुबह पहुँच जाते हैं। अतः प्रकाशन के साथ वितरण भी किसी अखबार की सफलता को निर्धारित करता है। वर्तमान में खुद जाकर खरीदने की जगह घर बैठे अखबार प्राप्त करने का रुझान है, जिससे उन अखबारों के लिए कठिनाई होती है जो इतने सशक्त नहीं कि वितरण का खर्च वहन कर सकें। डर यह है कि इससे चन्द बड़े अखबार ऐसा प्रभुत्व स्थापित कर लेते हैं जिससे खबरों और नजरियों की विविधता पर असर पड़ता है।

समाचार-पत्र की कुछ चारित्रिक विशेषताएँ होती हैं, जिनके बिना यह प्रासंगिक नहीं रह जाता। वे इस प्रकार हैं :

- **पहुँच :** जैसा कि बताया गया, विक्रेता, न्यूजस्टैंड, पुस्तकालय, वितरण आदि के माध्यम से अखबार ज्यादा-से-ज्यादा जनता तक पहुँचने में सक्षम होना चाहिए।
- **निश्चित अन्तराल :** अखबार के छपने की एक निरन्तर गति होनी चाहिए जिसके भरोसे ही उसका एक वफादार पाठक वर्ग तैयार होता है।
- **नवीनता :** अखबार में खबरों, मुद्दों, जानकारियों आदि को लगातार अपडेट रहना जरूरी है। अतः अखबार का अथक प्रयास रहना चाहिए कि उसके पाठक को हर संस्करण के साथ कुछ नया जानने को मिले।
- **सार्वभौमिकता :** सार्वभौमिकता या यूनिवरसेलिटी का अर्थ है कि कोई और कैसा भी विषय हो, प्रासंगिकता के हिसाब से अखबार उसकी जानकारी पाठकों को दे।

समाचार-पत्र विषय के हिसाब से खबरों और अन्य सूचनाओं को अलग-अलग पृष्ठ देता है। हर समाचार-पत्र की अपनी प्रस्तुति शैली होती है, किन्तु कुछ चीजें जो समान हैं और लम्बी परम्परा का द्योतक हैं, उन्हें हम यहाँ समझेंगे :

1. **मुखपृष्ठ :** मुखपृष्ठ या 'फ्रंट पेज' समाचार-पत्र का पहला पन्ना होता है जिसमें अखबार का शीर्षक बड़े-बड़े अक्षरों में लिखा होता है और साथ ही अखबार के विषय में जरूरी विवरण जैसे संस्करण आदि दिया होता है। इस पन्ने पर मुख्यतः वह खबर हेडलाइन होती है जो पाठक वर्ग को सर्वाधिक प्रभावित करे। यह राष्ट्रीय या अन्तरराष्ट्रीय स्तर की घटना से लेकर खेल, मनोरंजन आदि कोई भी खबर हो सकती है। इसके अलावा इस पन्ने पर कई और खबरें सम्पादक के चुनाव के हिसाब से डाली जाती हैं। मुखपृष्ठ पर दिए गए समाचार से उसकी सम्पादक और मीडिया संस्थान के लिए महत्ता देखी जा सकती है।
2. **सम्पादकीय :** एक अखबार के लिए इससे महत्त्वपूर्ण कोई पन्ना नहीं हो सकता चूँकि यहाँ समाचार के साथ-साथ घटनाओं की समीक्षा तथा उन पर खुद अखबार के सम्पादक की राय दी जाती है। इससे पता चलता है कि समाचार-पत्र किन विषयों को कितनी गम्भीरता से उठाता है? इस पन्ने में सम्पादक की राय के साथ-साथ कई विशेषज्ञों या प्रमुख लेखकों/पत्रकारों के स्तम्भ प्रकाशित किए जाते हैं। स्तम्भ या कॉलम या आर्टिकल किसी मुद्दे पर अपनी राय रखने का औजार होते हैं। स्तम्भ लेखन साप्ताहिक भी हो सकता है, जैसे 'टाइम्स ऑफ इंडिया' द्वारा छपनेवाला 'स्वामीनॉमिक्स' जिसे एस.ए. अय्यर लगातार लिखते रहे हैं।

सम्पादकीय में व्यंग्य, पाठकों के पत्र और अन्य ऐसी चीजें भी होती हैं जो समाचारों से अलग हों।

3. **कार्टून कोना :** कार्टून के लिए कोई अलग पृष्ठ नहीं होता, पर आम तौर पर वे न सिर्फ पाठकों को गुदगुदाते हैं बल्कि कई सामाजिक-राजनीतिक घटनाओं पर तीखी टिप्पणी भी करते हैं। प्रसिद्ध कार्टूनकार आर.के. लक्ष्मण के कार्टून लगातार कई सालों तक अखबारों में छपते रहे हैं।
4. **पेज थ्री :** जैसे कि ऊपर पीत पत्रकारिता के अन्तर्गत बताया गया है, इस पन्ने में सिनेमा, सेलिब्रिटी, फैशन और अन्य विषयों पर समाचार तथा गपशप मिलेगी।

इसके अलावा भी अखबारों में राष्ट्रीय, अन्तरराष्ट्रीय, क्षेत्रीय, आर्थिक तथा खेल पक्ष के लिए अलग-अलग पन्ने होते हैं।

पाठक वर्ग और प्रतिदिन वितरण के हिसाब से विश्व में सबसे पढ़ा जा रहा *अखबार जापान का 'योमियूरी शिमबन' है जबकि भारतीय अखबार 'दैनिक जागरण' तथा 'दैनिक भास्कर' दूसरे और चौथे नंबर पर हैं।* भारत में प्रथम स्थान के लिए 'भास्कर' और 'जागरण' में कड़ी टक्कर रही है। अंग्रेजी में सबसे ज्यादा पढ़ा जानेवाला भारतीय अखबार 'टाइम्स ऑफ इंडिया' है।

पत्रिका

पत्रिकाएँ या मैगजीन समाचार-पत्रों की तरह ही नियतकालिक अर्थात् 'पीरियोडिकल' प्रकाशन होती हैं, किन्तु समाचार-पत्रों और पत्रिकाओं में कुछ तकनीकी अन्तर भी होते हैं :

आमतौर पर रंगीन या चिकने कागज तथा किताबनुमा शक्ल में विभिन्न विषयों पर केन्द्रित लगातार अन्तराल पर छपता प्रकाशन 'पत्रिका' कहलाता है।

पत्रिका का अंग्रेजी में रूपान्तरण 'मैगजीन' शब्द अरबी भाषा से उद्धृत है जहाँ मूल रूप से इसका अर्थ स्टोरहाउस अर्थात् ऐसी जगह रहा है जहाँ सामान का भंडारण किया जाए। अत: पत्रिका में लेख उसी तरह इकट्ठे किए जाते हैं जैसे स्टोरहाउस में सामान। 'मैगजीन' शब्द इसी समान मूल अर्थ के कारण पत्रिका के अलावा बन्दूकों और कारतूस के जखीरे के लिए भी इस्तेमाल होता रहा है।

पत्रिकाएँ दैनिक, साप्ताहिक, पाक्षिक, मासिक, त्रैमासिक और वार्षिक स्तर पर निकल सकती हैं, हालाँकि सबसे प्रचलित रूप मासिक या पाक्षिक ही होते हैं। वे विभिन्न विषयों पर केन्द्रित हो सकती हैं। कई बार वे अलग-अलग विषयों को एक ही अंक में समाहित भी कर सकती हैं।

आइए, हम विभिन्न विषयों और उनसे जुड़ी पत्रिकाओं पर कुछ प्रकाश डालें :

- **समाचार तथा समसामयिक घटनाएँ :** चूँकि पत्रिकाएँ अखबारों की अपेक्षा प्रतिदिन नहीं छपतीं, अत: यहाँ समाचार और विभिन्न घटनाओं के विश्लेषण का स्वरूप ज्यादा विस्तृत होता है। समाचार आधारित पत्रिकाओं में खोजपरक पत्रकारिता के लिए भी ज्यादा जगह होती है। इन पत्रिकाओं के उदाहरण हैं अंग्रेजी में 'इंडिया टुडे', 'फ्रंटलाइन', 'आउटलुक', 'कैरावैन' आदि जबकि हिन्दी में 'इंडिया टुडे हिन्दी', 'आउटलुक हिन्दी', 'समयान्तर' और विगत समय में 'दिनमान', 'नई दुनिया' आदि प्रचलित रही हैं।
- **मनोरंजन :** ऐसी पत्रिकाओं में घरेलू विषय, कहानियाँ, नुस्खे, हास्य-व्यंग्य के साथ फिल्मी गपशप आदि मौजूद रहते हैं। उदाहरण में हिन्दी की 'नूतन कहानियाँ', 'कादम्बिनी', 'महकता आँचल' और अंग्रेजी की 'रीडर्स डाइजेस्ट', 'ब्लिट्ज' शामिल हैं।
- **प्रतियोगिता एवं रोजगार :** ये पत्रिकाएँ ज्यादातर प्रतियोगी परीक्षाओं जैसे लोक सेवा आयोग के लिए अभ्यर्थियों को समसामयिक घटनाओं से परिचित कराती हैं। उदाहरण के लिए 'प्रतियोगिता दर्पण', 'कॉम्पिटिशन सक्सेस', 'सक्सेस मिरर', रोजगार समाचार' आदि।
- **महिला पत्रिकाएँ :** महिलाओं तथा उनसे जुड़े मुद्दों पर केन्द्रित पत्रिकाओं में अंग्रेजी की 'विमेंस एरा', फेमिना' और हिन्दी में 'सरिता', 'वनिता', 'गृहलक्ष्मी', 'उत्तरा' आदि शामिल हैं।
- **खेल :** खेल सम्बन्धी विषयों पर अंग्रेजी की 'स्पोर्ट्स्टार' तथा हिन्दी की 'क्रिकेट सम्राट' बहुत प्रचलित रही हैं।
- **बाल साहित्य :** बच्चों के मनोरंजन और ज्ञानवर्धन के लिए कई सारी पत्रिकाएँ मौजूद रही हैं, जैसे 'चम्पक', 'नन्दन', 'लोटपोट', 'चन्दामामा', 'चकमक', 'बालहंस', 'नन्हे सम्राट' आदि।
- **साहित्य :** साहित्य एक रोचक, किन्तु साथ ही साथ गम्भीर विषय भी है। भारतीय पत्रिकाओं के इतिहास में, और खासकर हिन्दी में साहित्य की एक अहम जगह रही है। कई सारे साहित्यकार पत्रकार रहे और उसका उल्टा भी सच हुआ। प्रेमचन्द ने 1931 में 'हंस' शुरू की थी जो बीच में रुकने के बाद फिर शुरू हुई और अभी तक चल रही है। साहित्यिक पत्रिकाएँ उसके हर पहलू जैसे कहानी, कविता, नाटक, निबंध, आलोचना, समीक्षा आदि को टटोलती हैं। प्रमुख साहित्यिक पत्रिकाओं में 'नवनीत', 'पहल', 'कथादेश', 'पाखी', 'परिकथा' आदि शामिल हैं।

पत्रिकाओं के लिए विज्ञापन अखबारों से अधिक महत्त्वपूर्ण हैं चूँकि छपाई का खर्च पाठकों से वसूलना पाठकों की संख्या कम कर सकता है। आजकल कई पत्रिकाओं ने अपने ऑनलाइन संस्करण निकाल लिए हैं और कई तो प्रिंट माध्यम पूरी तरह से छोड़ चुकी हैं, किन्तु पत्रिका की महत्ता हमारे जीवन के कई पहलुओं में अभी भी कायम है।

रेडियो

किसी सूचना को जल्द-से-जल्द पहुँचाने में प्रिंट मीडिया की सीमाएँ जगजाहिर हैं। अत: उन्नीसवीं शताब्दी में ही वैज्ञानिक इस बात की जुगत में थे कि कैसे तरंगों के माध्यम से एक जगह से दूसरी जगह संचार किया जा सके। टेलीग्राफ से यह सुनिश्चित हुआ था कि तार के जरिये लिखित सन्देश मिनटों या घंटों में लम्बी दूरी तय कर सके, किन्तु तारों को दुर्गम स्थानों पर पहुँचा पाना दुसाध्य कार्य था। अत: तार रहित या 'वायरलेस' यानी हवा के जरिये तरंगों को पहुँचाने के लिए कई तरह के शोध किए गए। इटली के वैज्ञानिक मार्कोनी ने इस सन्दर्भ में बड़ी खोज की, जिससे ध्वनि तरंगों को यदि किसी स्टेशन द्वारा भेजा जाए तो एक रिसीवर की मदद से उसे प्राप्त कर सुना जा सकता था। मार्कोनी के अलावा अन्य वैज्ञानिकों जैसे मैक्सवेल, हट्र्ज (जिनके नाम पर रेडियो प्रसारण में फ्रीक्वन्सी नापने की इकाई रखी गई) एवं भारत के जगदीश चन्द्र बसु का भी रेडियो तकनीक विकसित करने में बहुत योगदान है। इन सज्जनों ने विद्युत-चुम्बकीय या इलेक्ट्रोमैग्नेटिक तरंगों की पहचान की और इन्हें संचालित करने हेतु कई तरह के उपकरण बनाए। उन्हीं में से एक उपकरण जो बहुत प्रचलित हुआ उसे ट्रांजिस्टर कहा गया।

रेडियो प्रसारण में ध्वनि आधारित या ऑडियो सन्देश कई प्राप्तकर्ताओं को एक साथ प्रसारित किया जाता है।

ध्वनि सन्देश के माध्यम से समाचार, रिपोर्ट, समीक्षा, परिचर्चा, वाद-विवाद, संगीत, रेडियो नाटक, रेडियो कार्यक्रम, खेलों का सीधा प्रसारण आदि अन्य कंटेंट प्रेषित किया जा सकता है। यहाँ ध्यान रखनेवाली बात है कि चूँकि रेडियो श्रोता न तो देख सकता है न पढ़ सकता है, इसीलिए ध्वनि और विवरण की महत्ता काफी बढ़ जाती है।

विश्व में पेशेवर स्तर पर पहली बार 1920-21 में अमेरिका के पेन्सिलवेनिया राज्य के पिट्सबर्ग शहर से राष्ट्रपति चुनाव के सन्दर्भ में कार्यक्रम के जरिये रेडियो प्रसारण की शुरुआत हुई। 1927 में ब्रिटेन में पहली बार किसी देश ने राष्ट्रीय स्तर पर रेडियो प्रसारण कम्पनी बनाई जिसका नाम '*ब्रिटिश ब्रॉडकास्टिंग कॉर्पोरेशन*' या '*बी.बी.सी.*' रखा गया। कालान्तर में यह रेडियो सेवा विश्व की अनेक भाषाओं में प्रसारित होकर काफी लोकप्रिय बन गई। इधर ट्रांजिस्टर बनाने की तकनीक

में भी सुधार हुआ। पहले के रेडियो सेट बहुत बड़े होते थे, किन्तु समय के साथ 1950 के दशक में छोटे ट्रांजिस्टर आए, जिन्हें जेब में रख के घुमा जा सकता था।

भारत में अंग्रेजी शासन के दौरान 1923 में बम्बई से पहली बार रेडियो प्रसारण हुआ। 1927 में इंडियन ब्रॉडकास्टिंग कम्पनी बनाई गई, किन्तु 1930 की विश्वव्यापी आर्थिक मन्दी में यह डूब गई। तत्पश्चात् सरकार ने रेडियो प्रसारण अपने नियंत्रण में ले लिया और 1936 में *'ऑल इंडिया रेडियो' की शुरुआत हुई, जिसे हम 'आकाशवाणी' के नाम से भी जानते हैं।* आजादी के बाद भारत में रेडियो को शिक्षा, ज्ञान और विकास के लिए एक उपयोगी स्रोत मानते हुए लगातार रेडियो स्टेशन तथा तकनीक में वृद्धि की गई। भारत की अलग-अलग भाषाओं में प्रसारण हेतु अलग-अलग आकाशवाणी केन्द्र अस्तित्व में आए। इधर अन्य देशों की भारतीय भाषाओं में सेवाएँ भी बहुत चलीं, जिनमें 'रेडियो सिलॉन' 1980 के दशक तक भारत में खूब पसन्द किया जाता रहा। यह सेवा श्रीलंका से संचालित होती थी और इसका गीतों का कार्यक्रम 'बिनाका गीतमाला' भारत में फिल्मी गीतों का सबसे लोकप्रिय कार्यक्रम था और इसके उद्घोषक अमीन सायानी की जादुई आवाज के लिए चर्चित। कालान्तर में आकाशवाणी ने भी रेडियो सिलॉन की तर्ज पर फिल्म और संगीत प्रेमी जनता के लिए 'विविध भारती' शुरू किया। समाचार और समसामयिक घटनाओं के लिए आकाशवाणी के साथ-साथ 'बी.बी.सी. लन्दन', जर्मनी से प्रसारित 'रेडियो डोईचेविले', अमेरिका का 'वॉयस ऑफ अमेरिका' आदि खूब चर्चित हुए। इनके समाचार वाचकों और उद्घोषकों की आवाज श्रोताओं के बीच सालों तक चर्चा का विषय बनी रहती। 1990 के बाद भारत में निजी कम्पनियों को रेडियो स्टेशन खोलने की अनुमति मिली।

मुख्यतः चार तरीके से रेडियो तरंगों का प्रसारण किया जाता है—शॉर्ट वेव, मीडियम वेव, फ्रीक्वेंसी मॉडुलेशन (एफ.एम.) एवं ऐम्प्लिटूड मॉडुलेशन (ए.एम.)। शॉर्ट वेव और मीडियम वेव पारम्परिक रूप से भारत तथा अन्य देशों की सरकारी सेवाएँ प्रसारित करते हैं जबकि एफ.एम. में सरकारी के साथ निजी चैनल भी सक्रिय हैं। निजी एफ.एम. चैनल ज्यादातर महानगरीय श्रोता वर्ग के लिए संगीत तथा हास्य कार्यक्रम प्रसारित करते हैं। इनमें 'रेडियो सिटी', 'बिग एफ.एम.', 'एफ.एम. गोल्ड', 'फीवर' आदि प्रसिद्ध रहे हैं। एफ.एम. के निजी चैनल को समाचार या समसामयिक घटना पर कार्यक्रम प्रसारित करने की अनुमति नहीं है। ए.एम. माध्यम भारत में उतना प्रचलित नहीं है।

पेशेवर तथा व्यावसायिक स्तर पर चलनेवाले रेडियो के अलावा भी रेडियो का इस्तेमाल किया जाता है। इसमें सामुदायिक या कम्यूनिटी रेडियो एवं गैर-पेशेवर या अमेच्योर रेडियो (हैम) शामिल हैं। इन गैर-पेशेवर रेडियो सेवाओं का दुर्गम क्षेत्रों में शिक्षा एवं सामाजिक विकास के साथ-साथ आपदा प्रबन्धन में भी प्रयोग किया

जाता है। सरकार द्वारा अमेच्योर रेडियो धारक को लाइसेंस दिया जाता है, जिसकी निगरानी सूचना एवं प्रौद्योगिकी मंत्रालय करता है।

जहाँ 1950 से लेकर 1990 के बीच रेडियो श्रवण का स्वर्णिम काल रहा, 1990 के बाद से टेलीविजन और इंटरनेट ने रेडियो के प्रभाव क्षेत्र को कम किया है। कई शॉर्ट वेव तथा मीडियम वेव सेवाएँ बन्द हो चुकी हैं या होने के कगार पर हैं, वहीं, एफ.एम. के आने के बाद वाहनों में चलते हुए भी रेडियो सुनने का रुझान बढ़ा है। एंड्रॉयड स्मार्टफोन पर भी कई ऐसे ऐप्लिकेशन हैं जो दुनिया भर के रेडियो स्टेशन प्रसारित कर सके। अतः जहाँ पारम्परिक रेडियो सेट, जिनके लिए एक समय लाइसेंस लेना आवश्यक होता था, का प्रयोग लगभग समाप्त हो रहा है, इंटरनेट के जरिये रेडियो स्टेशन अपनी बात श्रोताओं तक पहुँचा रहे हैं।

टेलीविजन

ध्वनि के साथ स्थिर या गतिशील आकृतियों को वीडियो की शक्ल में एक जगह कैद कर उसका प्रसारण कर पाना ही टेलीविजन का सिद्धान्त है। इस दिशा में आधुनिक युग और औद्योगिक क्रान्ति के साथ ही प्रयास शुरू हो गए थे। 1900 से 1920 के बीच कई वैज्ञानिकों ने घूमती आकृतियों को कैद कर किसी स्क्रीन द्वारा दिखाने के लिए प्रयोग किए थे। उन प्रयोगों में सबसे सफल प्रयोग 25 मार्च, 1925 को लन्दन में एक स्कॉटिश सज्जन **जे.एल. बेयर्ड** ने किया, जिसे विश्व का पहला सफल टेलीविजन प्रदर्शन माना गया है। तत्पश्चात् संचार क्रान्ति में एक नया अध्याय जुड़ा, जिसके जरिये अब हम न सिर्फ सुदूर किसी स्टूडियो में रिकॉर्ड हुई आवाज सुन सकते थे बल्कि लोगों को चलते, बोलते और घटनाओं को घटित होते हुए देख सकते थे। टेलीविजन ने लोगों को एक सूत्र में बाँधने में जितना योगदान दिया है, उसकी विश्व इतिहास में कम ही मिसालें मिल पाएँगी।

शुरुआती टेलीविजन रंगीन तस्वीरें दिखाने में असमर्थ थे, किन्तु 1954 में पहले रंगीन प्रसारण के बाद से 1970 तक आते-आते यूरोप तथा अमेरिका में कलर टीवी की बिक्री ब्लैक एंड व्हाइट से ज्यादा होने लगी थी। समय के साथ टेलीविजन की चित्रों को स्पष्टता से दिखाने की क्षमता अर्थात् 'रेजोल्यूशन' में भी सुधार आया। अमेरिका का डब्ल्यू.आर.जी.बी. विश्व का सबसे पुराना टेलीविजन स्टेशन या 'चैनल' माना जाता है जिसकी शुरुआत 1928 में हुई थी।

भारत में प्रयोग के तौर पर 1959 में दिल्ली में टेलीविजन कार्यक्रम बनाए गए, जिसके अन्तर्गत दो सौ लोगों को एक जगह बैठाकर कार्यक्रम दिखाया गया। 1965 से भारत में टेलीविजन प्रसारण निरन्तर होना शुरू हुआ। प्रारम्भ में भारतीय टेलीविजन प्रसारण के लिए इकलौता चैनल 'दूरदर्शन' था जो ऑल इंडिया रेडियो द्वारा ही नियंत्रित किया जाता था, किन्तु कालान्तर में 'प्रसार भारती' नामक सार्वजनिक कम्पनी

की नींव डाली गई जो समान रूप से दूरदर्शन और आकाशवाणी को नियंत्रित करती थी। 1982 के दिल्ली एशियाई खेलों के समय पहली बार भारत में रंगीन प्रसारण शुरू हुआ एवं 1980 के अन्त तक दूरदर्शन ने अपना दूसरा चैनल 'मेट्रो' शुरू कर दिया था। जहाँ दूरदर्शन का पहला चैनल 'डीडी नेशनल' समाचार, ज्ञान-विज्ञान तथा शिक्षा की ओर उन्मुख रहा था, वहीं 'डीडी मेट्रो' मनोरंजन और संगीत पर आधारित था। सरकार ने टीवी को मनोरंजन के साथ शिक्षा और ज्ञान के लिए जरूरी मानते हुए दूरदर्शन पर बाल शिक्षा के लिए 'तरंग', किसानों के लिए 'चौपाल' एवं 'कृषि दर्शन' आदि कार्यक्रम शुरू करवाए। 1990 आते-आते जहाँ विज्ञापनों ने भी टेलीविजन उद्योग में निवेश करना शुरू किया, वहीं 'हम लोग', 'बुनियाद', 'नीम का पेड़', 'रजनी' तथा 'रामायण' और 'महाभारत' जैसे कार्यक्रम दर्शकों के बीच खासे लोकप्रिय हुए। 1991 में आर्थिक सुधारों के साथ निजी टेलीविजन चैनलों का रास्ता खुल गया, हालाँकि प्रणय रॉय द्वारा 1988 में स्थापित 'न्यू डेल्ही टेलीविजन' जिसे आज हम एनडीटीवी के रूप में जानते हैं, ने दूरदर्शन में दिखाने के लिए कार्यक्रम बनाना शुरू कर दिया था। 1991 में बहुराष्ट्रीय मीडिया कम्पनी के मालिक रूपर्ट मर्डोक के 'स्टार ग्रुप' और एसेल कम्पनी के मालिक सुभाष चन्द्र ने मिलकर पहला निजी टेलीविजन चैनल खोला। आज ये दोनों कम्पनियाँ अलग-अलग हैं और हम इन्हें क्रमश: 'स्टार टीवी' और 'जी टीवी' के नाम से जानते हैं। पिछले तीस सालों में कई देशी-विदेशी कम्पनियों ने टेलीविजन चैनल खोले, जिनमें से कई बन्द हुए या उन्हें दूसरी कम्पनियों ने खरीद लिया। वहीं कुछ चैनल इतने लोकप्रिय हुए कि हर घर की पहचान बन गए। 2010 के दशक तक निजी टेलीविजन चैनल केबल तारों की सहायता से घर-घर पहुँचाए जाते थे। इसीलिए उन्हें 'केबल टीवी' कहा जाता था। वहीं दूरदर्शन देखने के लिए एक एंटीना और टीवी सेट से ज्यादा किसी और चीज या मासिक शुल्क की दरकार नहीं थी, इसीलिए दूरदर्शन को 'फ्री टू एयर' चैनल कहा जाता था। धीरे-धीरे टेलीविजन सिग्नल ऐनलॉग की बजाय डिजिटल माध्यम से एक सेट टॉप बॉक्स के जरिये वितरित होने लगे। आजकल 'स्मार्ट टीवी' का जमाना आ गया है जहाँ इंटरनेट और टीवी के बीच फर्क खत्म होता जा रहा है।

भारत में 850 टेलीविजन चैनल हैं जो लगभग हर भारतीय भाषा और समाचार, मनोरंजन, खेल, व्यापार, धर्म एवं दर्शन, विज्ञान, युवा, सिनेमा, फैशन जैसे अलग-अलग विषयों पर केन्द्रित हैं। कई चैनल एक ही कम्पनी या समूह द्वारा संचालित हैं, जैसे 'स्टार', 'जी' तथा 'सोनी'। इसके अलावा सी.एन.एन., बी.बी.सी. तथा अल-जजीरा जैसे विदेशी चैनल भी उपलब्ध हैं। टेलीविजन ने ही यह सम्भव किया है कि हम हर साल पन्द्रह अगस्त और छब्बीस जनवरी के समारोह से लेकर बड़ी वैश्विक घटनाओं तथा अन्तरिक्ष में भेजे जाते यानों का सीधा प्रसारण घर बैठे देख सकते हैं। अत: सूचनाओं को त्वरित रूप से सहस्त्र दर्शकों तक पहुँचाया जा सकता है।

जहाँ कार्यक्रम और चैनल की विविधता ने दर्शक को कई विकल्प दे दिए हैं, वहाँ यह भी सच है कि ज्यादा संख्या होने भर से कार्यक्रम में विविधता नहीं आ जाती। विज्ञापन टेलीविजन कार्यक्रमों पर बड़ा असर डालते हैं, वहीं टीआरपी यानी ज्यादा-से-ज्यादा दर्शक जुटाने के लिए कई चैनल एक ही जैसा फॉर्मूला इस्तेमाल करने लगे हैं, जिससे कार्यक्रमों के विषयों की विविधता में कमी आई है। सामाजिक सरोकार तथा मुद्दों की गम्भीरता बनी रहे इसलिए यह भी आवश्यक है कि सिर्फ आर्थिक पक्ष ही टेलीविजन को संचालित न करे।

टेलीविजन के कई सकारात्मक और नकारात्मक पहलू हैं, जिनका उल्लेख यहाँ आवश्यक होगा :

सकारात्मक पहलू

1. सूचनाएँ, जानकारियाँ और समाचार त्वरित समय में हम तक पहुँचता है।
2. ज्ञानवर्धन करता है।
3. सरकार की कल्याणकारी योजनाएँ जनता तक ले जाता है।
4. नई-नई रोचक बातें बताता है।
5. सामाजिकता को बढ़ावा देता है।

नकारात्मक पहलू

1. कल्पनाशीलता कम करता है।
2. हिंसा को बढ़ावा देता है।
3. संवेदनशील बाल मन पर बुरा असर डाल सकता है।
4. आँखों को प्रभावित करता है।

यदि हम टेलीविजन को सही मायने में सार्थक रूप से इस्तेमाल करना चाहते हैं तो हमें इसके उन मूल उद्देश्यों पर लौटना होगा जो आजादी के उपरान्त परिभाषित किए गए थे। वे मूल्य इस प्रकार हैं :

1. सामाजिक परिवर्तन और सुधार
2. राष्ट्रीय मूल्य 'विविधता में एकता' को बढ़ावा
3. वैज्ञानिक चेतना का विकास
4. परिवार कल्याण पर बल
5. पर्यावरण संरक्षण
6. खेल संस्कृति को प्रोत्साहन
7. सांस्कृतिक विरासत तथा धरोहरों का संचयन

यदि टेलीविजन इन मूल्यों से संचालित होता रहे तो यह एक सफल माध्यम साबित होगा।

इंटरनेट

ऐसा क्यों कहा जाता है कि पूरा विश्व आज एक गाँव (ग्लोबल विलेज) बन गया है? क्या यह सच नहीं है कि एक-दूसरे को तुरन्त सन्देश भेज या प्राप्त कर, तुरन्त चन्द पलों के अन्दर सूचना पाकर या मिनटों में कितनी भी लम्बी फिल्म देख या कितनी ही गाने सुन पूरी दुनिया के लोग आपस में एक सूत्र में बँध गए हैं। और चूँकि यह सूत्र इस गोल पृथ्वी के चारों ओर फैला हुआ है इसीलिए हम सूचनाओं, जानकारियों, सन्देशों के एक जाल की कल्पना कर सकते हैं। इंटरनेट को हिन्दी में 'अन्तर्जाल' कहा जाता है और यह ही इस सूचना और मनोरंजन क्रान्ति का द्योतक है।

हमने पिछले अध्यायों के उदाहरणों में इंटरनेट का खूब जिक्र सुना, लेकिन इस उन्नत माध्यम की तकनीक हम कम्प्यूटर को समझकर ही जान सकते हैं। आज कम्प्यूटर हमारे जीवन का अभिन्न अंग बन गया है, किन्तु इसका विकास शुरू में गणित के कठिन सवालों को हल करने के लिए किया गया था। 1960 के दशक में अमेरिका की सुरक्षा एजेंसियों ने पहली बार एक कम्प्यूटर में मौजूद सामग्री या डाटा दूसरे कम्प्यूटर के साथ साझा करने हेतु एक जाल या 'नेटवर्क' खड़ा किया। 1970 और 80 के दौरान कई ऐसे प्रयोग किए गए, जिनके जरिये किसी एक स्थान पर मौजूद सभी कम्प्यूटर एक दूसरे से जुड़े रहे और एक कम्प्यूटर का काम दूसरे के साथ साझा हो सके। 1990 आते-आते इसी समझ के विस्तार की परिणति इंटरनेट के आविष्कार से हुई।

सामान्य भाषा में **इंटरनेट पूरे विश्व के कम्प्यूटर्स का एक जाल है, जिसके जरिये विश्व का कोई एक कम्प्यूटर किसी दूसरे कम्प्यूटर से सन्देश का आदान-प्रदान कर सकता है और उसके द्वारा तैयार की गई सामग्री देख सकता है।** इंटरनेट के जरिये टेक्स्ट सन्देश, वीडियो, संगीत, कम्प्यूटर सॉफ्टवेयर, डिजिटल किताबें और ऐसी कितनी ही सामग्री एक स्थान से पूरी दुनिया के लिए उपलब्ध की जा सकती है। इंटरनेट की बेहतर समझ हेतु उससे जुड़ीं कुछ चीजों के बारे में जान लेना आवश्यक है :

वेबसाइट इंटरनेट पर एक खास जगह होती है जहाँ किसी विशेष संस्था, कम्पनी या उनके समूहों द्वारा किसी खास विषय से सम्बन्धित सामग्री जारी की गई हो। वेबसाइट का पता उसकी प्रकृति के हिसाब से तय होता है। जैसे 'डॉट कॉम' एक पेशेवर आर्थिक वेबसाइट होती है, जबकि 'डॉट ऑर्ग' किसी गैर लाभकारी सरकारी या किसी गैर सरकारी संस्था का पता हो सकता है। किसी खास वेबसाइट के पते को यू.आर.एल. (यूनीवर्सल रिसोर्स लोकेटर) कहा जाता है।

सर्च इंजन एक ऐसी तकनीक है जो इंटरनेट पर हमारी रुचि से जुड़े विषय की वेबसाइट और जानकारी ढूँढ़ने में हमारी मदद करता है। उदाहरण के तौर पर,

यदि हम अफ्रीकी बाघों के बारे में जानना चाहते हैं तो हम किसी सर्च इंजन पर इसे टाइप करेंगे और इससे जुड़ी सभी जानकारी हम तक पहुँच जाएगी। सर्च इंजन से लाभ यह है कि हमें किसी वेबसाइट तक पहुँचने के लिए उसका पूरा यूआरएल याद नहीं रखना होता। सर्च इंजन में सबसे प्रमुख 'गूगल' 1997 में शुरू हुआ और आज यह एक विशालकाय रूप ले चुका है। लगभग 90% इंटरनेट उपभोक्ता गूगल का उपयोग करते हैं। एक समय में 'याहू' काफी बड़ा नाम था, किन्तु उसकी पहुँच अब सीमित हो गई है। इसके अलावा 'अल्टाविस्टा', 'डकडकगो' आदि कई ऐसे सर्च इंजन हैं जो इंटरनेट संसार में सक्रिय हैं।

ई-मेल वह तकनीक है, जिसके सहारे हम एक कम्प्यूटर से दूसरे कम्प्यूटर तक सन्देश भेज सकते हैं और वह पल भर में पहुँच जाता है। इस तरह ई-मेल ऑनलाइन माध्यम के इस्तेमाल से चिट्ठी भेजने का स्वरूप है, जिसमें हम लिखित शब्द (टेक्स्ट), सॉफ्टवेयर, डिजिटल किताब, संगीत या वीडियो प्रेषित कर सकते हैं। ई-मेल भेजने के लिए प्रचलित नाम गूगल द्वारा प्रायोजित 'जी-मेल', याहू प्रायोजित 'याहू-मेल', 'रेडिफ-मेल' आदि शामिल हैं।

इंटरनेट टेलीफोनी वह तकनीक है, जिसमें इंटरनेट के माध्यम से किसी को फोनकॉल किया जा सके। आजकल व्हाट्सऐप, टेलीग्राम और ऐसे अन्य कई इंटरनेट आधारित ऐप्लीकेशन सॉफ्टवेयर हैं, जिनकी मदद से हम यह कर सकते हैं।

वीडियो कॉन्फ्रेंसिंग वह तकनीक है, जिसमें हम एक-दूसरे से हजारों मील दूर होते हुए भी इंटरनेट के माध्यम से एक दूसरे को देख सकते हैं, सुन सकते हैं तथा बैठक कर सकते हैं। वीडियो कॉन्फ्रेंसिंग में कई लोग एक साथ भाग लेकर अपने कम्प्यूटर की सहायता से ऐसे चर्चा करते हैं मानो वे स्वयं साथ बैठे हों। 'जूम', 'गूगल मीट', 'माइक्रोसॉफ्ट टीम्स' आदि ऐसे सॉफ्टवेयर हैं, जिनका वीडियो कॉन्फ्रेंसिंग के लिए प्रयोग किया जा सके।

न्यूज पोर्टल समाचारों पर आधारित वेबसाइट है, जिसमें समसामयिक घटना पर लेख, ऑडियो, वीडियो और जनता के जवाब भी उपलब्ध रहते हैं। यह मूल रूप से अखबार या पत्रिका का ऑनलाइन रूप है। आजकल कई सारे लेख ऑनलाइन लिखे जा रहे हैं और लगभग सभी बड़ी मीडिया कम्पनियों के ऑनलाइन न्यूज पोर्टल हैं। प्रमुख अखबार जैसे 'टाइम्स ऑफ इंडिया' या 'जनसत्ता' के अलावा भी 'स्क्रॉल', 'द वायर', 'फर्स्टपोस्ट', 'स्वराज्य', 'द प्रिंट', 'क्विंट', 'सत्याग्रह' जैसे समाचार पोर्टल अलग-अलग मुद्दों पर खबरें तथा अपनी राय प्रकाशित और प्रसारित करते हैं।

समय के साथ इंटरनेट न सिर्फ पारम्परिक कम्प्यूटर बल्कि अन्य उपकरणों पर भी उपलब्ध हो गया है। पहले-पहल कम्प्यूटर का आकार काफी बड़ा था, किन्तु अब डेस्कटॉप कम्प्यूटर के साथ ही लैपटॉप, मोबाइल, टैबलेट आदि पर इंटरनेट

का उपयोग किया जा सकता है। यहाँ तक कि अब तो ज्यादातर इंटरनेट उपयोग कम्प्यूटर की बजाय मोबाइल पर होता है। गूगल, जो एक सर्च इंजन के रूप में शुरू हुआ, ने 2010 के आस-पास 'एंड्रॉयड' नामक सॉफ्टवेयर विकसित किया जिससे मोबाइल फोन पर मौसम की जानकारी से लेकर अपने लिए घर बैठे खाना भी मँगाने की सुविधा मिली। आज इंटरनेट हमारे जीवन के ऐसे-ऐसे पहलुओं को प्रभावित करता है जिनके बारे में सोचा भी नहीं जा सकता था।

लेकिन इंटरनेट की इस मौजूदगी ने कई प्रश्न भी खड़े किए हैं। इंटरनेट से जुड़े लाभ तो जगजाहिर हो ही गए हैं कि कैसे अब हम ट्रेन की टिकट पा सकते हैं, पर्यटन में अपनी समय-सारिणी तय कर सकते हैं, घर बैठे खरीददारी कर सकते हैं और टैक्सी बुला सकते हैं। किन्तु उसके विपरीत पहलुओं पर रोशनी डालना भी आवश्यक है जो इस प्रकार हैं :

- **स्वास्थ्य :** इंटरनेट से आरामतलबी, आलस्य, मोटापा तथा कई रोगों का चलन बढ़ा है। साथ ही, इसका अति उपयोग आँख खराब कर सकता है, हमारी याद करने की शक्ति और ध्यान केन्द्रित रख सकने की क्षमता घटा सकता है।
- **निजता का हनन :** हमारे द्वारा इंटरनेट पर दी गई व्यक्तिगत जानकारी, खासकर ऐसी जो संवेदनशील है और हम नहीं चाहते कि सार्वजनिक हो, कई बार लीक हो सकती है। इससे हमारी निजता अर्थात् प्राइवेसी का हनन होता है।
- **ऑनलाइन अपराध :** चूँकि आजकल कई सारा आर्थिक काम भी इंटरनेट पर हो रहा है, अतः असावधानी या जानकारी की कमी से ऑनलाइन ठगी और जालसाजी के अनेक मामले सामने आ रहे हैं।
- **असामाजिक प्रवृत्ति को बढ़ावा :** इंटरनेट से हिंसा, दुराचार, अश्लीलता और इस तरह की अन्य खतरनाक प्रवृत्तियों को भी बढ़ावा मिल रहा है।
- **लत लगना :** इंटरनेट के कई ऐसे पक्ष हैं, जिनकी लत लग जाने से मनोवैज्ञानिक असर पड़ सकता है और यहाँ तक कि हमारे रिश्ते और भविष्य प्रभावित हो सकता है।
- **बच्चों पर बुरा प्रभाव :** आज की नई पीढ़ी को जन्म के बाद शुरुआती वर्षों में ही इंटरनेट की आदत पड़ी है। इस पीढ़ी को हम 'डिजिटल नेटिव' कहते हैं चूँकि यह ऐसी पीढ़ी है, जिसने जन्म से ही यह तकनीक देखी है। इंटरनेट के प्रभाव से खेलने-कूदने तथा अन्य शारीरिक गतिविधियों में गिरावट आ सकती है, साथ ही संवेदनशील मन पर विपरीत कंटेंट देखने का बुरा प्रभाव पड़ सकता है।

- **विषमता :** हमारे जीवन के कई हिस्से अब चाहे-अनचाहे इंटरनेट के भरोसे हैं। ऐसे में वे दुर्गम इलाके जहाँ इंटरनेट उतना तेज नहीं या इसकी स्पीड पर आनेवाला खर्च विषमता को जन्म दे सकता है।

आज इंटरनेट ने हर दृष्टि से हमें समृद्ध तथा उन्नत किया है, किन्तु इसे सावधानी से उपयोग न करने पर उपरलिखित चिन्ताएँ महज बुरे सपने न रहकर हकीकत का रूप ले लेती हैं। हमारी संस्कृति में 'अति सर्वत्र वर्जयेत' कहा गया है, जो आज भी हमारे लिए प्रासंगिक है।

जनसंचार की विधाएँ

विधा किसी भाव को अभिव्यक्त करने की एक शैली होती है। अंग्रेजी में इसे 'जॉनर' भी कहा जाता है। उदाहरण के लिए, कविता और कहानी साहित्य की विधाएँ हैं। जनसंचार में भी ऐसी कई विधाएँ हैं, जिनमें फोटोग्राफी से लेकर ब्लॉग लिखना तक शामिल है, पर इस समय हम जनसंचार की उन दो विधाओं पर ही बात करेंगे जिन्होंने सामाजिक स्तर पर हमें सबसे गहराई से प्रभावित किया है। वे विधाएँ हैं—सिनेमा, और सोशल मीडिया। आइए, इन विधाओं के बारे में जानें :

सिनेमा

पारम्परिक रूप से दुनिया भर में नाट्य परम्परा के कई रूप मौजूद रहे हैं जो मनुष्य को हँसाने, रुलाने, रिझाने और सोचने को प्रेरित करते रहे हैं, लेकिन सिनेमा ही वह माध्यम है, जिसने इस नाट्य परम्परा को ऐसा विस्तार दिया कि वह समय तथा स्थान की सीमाएँ लाँघकर सभी के घर-आँगन में पसर आया। सिनेमा या फिल्म जनसंचार की एक ऐसी विधा है, जिसने पिछले दो सौ सालों में हमारे सामाजिक-सांस्कृतिक ताने-बाने को बहुत गहरे तक प्रभावित किया है। हिन्दी में हम इसे 'चलचित्र' भी कहते हैं, जिसका अर्थ है—'चलते हुए चित्र'।

गतिशील आकृतियों को नाट्य परम्परा में ढालकर कैमरे तथा स्क्रीन की मदद से अलग-अलग विचारों और भावनाओं की अभिव्यक्ति सिनेमा कहलाती है। चूँकि सिनेमा मूलतः गतिशील आकृतियों का स्वरूप है, इसीलिए इसे 'मोशन पिक्चर' या 'मूवी' भी कहा जाता रहा है। वीडियो रिकॉर्डिंग की उन्नत तकनीकों के आविर्भाव से पूर्व कई सारे फोटोग्राफ्स को चलायमान रूप से दर्शाकर ही व्यक्ति या वस्तु के गतिशील होने का आभास दिया जाता था।

सिनेमा का सिद्धान्त इस आधार पर चलता है कि किसी मोशन पिक्चर कैमरे द्वारा छवियों की एक अनवरत शृंखला रिकॉर्ड करके किसी एक स्थान पर संचित की जाए और उसे एक बड़े से पर्दे (जिसे 'प्रोजेक्शन स्क्रीन' या 'प्रोजेक्टर' कहते हैं) पर

चलाया जाए। यही कारण है कि सिनेमा के लिए 'बड़ा पर्दा' इस्तेमाल किया जाता है। हालाँकि सिनेमा की विकास यात्रा में हम हजारों सालों से चली आ रही पारम्परिक कला विधाओं जैसे कठपुतली का खेल और नाटक का योगदान देख सकते हैं, पर फौरी तौर पर 1839 में फोटोग्राफी के जन्म के साथ ही इसकी विकास यात्रा की शुरुआत मानी जा सकती है। 1839 और 1880 के दशक के बीच ऐसे कई प्रयोग हुए जिसमें जल्दी-जल्दी छवि खींचकर गतिशीलता का एहसास कराया जा सके। इसमें सबसे महत्त्वपूर्ण 1878 में एड्वर्ड मायब्रिज नामक अंग्रेज फोटोग्राफर द्वारा एक घोड़े की दौड़ के रास्ते में किनारे-किनारे लगातार कई कैमरे लगाकर एक ही समय पर तस्वीर ली गई और उसके जरिये घोड़े की गतिशीलता का आभास कराया गया। 1880 के दशक में सेल्यूलॉइड फिल्म का आविष्कार हुआ (अतः सिनेमा को 'फिल्म' भी कहते हैं) जिसके साथ-साथ मोशन पिक्चर कैमरा भी अस्तित्व में आया जो कई फोटोग्राफ एक साथ खींच सकता था। इस नए आविष्कार को कौतूहल की तरह देखा जाने लगा और कई जगह पर आम जन-जीवन से जुड़े दृश्यों का एक या दो मिनट प्रदर्शनी के तौर पर दर्शकों को दिखाया जाने लगा। 1895 में पहली बार किसी फिल्म के लिए पैसा वसूला गया। बीसवीं सदी के पहले दशक तक फिल्म निर्माता समझ गए थे कि एक साथ कई दृश्यों की श्रृंखला के जरिये एक कहानी भी दिखाई जा सकती है। प्रथम विश्वयुद्ध में जहाँ यूरोप में सिनेमा का विकास रुका, अमेरिका के कैलीफोर्निया राज्य में हॉलीवुड नामक जगह फिल्म निर्माण का अड्डा बन गई। यहीं से 1915 के आस-पास 'हॉलीवुड' की अवधारणा रची गई। 1920 के दशक तक सिर्फ दृश्य ही फिल्माए जा सकते थे, पर फिर ऑडियो रिकॉर्डिंग तकनीक के इस्तेमाल से फिल्मों में ध्वनि भी सुनाई देने लगी। 1950 के दशक में रंगीन परदे और टेलीविजन के उत्थान ने सिनेमा को दर्शकों के और करीब ला दिया। बीसवीं सदी के अन्त तक डिजिटल तकनीक ने सिनेमा को गुणात्मक रूप से और भी ज्यादा सक्षम बना दिया।

भारत में 1896 में ही एक फ्रांसीसी सज्जन ने किसी कुश्ती का दृश्य फिल्मा लिया था, किन्तु *1913 में बनी 'राजा हरिश्चन्द्र' भारत की पहली विधिवत् फिल्म है।* 'राजा हरिश्चन्द्र' का निर्माण दादा साहेब फाल्के ने किया, जिन्हें भारतीय सिनेमा का जनक माना जाता है और उनके नाम पर पुरस्कार वितरित होते हैं। हालाँकि इससे एक वर्ष पहले ही दादासाहेब तोरणे नामक सज्जन ने एक मराठी नाटक 'श्री पुण्डलिक' को एक अंग्रेज फोटोग्राफर की सहायता से रिकॉर्ड किया था, पर इसे तकनीकी तौर पर पहली फिल्म नहीं माना जाता। 1931 में **'आलम आरा'** नामक उर्दू फिल्म आर्देशिर ईरानी द्वारा बनाई गई जो पहली बोलती फिल्म थी। इसके पश्चात् भारत में बोलती फिल्मों अर्थात् 'टॉकीज' का चलन शुरू हुआ और इसीलिए कई सिनेमा हॉल को 'टॉकीज' कहा जाता रहा है। 1940 से 1960 के बीच

भारतीय सिनेमा का स्वर्णयुग माना जाता है, जिसमें बिमल रॉय, ऋत्विक घटक, चेतन आनन्द जैसे निर्माताओं और 'दो बीघा जमीन', 'नागरिक' तथा 'पथेर पाँचाली' जैसी फिल्मों ने इसे वैश्विक पहचान दी। सिनेमा का सामाजिक सरोकार और यथार्थ से मेल इसी दौर में शुरू हुआ, जबकि आजादी के बाद आई नई उमंग में 'नया दौर' जैसी फिल्में बनीं। 1970 में भारत 'वैकल्पिक सिनेमा' का केन्द्र बना, जो व्यावसायिक दृष्टिकोण से इतर जाकर गम्भीर सामाजिक मुद्दों पर टिप्पणी करती थीं। 1990 के बाद फिल्म उद्योग ने नई-नई ऊँचाइयाँ लाँघीं, जिससे फिल्म उद्योग का कारोबार अरबों रुपये का हो गया। किन्तु इसी दौर ने यह चिन्ता योग्य प्रवृत्ति भी शुरू की जिसके नतीजे में ज्यादा-से-ज्यादा पैसा कमाने की होड़ फिल्मों को दर्शकों की आम जिन्दगियों के यथार्थ से दूर ही नहीं ले गई बल्कि खून-खराबे तथा अश्लीलता को बढ़ावा दिया। आज भारतीय फिल्म उद्योग कई सारी भारतीय भाषाओं में फल-फूल रहा है एवं टेक्नोलॉजी की जनता तक पहुँच बढ़ने से फिल्म बनाना आसान हो गया है। हॉलीवुड की तर्ज पर हिन्दी फिल्म इंडस्ट्री का केन्द्र मुम्बई 'बॉलीवुड' बना।

सिनेमा ने हमारे समाज को किस हद तक प्रभावित किया है, यह कहने की बात नहीं। फिल्मी अभिनेता और अभिनेत्रियाँ हमारे लिए सिर्फ अदाकार नहीं, बल्कि समाज में आदर्शों का एक प्रतीक हैं। अखबार, पत्रिकाएँ और टेलीविजन चैनल्स भी उनके किस्सों से भरे रहते हैं। 1983 में तेलगु फिल्मी सितारे एन.टी. रामाराव ने तो अपनी छवि के चलते राजनीतिक सत्ता भी पाई और तत्पश्चात् कई फिल्म अदाकार इस राह पर चले हैं।

सिनेमा की अपनी कई विधाएँ हैं जिनका एक संक्षिप्त परिचय हम यहाँ देंगे :

ड्रामा वह विधा है जिसमें मानवीय संवेदना, पारिवारिक रिश्तों और उसके आस-पास उपजे द्वंद्व और अन्ततः उस द्वंद्व के निवारण पर फिल्म बनाई जाती हैं।

कॉमेडी के अन्तर्गत हास्य या व्यंग्य को केन्द्र में रखकर फिल्म का प्लॉट तैयार किया जाता है।

रियलिज्म या यथार्थवाद ऐसी विधा है जिसमें सफेद या स्याह सामाजिक, राजनीतिक या आर्थिक सच्चाइयों को फिल्म के तहत दिखाया जाता है।

डॉक्यूमेंट्री अन्य फिल्म विधाओं से कुछ अलग है चूँकि इसमें कहानी या प्लॉट की जगह वास्तविक घटनाओं के दृश्यों को फिल्म में कैद कर के विषय के अनुसार दर्शकों को दिखाया जाता है।

पारम्परिक तौर पर फिल्में 'बड़े परदे' या सिनेमा हॉल में देखी जाती रही हैं, लेकिन टेलीविजन की बढ़ती पहुँच ने 'छोटे परदे' को भी पर्याप्त महत्ता दी है।

इस समय इंटरनेट के द्वारा कई फिल्में रिलीज की जा रही हैं, जिसके लिए पिछले कुछ ही वर्षों में प्रचलित हुए 'ओटीटी' अर्थात् 'ओवर द टॉप' प्लेटफॉर्म श्रेय ले सकते हैं। ओटीटी एक ऐसा मंच है, जिसमें हाई स्पीड इंटरनेट के दौर में हम कोई भी फिल्म या अन्य कार्यक्रम कम्प्यूटर या मोबाइल पर जब चाहे देख सकते हैं।

इस विषय पर हमेशा बहस रही है कि क्या फिल्में समाज का दर्पण हैं या वे हमें सामाजिक सरोकारों से दूर करती हैं? सिनेमा का इतिहास यह बताता है कि जहाँ लगातार व्यावसायिक हित फिल्म निर्माताओं के लिए सर्वोपरि होते गए हैं, कई ऐसी फिल्में लगातार अन्तराल पर बनी हैं जिन्होंने हमें न सिर्फ समाज से जोड़ा है बल्कि ज्यादा संवेदनशील बनाया है।

सोशल मीडिया

गाँवों में चौपाल या पंचायत हो अथवा किसी कॉफी हाउस में मित्रों के साथ अड्डा जमाना या एक ही रेडियो कार्यक्रम रोज सुननेवाले 'रेडियो श्रोता फन क्लब' यह सभी अलग-अलग व्यक्तियों को अपनी रुचि या आवश्यकता के अनुसार एक सूत्र में बाँधना होता है। आम भाषा में हम इसी सूत्र को 'नेटवर्क' की संज्ञा देते हैं। यही नेटवर्क जब इंटरनेट तथा ऑनलाइन माध्यम से संचालित होता है, जहाँ हम शारीरिक रूप से साथ न होकर भी जुड़े रहते हैं, 'सोशल मीडिया' की अवधारणा है।

इंटरनेट तथा **ऑनलाइन** नेटवर्क के प्रयोग द्वारा **सूचनाओं, विचारों, भावनाओं, रुचियों** और **डाटा का आदान-प्रदान** सोशल मीडिया कहलाता है।

मेरियम-वेबस्टर शब्दकोश के अनुसार, **सोशल मीडिया इलेक्ट्रॉनिक संचार की ऐसी शैली है, जिसमें इस्तेमाल करनेवाले ऑनलाइन समुदाय बनाकर आपस में सूचना, विचार, व्यक्तिगत जानकारी तथा अन्य डाटा (जैसे छवि या वीडियो) साझा कर सकते हैं।**

1990 के दशक में इंटरनेट के जन्म के साथ ही सोशल मीडिया के विकास की प्रक्रिया भी शुरू हो गई थी। 1994 में 'जियोसिटीज' नामक मंच के द्वारा एक व्यक्ति दूसरे से संवाद या इंटरनेट की भाषा में 'चैट' कर सकता था। 'चैट' का हिन्दी में शाब्दिक अर्थ होता है, बतियाना और सोशल मीडिया मूल रूप से इसी अवधारणा के साथ शुरू हुआ कि लोग सुदूर अपने परिचितों से रिश्ता बनाते हुए नए लोगों से भी रिश्ता जोड़ सकें। धीरे-धीरे इस अवधारणा में भी बदलाव हुआ और 2003 में 'फ्लिकर' तथा 'लिंकडिन' की शुरुआत हुई, किन्तु सोशल मीडिया की आज सबसे प्रचलित अवधारणा कि प्राप्तकर्ता खुद संचारक भी हो सकता है या सोशल मीडिया की भाषा में कहें तो यूजर खुद कंटेंट क्रिएटर बन सकता है, 2004 में फेसबुक की उत्पत्ति के साथ आई। एक नौजवान मार्क जुकेरबर्ग द्वारा अपने विश्वविद्यालय हार्वर्ड से शुरू किए गए प्रयोग ने धीरे-धीरे वह रूप अख्तियार

किया कि आज लगभग दो अरब अस्सी करोड़ लोग फेसबुक पर मौजूद हैं। 2006 से मौजूद 'ट्विटर' के प्रयोग द्वारा कम शब्दों में अपनी बात कही जा सकती है, जिसे 'माइक्रोब्लॉगिंग' कहा जाता है। 2010 में तस्वीरें साझा करने का प्लेटफॉर्म 'इंस्टाग्राम वजूद में आया। कालान्तर में इंटरनेट द्वारा सन्देश भेजने तथा कॉल करने की सुविधा 'व्हाट्सऐप' से मिली और 2015 के बाद से अन्य कई एप्लीकेशन सोशल मीडिया जगत को समृद्ध करते रहे हैं।

सोशल मीडिया से सम्बन्धित कुछ ऐसे कारक हैं, जिन्हें संक्षेप में हमें समझ लेना चाहिए :

यूजर आप या हम जैसा वह व्यक्ति है जो सोशल मीडिया का इस्तेमाल करता है। होने को वह एक उपभोक्ता है, पर चूँकि उसे के द्वारा तैयार की सामग्री से सोशल मीडिया चलता है, इसीलिए वह प्रयोगकर्ता के साथ चालक भी है।

अपलोड का अर्थ है किसी सामग्री, खासकर वीडियो या तस्वीर को अपने कम्प्यूटर, मोबाइल या अन्य उपकरण से वेबसाइट पर डालना। चूँकि कई बार डाली गई सामग्री की मात्रा ज्यादा होती है इसीलिए उसे साइट पर आने में समय लगता है। इसी प्रक्रिया को 'अपलोडिंग' कहते हैं।

डाउनलोड का अर्थ अपलोड का उल्टा है यानी किसी सामग्री को साइट से अपने उपकरण में स्थानान्तरित करना।

शेयरिंग का अर्थ है किसी और से सामग्री साझा करना।

कंटेंट वह कोई भी सामग्री है जो हम सोशल मीडिया पर देते हैं। इसमें टेक्स्ट, फाइल, इमेज (छवि) या वीडियो हो सकता है।

पोस्ट का शाब्दिक अर्थ होता है; चिट्ठी डालना। जब आप सोशल मीडिया पर कोई सन्देश, विचार या भाव सार्वजनिक करते हैं तो उसे पोस्ट करना कहा जाता है।

कमेंट का अर्थ है, टिप्पणी। यानी किसी के कंटेंट पर एक निश्चित जगह पर टिप्पणी करना 'कमेंट' कहलाता है।

इसके अलावा भी अलग-अलग सोशल मीडिया प्लेटफॉर्म के कुछ विशेष कारक हैं, जैसे यूट्यूब में 'सबस्क्राइब' आदि। आप लगभग इन सभी सोशल मीडिया पदावलियों से परिचित होंगे।

सोशल मीडिया के कुछ प्रकार होते हैं, जो निम्नलिखित हैं :

- **सोशल नेटवर्क :** यह विशेष रूप से वे सोशल मीडिया वेबसाइट है जहाँ विचारों का आदान-प्रदान तथा नए लोगों से मित्रता होती है। 'फेसबुक', 'गूगल प्लस' और अब बन्द हो चुके 'ऑर्कुट' इसके उदाहरण हैं।
- **ब्लॉगिंग :** ब्लॉग वे पोस्ट होते हैं, जिनमें किसी डायरी की तरह समय-समय पर कोई लेख या अनौपचारिक विचार दूसरों से साझा किया जाता है। ब्लॉग के लिए 'वर्डप्रेस', 'टंब्लर', 'ब्लॉगर' आदि बहुत प्रचलित हैं।

- **माइक्रोब्लॉगिंग :** 'माइक्रो' शब्द का अर्थ है, छोटा या संक्षिप्त। जहाँ संक्षेप में आप अपनी बात कहने की चेष्टा करते हैं, उसे माइक्रोब्लॉगिंग वेबसाइट कहा जाता है। 'ट्विटर' जिसमें 160 अक्षर, चिह्न या स्पेस की सीमा है, इसका सर्वोत्तम उदाहरण है।
- **फोटो शेयरिंग :** कई ऐसी सोशल मीडिया साइट हैं जहाँ सिर्फ तस्वीर साझा की जाती है, मसलन 'इंस्टाग्राम', 'स्नैपचैट' आदि। जहाँ इंस्टाग्राम में फोटो लम्बे समय तक रहती है वहीं 'स्नैपचैट' में यह एक मिनट में गायब हो जाती है। स्नैपचैट की इस तकनीक का इस्तेमाल अब फेसबुक, इंस्टाग्राम तथा व्हाट्सऐप जैसे माध्यम 'स्टोरी' के तौर पर करते हैं।
- **मैसेजिंग एंड चैट :** सन्देश भेजने के लिए ई-मेल बहुत औपचारिक माध्यम है जहाँ लगातार बात नहीं हो सकती जबकि मोबाइल की एसएमएस सेवा में भी कई सीमाएँ हैं। 'व्हाट्सऐप', 'टेलीग्राम', 'सिग्नल' जैसी तमाम इंटरनेट और सोशल मीडिया आधारित सेवाओं में न सिर्फ आप लगातार बातचीत कर सकते हैं बल्कि ऐसे समूह भी बना सकते हैं, जिसमें निजी तौर पर विचारों का आदान-प्रदान कर सकें।
- **व्यावसायिक या प्रोफेशनल :** अलग-अलग रोजगार या पेशे से जुड़े लोग प्रोफेशनल इस्तेमाल और रोजगार की तलाश हेतु इस तरह की साइट्स का इस्तेमाल करते हैं। 'लिंकडिन' इसका सबसे महत्त्वपूर्ण उदाहरण है।
- **क्वेश्चन एंड आंसर :** कई बार कोई जानकारी जो हमें इंटरनेट पर उपलब्ध नहीं थी, तब उपलब्ध होती है जब उससे जुड़े सवाल का हम जैसा ही कोई व्यक्ति, जो उस विषय का जानकार हो, उत्तर दे सके। 'कोरा', 'रेडिट' आयासी वेबसाइट इसी शैली का इस्तेमाल करती हैं, जहाँ आप प्रश्न पूछ भी सकते हैं और उत्तर भी दे सकते हैं।

सोशल मीडिया मुख्यतः अंग्रेजी से शुरू हुआ, पर समय के साथ उसने अपने आप को कई भाषाओं में ढाल लिया है। हिन्दी जैसी भाषा में सोशल मीडिया पर कंटेंट की बढ़ोत्तरी कई प्रकार के ऐसे इनपुट टूल्स या औजार आने से हुई है, जिसके जरिये अंग्रेजी की-बोर्ड पर टाइप किए शब्द हिन्दी में बदले जा सकते हैं। अतः हिन्दी में भी सोशल मीडिया पोस्ट, ट्वीट और ब्लॉग की कोई कमी नहीं है। 'कोरा' जैसी साइट ने तो अपना हिन्दी प्रतिरूप ही निकाला है, जहाँ आप उसी भाषा में अपनी बात कह सकें। शुरुआत में 'वेबदुनिया' जैसे कई स्वतंत्र प्रयोग के जरिये हिन्दी ने अपनी अलग इंटरनेट पहचान बनाने की कोशिश की, पर प्रभाव उतना नहीं रहा। वर्डप्रेस या ब्लॉगर ने ही विचारपरक हिन्दी लेखों के स्वतंत्र अस्तित्व के लिए जगह सुनिश्चित की। अतः कई मामलों में सोशल मीडिया का उभार क्षेत्रीय भाषाओं के लिए लाभदायक भी रहा है।

किन्तु सोशल मीडिया से सम्बन्धित कई पक्ष हैं जो इतने उजले नहीं, किन्तु वे हमें प्रभावित करते हैं। इसीलिए उन पर रोशनी डालना जरूरी है। हमने ऊपर इंटरनेट के बारे में पढ़ने के दौरान ही लत या 'एडिक्शन' को संक्षेप में समझा। *सोशल मीडिया एडिक्शन* इसका सबसे भयानक रूप है जहाँ ऑनलाइन संसार या 'वर्चुअल रियेलिटी' ही सब कुछ हो जाता है। कई लोग सोशल मीडिया के इतने आदी हो जाते हैं कि उसके बिना रह नहीं सकते। सोशल मीडिया मनोवैज्ञानिक कुंठा और पहचाने जाने की इच्छा जैसे भावों के लिए नशे के समान कार्य करती है—वह उसे अस्थायी ठंडक देती है, किन्तु इससे दूर रहने पर दुनिया अधूरी-सी लगती है। सोशल मीडिया के इस दुरुपयोग से हमारे जीवन में कई कीमती पलों का ह्रास होता है और हमारे सम्बन्धों तथा कॅरियर पर भी इसका असर पड़ सकता है।

दूसरा और ज्यादा खतरनाक पहलू है, ऑनलाइन गेमिंग और सट्टेबाजी का चलन। कई ऐसे मामले आए हैं जहाँ अपरिपक्व उम्र के नौजवान वयस्कों को ऑनलाइन गेमिंग या जल्द पैसे कमाने के लालच के नाम पर बहला-फुसलाकर नुकसान पहुँचाया जाता है।

तीसरा पक्ष निजता या प्राइवेसी से जुड़ा है। यह सोशल मीडिया ही है जहाँ हम अपनी सबसे निजी सामग्री तक अपलोड कर देते हैं, इस उम्मीद और भरोसे में कि यह सार्वजनिक नहीं होगा, किन्तु कई बार मुनाफे के चक्कर में इन जानकारियों को विज्ञापन कम्पनियों को लीक कर दिया जाता है। हालाँकि सोशल मीडिया कम्पनी और सरकार के नियमों में भी निजता हनन रोकने के कदम उठाए जाते हैं, किन्तु फिर भी हमें सावधानी से ही इन विधाओं का इस्तेमाल करना चाहिए।

2017 में भारतीय उच्चतम न्यायालय ने अपने एक फैसले में यह सुनिश्चित किया कि निजता का अधिकार या 'राइट टू प्राइवेसी' एक मौलिक अधिकार है, जिससे हमारा लोकतंत्र में सुरक्षित रहने का विश्वास बढ़ता है।

अध्याय : चार

ज्ञान के विविध स्रोत

पिछले अध्यायों में हमने कितनी ही बार तो पढ़ा कि संचार या जनसंचार की अमुक विधा या माध्यम हमारे ज्ञान में वृद्धि करते हैं, पर आखिर यह 'ज्ञान' है क्या, और क्यों उठी मनुष्य के भीतर इस 'ज्ञान' को पा लेने और निरन्तर पाते जाने की लालसा? यह अध्याय इसी प्रश्न के ऊपर केन्द्रित है, और साथ ही यह भी कि ज्ञान किन-किन जगहों से प्राप्त हो सकता है? इसके साथ-साथ हम आज के 'सूचना क्रान्ति' और 'संचार क्रान्ति' युग में ज्ञान की महत्ता तथा इसके कुछ स्रोतों के ऊपर विचार करेंगे जो संचार के अध्येता के लिए उपयोगी हैं।

क्या है ज्ञान और क्यों है इसकी आवश्यकता

ऐतिहासिक रूप से ज्ञान को लेकर समझ दर्शनशास्त्रीय रही है। उत्सुकता सिर्फ आविष्कार ही नहीं, ज्ञान की भी जननी है। जब मनुष्य को पत्थर से रगड़कर आग पैदा करने का, पहिये बनाने का तथा खेती करने का ज्ञान आया, तभी मानव सभ्यता फली-फूली। कालान्तर में ज्ञान हमारे जीवन का इतना अभिन्न अंग बना कि बड़े स्तर पर शिक्षा के लिए संस्थान खोले गए और आज भी अक्षर से लेकर किसी न किसी क्षेत्र में विशिष्ट ज्ञान हमारे कॅरियर से लेकर जीवन के तमाम हिस्सों को प्रभावित करता है। पर ऐसा नहीं है कि ज्ञान सिर्फ औपचारिक शिक्षा से ही प्राप्त हो सकता है। पारिभाषिक स्तर पर हम ज्ञान को निम्न प्रकार से समझ सकते हैं :

किसी व्यक्ति, वस्तु, स्थान या स्थिति की शिक्षा, अनुभव या कौशल के जरिये प्राप्त समझ 'ज्ञान' कहलाती है। जैसा कहा गया, ज्ञान पाने के कई स्रोत हो सकते हैं और यह जीवन के अलग-अलग क्षेत्रों में काम आ सकता है। कुछ ऐसा मूलभूत ज्ञान है जो सीखना हर मानव के जीवन संचालन के लिए अनिवार्य होता है, जैसे चलना, बोलना, जूते के फीते बाँधना आदि। कुछ ज्ञान विशिष्ट भी होता है। रुचि या आवश्यकता के अनुसार यह निर्धारित करता है कि हम कौन-से क्षेत्र में अपना सर्वोत्तम योगदान दे सकते हैं? अत: जाहिर-सी बात है कि एक खिलाड़ी और एक शिक्षक अलग-अलग क्षेत्रों में अपने विशेष ज्ञान की बदौलत आजीविका तो

चला रहे ही हैं, किन्तु मानव विकास में भी योगदान कर रहे हैं। डॉक्टर, इंजीनियर, सफाई व्यवस्था, पाक कला जैसे कई क्षेत्र हैं जिनके उदाहरण दिए जा सकते हैं।

हम जानते ही हैं कि वर्तमान युग वह है, जहाँ मनुष्य तकनीकी विकास के नए-नए प्रतिमान बना रहा है और सम्भावनाओं की सीमाएँ लगातार टूट रही हैं। ऐसे में सूचना, शिक्षा तथा ज्ञान का महत्त्व और भी बढ़ गया है। आज जब हमारे जीवन के मूलभूत काम भी इंटरनेट तथा कम्प्यूटर से हो रहे हैं, तब हमें इन विषयों का इतना ज्ञान आवश्यक है कि हम इस दौड़ में पीछे न रह जाएँ। वर्तमान समय अतीत से इसीलिए अलग है कि जहाँ हमारे पुरखे कृषि या कुटीर उद्योग के माध्यम से भी जीवन व्यतीत कर लेते थे, आज बड़ी-बड़ी मशीनें तथा अदृश्य टेक्नोलॉजी जीवन के हर क्षेत्र को चालित कर रही है। अतः ऐसे शिक्षित और पेशेवर लोगों की जरूरत बढ़ गई है जो इस ज्ञान आधारित व्यवस्था में योगदान दे सकें। इस व्यवस्था को हम नॉलेज इकोनॉमी या 'ज्ञान आधारित अर्थव्यवस्था' कह सकते हैं। इसका कारण यह है कि आज न सिर्फ विशिष्ट उद्योगों और सेवाओं के लिए ज्ञान जरूरी है बल्कि आम जनता की समस्याएँ दूर करने हेतु भी इसकी आवश्यकता है। पारिभाषिक स्तर पर, **ज्ञान आधारित अर्थव्यवस्था में उद्योग और कृषि कौशल से इतर किसी चीज की सैद्धान्तिक तथा व्यावहारिक समझ महत्त्वपूर्ण है और विभिन्न तरह के बुद्धिजीवी तथा सेवा क्षेत्र में काम करनेवाले व्यक्ति इसके अवयव हैं।** सबसे सरल उदाहरण 'कॉल सेंटर' का है, जिसकी आवश्यकता पिछले वर्षों में शायद ही थी, लेकिन आज जबकि कितनी सारी टेक्नोलॉजी आधारित सेवाएँ हम इस्तेमाल कर रहे हैं, ऐसे में सहायता हेतु वे लोग जो इस टेक्नोलॉजी को समझकर हमें समझा सकें, जरूरी हो जाते हैं। ज्ञान के साथ-साथ यह सूचनाओं का भी युग है और ऐसे विचार जो किसी नई अवधारणा या आविष्कार अर्थात् 'इनोवेशन' को जन्म दें, सार्थक हैं। 'इनोवेशन' शब्द आप लोगों ने बहुत बार इस्तेमाल होते सुना होगा। इस सूचना युग को हम इनफॉर्मेशन इकोनॉमी या 'सूचना आधारित अर्थव्यवस्था भी कह सकते हैं।

संचार और मीडिया क्षेत्र में ज्ञान का महत्त्व

जब किसी संवाददाता को घटना की जानकारी मिलेगी, तभी वह उसे रिपोर्ट कर पाएगा और वह खबर बनकर तैयार होगी। जब कोई टीवी चैनल का टेक्नीशियन जानेगा कि कैमरा को किस एंगल पर दिखाना है, तभी एक बेहतर टीवी प्रस्तुतीकरण तैयार होगा। अतः जानकारी होना मीडिया क्षेत्र का सबसे अनिवार्य अंग है।

किसी ज्ञान आधारित अर्थव्यवस्था में कृषि और उद्योग से कहीं ज्यादा विचारों का महत्त्व बढ़ जाता है चूँकि यही बाकी दोनों को संचालित करते हैं। संचार इस ज्ञान आधारित अर्थव्यवस्था का सबसे तीव्रता से उभरता हिस्सा है, इसीलिए हमें

संचार तथा मीडिया में कुछ स्पष्ट जानकारियाँ होनी ही चाहिए। आपने अध्याय तीन में समाचारों के कुछ ककारों के बारे में पढ़ा—मसलन 'क्या', 'कैसे', 'कब' आदि। ज्ञान आधारित संचार की अवधारणा में हम इन ककारों को निम्न प्रकार से विश्लेषित कर सकते हैं :

- **क्या :** ज्ञान आधारित अर्थव्यवस्था में इसे 'नो व्हाट' (Know What) की संज्ञा दी गई है। यहाँ 'क्या' का अर्थ है, वे सारे तथ्य और आँकड़े जो हमें एक बेहतर सन्देश प्रसारित करने में मदद करें। मसलन, किसी घटना के स्तर पर 'क्या हुआ' से लेकर किसी राज्य की जनसंख्या के आँकड़े आदि।
- **क्यों :** ज्ञान आधारित अर्थव्यवस्था में इसे 'नो व्हाई' (Know Why) की संज्ञा दी गई है। इसमें हम पता लगाते हैं कि कोई घटना 'क्यों' घटित हुई और सामान्य तौर पर विज्ञान, समाज, अर्थ तथा अन्य क्षेत्रों में अलग-अलग सिद्धान्त क्यों हमारे जीवन को प्रभावित करते हैं? उदाहरण के लिए, अर्थव्यवस्था में मुद्रास्फीति आम नागरिक के जीवन पर क्यों असर छोड़ती है?
- **कौन :** ज्ञान अर्थव्यवस्था में इसे 'नो हू' (Know Who) कहते हैं। यहाँ ऐसे व्यक्ति जो किसी एक निश्चित समय या स्थान पर महत्त्वपूर्ण हो जाते हैं, उनके बारे में जानना जरूरी होता है। मसलन, इस वर्ष का नोबेल पुरस्कार जीतनेवाला 'कौन' व्यक्ति है? समाचार की दृष्टि से ये वही लोग हैं जिनके इर्द-गिर्द खबर पाए जाने की सम्भावना होती है, जिसमें जनरुचि तथा जनसरोकार के पुट हों।
- **कैसे :** ज्ञान आधारित अर्थव्यवस्था में इसे 'नो हाउ' (Know How) कहते हैं। इसका अर्थ है यह पता लगाना कि कोई चीज 'कैसे' हुई या होती है? जिस किसी व्यक्ति को तकनीक या संचार के स्तर पर इस 'कैसे' के विषय में ज्ञात है, उसके पास वह कौशल या 'स्किल' मौजूद है जिसे वह बाकियों के साथ साझा कर सकता है। 'नो हाउ' अंग्रेजी का एक बहुत प्रचलित शब्द है, जिसमें हम तय करते हैं कि किसी कार्य को करने की प्रक्रिया कैसे उपजती है और कैसे उसे सभी को सिखाया जाए? मसलन, पत्रकारिता में फोटोग्राफी के लिए नो हाउ'।

ज्ञान के विविध स्रोतों के कुछ प्रकार

संचार क्षेत्र में हमें बहुत तरह का ज्ञान आवश्यक है। लेखन कार्य से सम्बन्धित व्यक्ति के लिए व्याकरण, वर्तनी, शब्दों का चुनाव और सटीकता से अपनी बात कहना जरूरी है। वहीं लम्बे लेख लिखने हेतु इतिहास, कला, संस्कृति, विज्ञान आदि के क्षेत्र की कुछ ऐसी जानकारी जो सम्बन्धित विषय की गुत्थी सुलझाने में

मदद कर सके। ज्ञान के विशाल समन्दर में हमारी सहायता हेतु कई ऐसे औजार मौजूद हैं जो इन उलझनों को हमारे लिए सुलझा सकें। ये औजार इस प्रकार हैं :

1. शब्दकोश
2. विश्वकोश
3. साहित्य कोश
4. वेब लिंक

आइए, इन सभी पर एक-एक कर नजर डालें :

शब्दकोश

हमने इस पुस्तक की शुरुआत में ही 'संचार' शब्द के अर्थ पर बात की, जिसमें अर्थ के साथ यह भी बताया कि कौन-सी धातु तथा उपसर्ग से यह निकला है एवं इसका मूल अर्थ क्या रहा है? उसके बाद कई सारे संचार सम्बन्धित शब्दों की न सिर्फ परिभाषा बल्कि अर्थ भी हमने बताए। शब्दकोश का मूल कार्य शब्दों का इसी प्रकार संचयन कर उनके अर्थ तथा भाषायी और व्याकरणिक स्तर पर चरित्र बताना है। पढ़ते-पढ़ते जब हम कई बार किसी कठिन शब्द को समझ नहीं पाते तो शब्दकोश का सहारा लेते रहते हैं।

एक ऐसा ग्रंथ, जिसमें किसी भाषा के सभी शब्दों का श्रृंखलाबद्ध तरीके से संचयन तथा हर एक का अर्थ, उच्चारण, उत्पत्ति, व्याकरण, वर्तनी परिभाषा तथा प्रयोग स्पष्ट किया गया हो, उसे 'शब्दकोश' या 'डिक्शनरी' कहते हैं।

स्पष्ट है कि शब्दकोश, शब्दों का 'कोश' अर्थात् खजाना है। इसमें नाना प्रकार के शब्दों को व्यवस्थित ढंग से सजाकर हर एक के उपरलिखित कारक बताए जाते हैं। अत: जब कभी किसी किताब या मैगजीन में कोई दुरूह शब्द आता है तो शब्दकोश से हम उसके बारे में ये सभी जानकारियाँ प्राप्त कर सकते हैं। आम तौर पर शब्दकोश किसी भाषा की वर्णमाला या अल्फाबेट के अनुसार क्रम से स्थापित किया जाता है। अत: सैद्धान्तिक तौर पर यह हिन्दी शब्दकोश में सबसे शुरुआती शब्द 'अ' से शुरू होगा तो अंग्रेजी में अक्षर 'A' से। हालाँकि हिन्दी शब्दकोश के कुछ पृथक् मानक भी हैं जो इस प्रकार हैं :

1. आम तौर पर हिन्दी शब्दकोशों में 'अ' की जगह 'अं' से प्रयुक्त शब्द सबसे पहले दिए जाते हैं।
2. संयुक्त व्यंजन जैसे 'क्ष' 'त्र' 'ज्ञ' 'श्र' वैसे तो हिन्दी वर्णमाला के अन्त में आते हैं, किन्तु जब हम उनसे आरम्भ होनेवाले शब्दों को शब्दकोश में स्थान देते हैं तो उनके प्रथम मूल व्यंजन के साथ ही रखते हैं। उदाहरण के लिए 'क्ष' दो व्यंजनों 'क् + ष' से निर्मित है, अत: 'क' के साथ आएगा। ऐसे ही 'त्र = त् + र' व्यंजन 'त' के अन्तर्गत इत्यादि।

3. कुछ शब्दों में व्यंजन का आधा अर्थात् स्वर रहित भाग दिया होता है। उदाहरण के लिए 'क्योंकि' शब्द में 'क्' स्वर रहित व्यंजन का उदाहरण है। स्वर रहित व्यंजन से प्रारम्भ होनेवाले शब्द मूल व्यंजन के अन्त में दिए जाते हैं। अतः 'त्याग' 'तैयारी' के बाद ही आएगा।

शब्दकोशों का इतिहास बहुत प्राचीन है। ऐतिहासिक दस्तावेजों में आधुनिक इराक, जिसे पूर्व में मेसोपोटैमिया कहा जाता था, में कई ऐसे ग्रंथ मिले जो उस समय की भाषा के शब्द संचित करके रखते थे। इसके अलावा चीन में भी ऐसे ग्रंथ प्राप्त हुए, किन्तु विधिवत् तौर पर अंग्रेजी लेखक सैमुएल जॉनसन द्वारा अंग्रेजी शब्दों के लिए 1755 में रचित शब्दकोश को पहला ऐसा शब्दकोश माना जाता है, जिसका उपयोग वर्षों तक हुआ। 1884 में प्रसिद्ध ऑक्सफोर्ड विश्वविद्यालय ने अंग्रेजी के लिए एक बड़ा शब्दकोश तैयार करने काम कार्य शुरू किया और 1928 में अपनी पूर्णता में प्रकाशित 'ऑक्सफोर्ड इंग्लिश डिक्शनरी' अंग्रेजी भाषा की दृष्टि से अब तक का लिखा सर्वोत्तम शब्दकोश रहा है। अमेरिका में 1806 में वेबस्टर नामक सज्जन ने शब्दकोश बनाया, जिसके ऑनलाइन संस्करण 'मेरियम-वेबस्टर' की परिभाषाएँ इस पुस्तक में भी प्रयोग की गई हैं। आज ऑक्सफोर्ड के साथ कैंब्रिज विश्वविद्यालय भी अपना शब्दकोश निकालता है, जिसके अलावा भी कई ऐसे शब्दकोश हैं जो विद्यार्थियों, अध्येताओं तथा आम जनता के काम आते हैं। अंग्रेजी शब्दकोशों ने कई विदेशी भाषाओं के शब्द प्रचलन बढ़ने पर अपने भीतर शामिल किए हैं, जैसे भारत से 'गुरु' और 'पंडित जो अब अंग्रेजी में अत्यन्त लोकप्रिय हैं।

भारत में भी भाषा, व्याकरण तथा वर्तनी की दृष्टि से एक समृद्ध इतिहास रहा है। प्राचीन वैदिक साहित्य में सभी संस्कृत शब्दों के संग्रह को 'निघंटु' कहा जाता था। महान व्याकरण विद्वान पाणिनी ने 700 ई.पू. के आस-पास संस्कृत भाषा को व्यवस्थित करने हेतु कई सन्दर्भ ग्रंथ रचे, जिनमें 'अष्टाध्यायी' प्रमुख है। इसके अतिरिक्त पालि, अपभ्रंश तथा अन्य लोक प्रचलित भाषाओं में अनेक शब्दकोश रचे गए। उन्नीसवीं शताब्दी के आस-पास कई पश्चिमी विद्वानों ने रुचि लेकर प्राचीन भारतीय भाषाओं के आधुनिक शब्दकोश तैयार किए थे। मध्यकाल में प्रख्यात विद्वान अमीर खुसरो ने दरबार की भाषा फारसी तथा प्रचलित भाषा हिन्दुस्तानी के बीच तारतम्य लाने के लिए 1320 में 'खल्क-ए-बारी' नामक शब्दकोश बनाया। ब्रिटिश शासन के दौरान 1808 में विलियम हंटर ने प्रचलित हिन्दुस्तानी भाषा के शब्द और अंग्रेजी में उनके अर्थ समझने हेतु एक विशाल शब्दकोश तैयार किया। 1921-22 में काशी से संचालित नागरी प्रचारिणी सभा ने 'हिन्दी शब्दसागर' नामक कोश तैयार किया जो अपने विस्तार में काफी बड़ा और प्रसिद्ध रहा है। इसी तरह 1951 में उत्तर प्रदेश सरकार के प्रकाशन विभाग ने मुहम्मद मुस्तफा खान 'मद्दाह' द्वारा देवनागरी लिपि में रचित 'उर्दू-हिन्दी शब्दकोश' निकाला। आज लगभग हर

प्रमुख भारतीय भाषा का अपना समृद्ध शब्दकोश है। इसके अलावा कई ऐसे भारतीय प्रकाशक हैं जो अंग्रेजी में भी शब्दकोश तैयार करते हैं।

हिन्दी भाषा को समझने तथा अन्य भाषाओं में हिन्दी शब्दों का अर्थ समझने या अन्य भाषाओं के शब्दों का हिन्दी में अर्थ जानने हेतु भी आज कई शब्दकोश हैं। उदाहरण स्वरूप डॉ. हरदेव बहारी रचित हिन्दी से अंग्रेजी शब्दकोश में हिन्दी के शब्द हैं और उनके अंग्रेजी में अर्थ हैं। ऐसे कई शब्दकोशों के उदाहरण आप अपने आस-पास देख सकते हैं। इस पुस्तक में ही हमने कई अंग्रेजी शब्दों के इस्तेमाल किए हैं, जिनमें से कई तकनीकी हैं। आज भूमंडलीकरण के दौर में जब भाषाओं, संस्कृतियों आदि का मेल-मिलाप हो रहा हो, एक भाषा के शब्द दूसरे में प्रचलित हो जाना सामान्य-सी प्रक्रिया हो गई है।

तकनीकी विकास के इस दौर में शब्दकोशों के स्वरूप को इंटरनेट ने बहुत बदल दिया है। हमने 'गूगल' सर्च इंजन के बारे में पिछले अध्याय में पढ़ा। गूगल ने 'आर्टिफीशियल इंटेलिजेंस' या मशीनी बुद्धिमत्ता पर आधारित एक सॉफ्टवेयर 'गूगल ट्रांसलेट' शुरू किया है, जिससे सामान्य प्रयोग में आनेवाले कई शब्दों के एक या कई भाषाओं में अर्थ सहज रूप से प्राप्त हो जाते हैं। इसके अलावा 'डिक्शनरी डॉट कॉम' और 'मेरियम वेबस्टर' जैसी वेबसाइट्स भी हमारे लिए काफी उपयोगी हैं। भारत सरकार के राजभाषा विभाग ने भी हिन्दी में कई तरह के शब्दकोश अपनी वेबसाइट पर उपलब्ध कराए हैं।

चित्र 4.1 : मुहम्मद मुस्तफा खान 'मद्दाह' द्वारा रचित उर्दू-हिन्दी शब्दकोश का उदाहरण

किसी शब्दकोश में हम एक शब्द से जुड़ी निम्नलिखित जानकारी पा सकते हैं :

- **अर्थ :** अर्थ यानी सामान्य से सामान्य बोलचाल में उस शब्द से हम क्या समझते हैं। कभी-कभी किसी एक शब्द के ज्यादा अर्थ भी हो सकते हैं, जिन्हें समनाम शब्द या 'होमोनिम' कहा जाता है।
- **उच्चारण :** देवनागरी लिपि में शब्द जैसे लिखे जाते हैं, वैसे ही उच्चारित होते हैं, किन्तु अंग्रेजी तथा फ्रेंच जैसी भाषाएँ जहाँ कई प्राचीन तथा मध्यकालीन भाषाओं का प्रभाव रहा है, मात्रा और उच्चारण में फर्क होता है। अत: रोमन लिपि आधारित 'अन्तर्राष्ट्रीय फोनेटिक अल्फाबेट' के प्रयोग द्वारा शब्द का उच्चारण स्पष्ट किया जाता है।
- **व्याकरण :** इसमें बताया जाता है कि कोई शब्द संज्ञा, सर्वनाम, विशेषण, कारक या व्याकरण का अन्य कौन-सा प्रकार है?
- **उत्पत्ति :** जैसा कि हमने देखा, शब्दों के मूल में कई धातु या उपसर्ग हो सकते हैं। उन सभी का मूल अर्थ उन स्रोत भाषाओं में होता है जहाँ से वे किसी आधुनिक भाषा में प्रचलित हो गए हैं। शब्दकोश अर्थ के साथ-साथ उन सभी का मूल अर्थ बताता है।
- **प्रयोग :** किसी शब्द के प्रयोग का उदाहरण देने हेतु शब्दकोश उसका वाक्यों में प्रयोग करते हैं। इससे हमें स्पष्ट होता है कि हम किसी शब्द का इस्तेमाल कैसे कर सकते हैं।

> **adulation** /ddjʊ leiʃən/ noun [U] great praise and admiration for someone, often which they do not deserve

चित्र 4.2 : शब्दकोश प्रयोग का एक उदाहरण,
सन्दर्भ : 'कैंब्रिज स्कूल डिक्शनरी', 2008 में प्रकाशित

शब्दकोश के कई प्रकार हो सकते हैं। इनमें से कुछ निम्नलिखित हैं :

1. **सामान्य शब्दकोश :** सामान्य शब्दकोश में हर क्षेत्र में प्रयुक्त होनेवाले शब्दों और उनके अर्थों का संग्रह होता है।
2. **विशिष्ट शब्दकोश :** विशिष्ट शब्दकोशों में किसी क्षेत्र विशेष, जैसे चिकित्साशास्त्र, खेल, विज्ञान, मीडिया आदि में प्रयुक्त होनेवाले शब्दों का संग्रह होता है। कई बार विशिष्ट शब्दकोशों में अर्थ से इतर कारक प्रमुख हो जाते हैं। मसलन, कहावतों और मुहावरों के शब्दकोश में अर्थ से ज्यादा उस मुहावरे पर जोर होता है, जिसमें शब्द आया है।

3. **एकभाषायी शब्दकोश :** जब शब्द और उसके अर्थ, दोनों की ही भाषा एक हो तो वे 'एकभाषायी' या 'मोनोलिंगुअल' शब्दकोश कहलाते हैं।
4. **बहुभाषायी शब्दकोश :** ये ऐसे शब्दकोश हैं जहाँ शब्द तो एक भाषा में हो किन्तु अर्थ दूसरी भाषा में, जैसे 'हिन्दी से अंग्रेजी', 'अंग्रेजी से हिन्दी' 'उर्दू से हिन्दी' आदि। इस तरह के शब्दकोश अनुवाद में बहुत काम आते हैं। इन्हें अंग्रेजी में 'मल्टीलिंगुअल डिक्शनरी' कहते हैं।
5. **चित्र शब्दकोश :** चित्रों के माध्यम से शब्दों के अर्थ बतानेवाले शब्दकोश 'चित्र शब्दकोश' कहलाते हैं।
6. **थिसॉरस :** यह शब्द ग्रीक भाषा से निकला है। थिसॉरस वह शब्दकोश है, जिसमें शब्दों के पर्यायवाची दिए होते हैं।

विश्वकोश

शब्दकोश से शब्दों के अर्थ तो ज्ञात हो जाते हैं, किन्तु कई अन्य जानकारियाँ रह जाती हैं। मसलन, हम यह तो जान सकते हैं कि एक पवनचक्की का अर्थ क्या है लेकिन वह कैसे काम करती है, उसके क्या लाभ हैं और उसको इस्तेमाल करते समय क्या-क्या ध्यान रखना चाहिए—ये सभी बातें बताने के लिए हमें एक अलग तरह के कोश की आवश्यकता होगी। विश्वकोश, जिसे कई बार 'ज्ञानकोश' भी कहा जाता है, इसी कार्य को सम्भव बनाता है।

विश्वकोश जानकारियों का एक ऐसा सन्दर्भ ग्रंथ है, जिसमें विश्व-भर के किसी भी विषय पर क्रम से मूल जानकारियों का भंडारण किया जाता है। विश्वकोश को अंग्रेजी में 'इनसाइक्लोपीडिया' कहा जाता है, जिसमें 'इनसाइक्लो' का अर्थ है वृत्त के भीतर तथा 'पीडिया' का अर्थ है जानकारी। चूँकि पृथ्वी एक गोलाकार वृत्त के जैसी है। अत: पूरी पृथ्वी में समाई जानकारी विश्वकोश कहलाएगी। चूँकि ज्ञान और जानकारियों की सीमा न सिर्फ अनंत है बल्कि लगातार बढ़ रही है। अत: हम यह कह सकते हैं कि विश्वकोश कभी भी पूरा नहीं हो सकता है।

विश्वकोश में भी वर्णमाला के क्रम से सजाकर शब्दों के बारे में जानकारी दी जाती है, किन्तु शब्दकोश की अपेक्षा, विश्वकोश में भाषा या अर्थ की जगह *तथ्य आधारित जानकारी पर जोर दिया जाता है।* दूसरा अन्तर यह है कि जहाँ शब्दकोश में किसी भाषा के लगभग हर शब्द को शामिल करने का प्रयास किया जाता है, विश्वकोश में वे ही शामिल किए जाते हैं जिनके बारे में विस्तृत तथ्यपरक जानकारी दी जा सके। हालाँकि विश्वकोश को सुसंगठित करने हेतु वर्णमाला के अलावा भी अन्य तरीके हैं, जैसे विषय के अनुसार शब्दों को सजाना।

विश्वकोशों का इतिहास विस्तृत है, किन्तु विधिवत् तौर पर रोम के इतिहासकार प्लिनी दी एल्डर द्वारा 'नैचुरलीस हिस्टोरिया' पहला विश्वकोश माना जाता है, जिसमें

37 अध्यायों में भूगोल, चिकित्सा, इतिहास, आदि तमाम विषयों से जुड़ी चीजों की जानकारी उपलब्ध है। छापेखाने के आविष्कार के पश्चात् इटली और जर्मनी में मध्यकाल में पहले ऐसे विश्वकोश आए जो प्रकाशित किए गए थे। वर्णमाला के अनुसार शब्दकोश की तरह विश्वकोश बनाने का श्रेय अंग्रेज विद्वान जॉन हैरिस को जाता है जिन्होंने 1704 में 'एन यूनिवर्सल इंग्लिश डिक्शनरी ऑफ आर्ट्स एंड साइन्सेज' निकाली (पहले डिक्शनरी तथा इन्साइक्लोपीडिया में अन्तर उतना स्पष्ट नहीं था)। किन्तु 1768 से 1771 के बीच 'इन्साइक्लोपीडिया ब्रिटानिका' तैयार हुआ जो कालान्तर में सबसे जाना-माना तथा प्रामाणिक विश्वकोश साबित हुआ जिसकी प्रतियाँ आज भी कई घरों और पुस्तकालयों में पाई जाती हैं। 'ब्रिटानिका' इतना बड़ा है कि इसके कई-कई खंड हैं तथा हजारों पृष्ठ।

भारत में भी विश्वकोषों की लम्बी परम्परा रही है। ऐसा माना जाता है कि 'अग्निपुराण' जैसे ग्रंथ कहीं-न-कहीं अपने भीतर कई जानकारियाँ समेटे होते थे तथा एक सन्दर्भ ग्रंथ की तरह कार्य करते थे। इसके अतिरिक्त धन्वन्तरि ने आयुर्वेद के क्षेत्र में एक निघंटु रचा जिसे विश्वकोश की श्रेणी में रखा जा सकता है। किन्तु भारतीय विश्वकोश रचना परम्परा में सबसे प्रासंगिक उदाहरण कुमुदेंदु मुनि नामक एक जैन ऋषि द्वारा कन्नड़ भाषा में रचा गया ग्रंथ 'श्रीभूवल्य' है जिसकी तारीख आठवीं से पन्द्रहवीं सदी ई. के बीच आती है। बीसवीं सदी के पूर्वार्ध में काशी की प्रसिद्ध नागरी प्रचारिणी सभा ने 'हिन्दी ज्ञानकोष' तैयार करवाया जो अंग्रेजी में तब तक प्रचलित हो चले विश्वकोषों का हिन्दी संस्करण निकालने का प्रयास था। ऐसे कई अन्य प्रयास अन्य भारतीय भाषाओं में भी हुए जिसमें नगेन्द्र नाथ बसु द्वारा तैयार बांग्ला विश्वकोश महात्मा गांधी द्वारा भी सराहा गया। 1950 के दशक में नागरी प्रचारिणी सभा के प्रयासों से केन्द्र सरकार द्वारा हिन्दी में विश्वकोश छपवाने के लिए संसाधन दिए गए एवं 1970 में तीन खंडों का हिन्दी विश्वकोश तैयार हुआ। ऐसे कई अन्य प्रयासों में वर्ष 2008 में मानव संसाधन विकास मंत्रालय के अन्तर्गत शुरू हुआ हिन्दी विश्वकोश भी शामिल है।

किन्तु विश्वकोष का सर्वाधिक विस्तार इंटरनेट के साथ हुआ है। नब्बे के दशक के आखिर में हमारे कम्प्यूटर के कई सॉफ्टवेयर बनानेवाली कम्पनी माइक्रोसॉफ्ट ने 'एनकार्टा' नामक कोश तैयार किया जो कई सारी जानकारियों का संचय कम्प्यूटर के भीतर करके रखता था। 2001 में अंग्रेजी भाषा में शुरू हुआ 'विकिपिडिया' अब तक का सबसे वृहत् विश्वकोश है। आज विकिपिडिया कई भाषाओं में उपलब्ध है और अकेले अंग्रेजी में इसके साठ लाख से ऊपर लेख हैं। इसी तर्ज पर 'इन्साइक्लोपीडिया ब्रिटानिका' ने भी अपना ऑनलाइन रूप तैयार किया, किन्तु जहाँ 'विकिपिडिया' न सिर्फ पूरी तरह मुफ्त है बल्कि इसके लेख सुधारने या संशोधित करने में कोई भी सहायता कर सकता है, 'ब्रिटानिका' का सम्पूर्ण रूप

उचित भुगतान द्वारा ही प्राप्त किया जा सकता है और इसे पेशेवर लेखकों द्वारा तैयार किया जाता है। हिन्दी में भी विकिपिडिया अब लोकप्रिय होता जा रहा है, किन्तु कई सन्दर्भ तथा स्रोतों के हिन्दी में न होने और लेखों के पेशेवर स्तर पर न लिखे जाने के कारण हिन्दी विकिपिडिया की गुणवत्ता अंग्रेजी जितनी नहीं है। कई भाषाओं जैसे मराठी ने अपने ऑनलाइन विश्वकोश तैयार किए हैं किन्तु इस क्षेत्र में भारतीय भाषाओं को अत्यधिक सुधार की आवश्यकता है।

विश्वकोश कई प्रकार के हो सकते हैं :

- **सामान्य विश्वकोश :** इनमें किसी भी क्षेत्र के हर विषय पर जानकारी दी जाती है।
- **विशिष्ट विश्वकोश :** इनमें किसी क्षेत्र विशेष जैसे समाज विज्ञान, खेल, जीव विज्ञान आदि से जुड़े विषयों पर जानकारी उपलब्ध कराई जाती है।
- **ई-विश्वकोश :** ये ऐसे विश्वकोश हैं जो पूर्णतः इंटरनेट के माध्यम से ही उपलब्ध हैं।
- **क्राउडसोर्स विश्वकोश :** ये ऐसे विश्वकोश हैं जिनकी सामग्री जुटाने के लिए कोई भी मदद कर सकता है।

विश्वकोश कई प्रकार से उपयोगी साबित हो सकते हैं, जैसे :

1. जानकारी बढ़ाने के लिए।
2. शोध में सहायता हेतु।
3. विद्यार्थियों के लिए।
4. क्विज काम्पिटिशन आदि की तैयारी हेतु।
5. विशेष क्षेत्रों में ज्ञान का विकास करने हेतु।

साहित्य कोश

साहित्य कोश को हम एक विशेष प्रकार का शब्दकोश और विश्वकोश, दोनों ही मान सकते हैं। **साहित्यकोश में साहित्यिक शब्दों की परिभाषाएँ, व्याकरण, प्रयोग तथा अन्य जरूरी जानकारियाँ दी गई होती हैं। इसके अलावा यह कई साहित्यिक विधाओं और तकनीकों के बारे में जानकारी का संग्रह है।** अतः साहित्यकोश एक ऐसा कोश है जहाँ हमें कविता, कहानी, निबंध, मुहावरे। कहावत आदि कई चीजें एक साथ मिल जाएँगी। अंग्रेजी में प्रचलित शब्द 'ग्लोसरी' को हम कुछ हद तक साहित्य कोश के करीब मान सकते हैं। प्राचीन समय में बनाए गए कई शब्दकोश और विश्वकोश साहित्य से सम्बन्धित रहे हैं। इनमें संस्कृत में अमरसिंह द्वारा रचित 'अमरकोश' शामिल है, और पाणिनी के कई ग्रंथ भी।

अंग्रेजी में ऑक्सफोर्ड विश्वविद्यालय द्वारा कई ऐसे कोश निकाले गए हैं जो साहित्य से वास्ता रखते हैं, जैसे 'ऑक्सफोर्ड डिक्शनरी ऑफ लिटरेरी टर्म्स' और

मुहावरों-कहावतों पर आधारित 'ऑक्सफोर्ड डिक्शनरी ऑफ इडियम्स'। हिन्दी में इस प्रकार का एक बड़ा प्रयास 1958 में किया गया जब प्रख्यात विद्वान धीरेन्द्र वर्मा के सम्पादन तथा धर्मवीर भारती सरीखे नामी साहित्यकारों के साहियोग से 'हिन्दी साहित्य कोश' नामक ग्रंथ प्रकाशित हुआ। इस ग्रंथ का यह उद्देश्य था कि हिन्दी की प्राचीन से लेकर नवीनतम साहित्यिक विधा एवं तकनीक पाठकों को उपलब्ध हो सके। 1963 में एक अन्य संस्करण प्रकाशित किया गया जिसका नाम 'नामवाची शब्दावली' रखा गया चूँकि यहाँ हर साहित्यिक प्रविष्टि को अनुक्रमित करके उनके विषय में जानकारी दी गई थी। इन दोनों कार्यों में प्राचीन साहित्यशास्त्र, पाश्चात्य साहित्यशास्त्र, लेखक, रचनाएँ, काल, आदि कई साहित्यिक अवधारणाएँ और सिद्धान्त एक जगह पर उपलब्ध थे।

ऐसा ही एक प्रयास हाल फिलहाल में शम्भूनाथ द्वारा सम्पादित एवं भारतीय भाषा परिषद कोलकाता से प्रकाशित 'हिन्दी साहित्य ज्ञानकोष' में किया गया है। इस रचना पर कार्य 2014 से ही प्रारम्भ हो गया था किन्तु समाप्ति 2020 में हुई। इस ज्ञानकोष की विशेष बात यह है कि यह केवल साहित्य तक सिमटा न रह कर सम्पादक के शब्दों में "राष्ट्रीय संस्कृतियों...वैश्विक चिन्ताओं और बहुआयामी मानवीय विकास" से भी सरोकार रखता है। अत: इस ज्ञानकोष का दायरा काफी बड़ा है।

साहित्य कोश में हम कुछ ऐसे ग्रंथ भी शामिल कर सकते हैं जो साहित्य और मीडिया के सम्बन्धों को बेहतर ढंग से दर्शा सकें। अत: साहित्य संस्कृति के साथ इन कोशों में मीडिया से सम्बन्धित तकनीकी शब्दावली की भी उपस्थिति है। प्रख्यात मीडिया अध्येता और टेलीविजन पर शोध करनेवाले ब्रिटिश समाज वैज्ञानिक रेमंड विलियम्स द्वारा सम्पादित 'कीवर्ड्स : अ वोकैबुलरी ऑफ कल्चर एंड सोसाइटी' इसका एक उदाहरण है। 1976 में छपी इस किताब में मीडिया से सम्बन्धित हर एक शब्द की परिभाषा तथा उत्पत्ति पर बात की गई है। इस किताब का एक नया संस्करण विलियम्स के विद्यार्थी रहे टोनी बेनेट द्वारा 2005 में लाया गया जिन्हें 'न्यू कीवर्ड्स' कहा गया।

हिन्दी में भी इस तरह का एक कोश अभय कुमार दुबे के सम्पादन में तैयार हुआ है जिसे 'समाज विज्ञान विश्वकोश' कहा गया। राजकमल प्रकाशन द्वारा 2013 में छपा यह कोश साहित्य और भाषाशास्त्र के साथ ही मीडिया, स्त्री विमर्श, समाज और कई अन्य क्षेत्रों की शब्दावली तथा परिभाषाओं को एक जगह संरक्षित करता है।

इंटरनेट के स्तर पर हिन्दी साहित्य संसार के लिए 'कविता कोश' ऐसा पोर्टल रहा है जिसने हिन्दी की रचनाओं तथा पाठकों के बीच की दूरी कम की है। दुर्भाग्य से बाजारवादी संरचना में लोकप्रियता तथा प्रभाव के स्तर पर हिन्दी अंग्रेजी से कुछ पीछे रह गई है। किन्तु 'कविता कोश' जैसे पोर्टल में वर्णमाला के क्रम से हर प्रकार के कवि और उसके अलावा भी कई तरह की विधाएँ जैसे गजल, नज्म, चौपाई,

लोकगीत आदि का संचय है। और तो और, अन्य राज्यों और यहाँ तक कि विदेश के रचनाकारों के अनुवाद भी इस साइट पर मिल जाएँगे। कई प्रसिद्ध कवियों द्वारा रचे गए फिल्मी गीत भी 'कविता कोश' पर उपलब्ध हैं। 'कविता कोश' की स्थापना 2005 में की गई थी। गद्य के स्तर पर भी 'गद्य कोश' नामक वेबसाइट है किन्तु वह उतनी प्रभावी तथा लोकप्रिय नहीं रह पाई है।

वेब लिंक

पिछले भागों में हमने यह जाना कि कई ऐसे शब्दकोश और विश्वकोश हैं जो अब इंटरनेट की सहायता से ही संचालित किए जा रहे हैं। सामान्यत: भी ज्ञान प्राप्ति के लिए इंटरनेट संसार के अन्य स्रोतों से लगातार ज्यादा प्रभावी होता जा रहा है। इस भाग में हम देखेंगे कि ऐसे कौन-से अन्य तरीके हैं जिनके जरिये वेब लिंक और इंटरनेट ज्ञानवर्धन के लिए लाभकारी हो सकते हैं।

- **इंटरनेट पर किताबें :** इसमें सबसे अहम है इंटरनेट पर ही कई तरह के पठनीय स्रोत मिल जाना। धीरे-धीरे समय के साथ हमारा रुझान कागज के उलट स्क्रीन की ओर होता गया है। आज स्मार्टफोन दुनिया-भर की खबरों, मौसम, यहाँ तक कि अपने गंतव्य को जानने के लिए सबसे आसान रास्ते हमें बताया रहा है। ऐसे में हमारा 'स्क्रीन टाइम' बढ़ने से कई अखबार और किताबें ऑनलाइन प्राप्त होने लगी हैं। किसी किताब या दस्तावेज, या कम्प्यूटर की भाषा में कहें तो 'डॉक्यूमेंट' के लिए **पीडीएफ** नामक शैली प्रयोग में लाई जाती है। पीडीएफ शैली में उपलब्ध किताबें लैपटॉप, स्मार्टफोन या टैबलेट में पढ़ी जा सकती हैं। ऐसी कई किताबें हैं जो मुफ्त में ऑनलाइन उपलब्ध हैं और विद्यार्थी से लेकर शोधकर्ता तक इन्हें डाउनलोड करके पढ़ते हैं। कुछ ऐसी वेबसाइट हैं जो किताबों को मुफ्त में उपलब्ध तो कराती हैं किन्तु उसके चक्कर में प्रकाशक और लेखक को नुकसान होता है। दूसरी ओर, यदि प्रिंट या डिजिटल रूप में भी किताबों का खर्च किसी आम व्यक्ति की वहन शक्ति के बाहर हो तो कठिनाई पैदा हो जाती है। इसीलिए, यह जरूरी है कि आम नागरिकों तथा विद्यार्थियों के लिए ऐसी योजनाएँ हों जिनसे वे आसानी से किताबें पढ़ सकें पर लेखक या प्रकाशक को नुकसान न हो। सरकारी संस्थाओं, जैसे राष्ट्रीय शैक्षिक अनुसंधान एवं प्रशिक्षण परिषद ने स्कूल के विद्यार्थियों के लिए सभी किताबें मुफ्त में अपनी वेबसाइट पर उपलब्ध की हैं। सरकार ने www.india.gov.in पर अलग-अलग मंत्रालय जैसे पर्यटन, इनफार्मेशन-टेक्नोलॉजी जैसे कई मंत्रालयों की नाना प्रकार की योजनाओं के विषय में जानकारी देने हेतु ई-पुस्तकें अपलोड

की हैं। इसके अलावा, यदि आप 1920 से पहले प्रकाशित हुए उपन्यास और कहानियाँ पढ़ना चाहते हैं तो कॉपीराइट कानून की बिना फिक्र किए 'प्रोजेक्ट गुटेनबर्ग' की साइट www.gutenburg.org पर जा सकते हैं। इसके अलावा 'ई पुस्तकालय' (www.epustakalay.com) हिन्दी की ऑनलाइन किताबों का मुफ्त पुस्तकालय है।

- **ऑनलाइन कोर्स :** ऑनलाइन कोर्स की अवधारणा इस बात पर आधारित है कि घर बैठे भी हम आज उन्नत टेक्नोलॉजी का उपयोग कर शिक्षा ग्रहण कर सकते हैं। इस विषय में 2008 से ही प्रयास शुरू हो गए थे किन्तु इंटरनेट की गति में सुधार आने तथा अब इसके ज्यादा लोगों तक पहुँचने से अब कई ऐसी चीजें हैं जो इस माध्यम द्वारा सिखाई जा सकती हैं। शिक्षा का इस तरह इंटरनेट पर प्रसार 'मूक' नामक तकनीक से सम्भव हुआ है। 'मूक' (MOOC) अर्थात् 'मैसिव ओपन ऑनलाइन कोर्स' ऐसी अवधारणा है जिसके जरिये सिर्फ एक इंटरनेट कनेक्शन की सहायता से कई तरह की पढ़ाई की जा सकती है। हमने पिछले अध्यायों में भी ऑनलाइन शिक्षा, इसकी सम्भावनाओं और चुनौतियों को लेकर बात की है। अत: हम यहाँ ऑनलाइन कोर्स के उदाहरण देखेंगे। 'बायजूज' और 'वेदान्तु' जैसी भुगतान आधारित सेवाओं के अलावा कई सरकारी और गैर सरकारी संस्थाएँ मुफ्त में भी ऑनलाइन कोर्स करवाती हैं। मानव संसाधन विकास मंत्रालय द्वारा संचालित 'स्वयं' (www.swayam.gov.in) नामक पोर्टल एक तरह का 'मूक' कार्यक्रम है जिसके अन्तर्गत मुफ्त में इंजीनियरिंग, कानून, मैनेजमेंट, कला, साहित्य तथा अन्य विषयों पर अध्ययन सामग्री उपलब्ध है। इन अध्ययन सामग्रियों में. ई-किताबें, पॉवरपॉइंट प्रस्तुतियाँ एवं पॉडकास्ट शामिल हैं। कई देशी तथा विदेशी विश्वविद्यालय भी मुफ्त में ऑनलाइन कोर्स चलाते हैं। इन सभी संस्थानों द्वारा कराए कोर्स के अन्तर्गत जरूरी गृहकार्य और परीक्षाओं से गुजरने पर सर्टिफिकेट प्राप्त होता है जो हमारे कॅरियर में मदद कर सकता है।
- **यूट्यूब ट्यूटोरियल :** गूगल द्वारा संचालित वीडियो साझा करने की वेबसाइट 'यूट्यूब' 2005 में अस्तित्व में आई। जैसे-जैसे इंटरनेट आम जनता की पहुँच में आया, न सिर्फ यह साइट मनोरंजन का केन्द्र बनी बल्कि कई लोगों ने वीडियो अपलोड करके यूट्यूब को कंटेंट उपलब्ध कराया। कालान्तर में कई ऐसे वीडियो भी नजर आए हैं जिसमें एक व्यक्ति अपनी जानकारी या प्रतिभा को दूसरों के साथ साझा ही नहीं करता बल्कि वीडियो के माध्यम से सीखने में मदद करता है। आपने सुना होगा कि कई पाकशास्त्री प्याज काटने के सही तरीके से लेकर लजीज से लजीज

व्यंजन बनाने की विधि सिखला देते हैं। यही नहीं, कई बार छोटी-मोटी समस्याओं, जैसे बिजली का उपकरण खराब हो जाना, का हल भी यूट्यूब वीडियो के रास्ते आसान हो जाता है।

- **शिक्षा और कौशल सिखानेवाली ऐप :** एंड्रॉयड सॉफ्टवेयर में ऐसे कई ऐप्लीकेशन उपलब्ध हैं जो ऑनलाइन शब्दकोश से लेकर पियानो बजाना, शतरंज सीखना और ऐसे अन्य रोजमर्रा के जीवन में जरूरी नुस्खे सिखा सकते हैं। इन ऐप्लीकेशन में अमेजन नामक प्रसिद्ध कम्पनी द्वारा संचालित 'किंडल' शामिल है। 'किंडल' ऐप के साथ-साथ एक उपकरण भी है जिसके इस्तेमाल से डिजिटल शैली में भी किताबें पढ़ते समय ऐसा एहसास होता है जैसे हम पुस्तक पढ़ रहे हैं।

भाग : दो

संचार माध्यमों के लिए लेखन

अध्याय : पाँच

पत्रकारीय लेखन

इस पुस्तक के भाग एक में हमने संचार और मीडिया से जुड़ी विभिन्न जानकारियाँ प्राप्त कीं। इसमें सबसे जरूरी उन माध्यमों की समझ बनाना था जो आज हमारे जीवन से जुड़े हुए हैं। अत: आनेवाले दो अध्यायों, अर्थात् भाग दो में हम यह चर्चा करेंगे कि इन माध्यमों की विभिन्न विधाओं के लिए लेखन कार्य कैसे किया जाता है। लेखन आधुनिक मीडिया का सबसे जरूरी हिस्सा है चूँकि यह प्रकाशित तो होता ही है, पर जिन माध्यमों में प्रसारण होता है, अर्थात् रेडियो तथा टेलीविजन जैसे इलेक्ट्रॉनिक मीडिया, वहाँ भी समाचार से लेकर फिल्म पटकथा (स्क्रिप्ट) तक सब कुछ लिखकर तैयार किया जाता है।

इस अध्याय में हमारा केन्द्र बिन्दु पत्रकारीय लेखन है। पत्रकारिता का जुड़ाव मूलत: हमारे समाज में वर्तमान समय पर घट रही घटनाओं और उनके हम पर पड़नेवाले असर से होता है। समाचार जैसी तात्कालिक घटनाओं का सच हम तुरन्त जानना चाहते हैं, किन्तु विश्लेषणात्मक रिपोर्ट में हमें किसी तथ्य के अलग-अलग पहलू पता चलते हैं। आज टेक्नोलॉजी में उन्नति के साथ पत्रकारिता का स्वरूप ही बदल गया है। पारम्परिक रूप से प्रिंट ही पत्रकारिता का सबसे प्रमुख माध्यम था पर इलेक्ट्रॉनिक और अब ख़ासकर डिजिटल माध्यम के आने से समीकरण बदलने लगे हैं। यहाँ तक कि प्रिंट माध्यम की कई विधाओं का कार्य ऑनलाइन होने लगा है। हम इस अध्याय में तीनों प्रमुख माध्यम-प्रिंट, इलेक्ट्रॉनिक व डिजिटल माध्यम से सम्बन्धित विधाओ के लेखन के बारे में जानेंगे।

यह कह देना जरूरी है की जहाँ आज ऑनलाइन सामग्री का प्रसार ज्यादा है, प्रिंट की प्रासंगिकता बनी हुई है। और इसीलिए प्रिंट से सम्बन्धित विधाएँ जैसे समाचार, रिपोर्ट, सम्पादकीय तथा फीचर आदि की समझ बनने के बाद ही उनके इलेक्ट्रॉनिक व डिजिटल स्वरूप पर हम चर्चा कर सकते हैं। साथ ही, इलेक्ट्रॉनिक माध्यम के स्वरूप में कुछ अन्तर है, इसीलिए उससे जुड़े लेखन की समझ व उस तकनीक के कुछ उपकरणों की समझ आपस में अन्तर्निहित है। अर्थात, यदि आपको टेलीविजन के लिए लिखना है तो कुछ हद तक टेलीविजन कैसे कार्य करता है, समझना होगा।

प्रिंट पत्रकारिता लेखन

अध्याय तीन में हमने समाचार, पत्रकारिता आदि के साथ ही तमाम प्रिंट माध्यमों के बारे में पढ़ा है। यहाँ हम उन माध्यमों से जुड़ी विधाओं के लिए लिखने की कला पर चर्चा कर रहे हैं। पत्रकारीय लेखन का प्रयोग जनसंचार माध्यमों के पाठकों के लिए सूचना पहुँचाने, समाचार तथा अन्य जानकारी देने और उनका ज्ञानवर्धन करने के लिए किया जाता है। इसमें भाषा की सरलता तथा स्पष्टता के साथ-साथ पाठक को विवरण से जोड़ पाने की कला भी शामिल है। जिन विभिन्न पत्रकारीय विधाओं के विषय में हम बात करेंगे, वे हैं :

1. अखबारों के लिए समाचार लेखन
2. फीचर लेखन
3. विशेष रिपोर्ट
4. सम्पादकीय लेखन
5. स्तम्भ लेखन
6. सम्पादक के नाम पत्र

अखबारों के लिए समाचार लेखन

समाचार की सामान्य परिभाषा हमने विस्तार से अध्याय तीन में समझी। कई परिभाषाओं और विशेषताओं में से एक को दुहराना होगा—*कि समाचार जल्दी में लिखा गया इतिहास है।* इसका अर्थ क्या है? यही कि जहाँ आम तौर पर इतिहास लेखन में विस्तार से कई प्रकार के अकदमिक स्रोतों को आधार बनाया जाता है, समाचार में *वे ही तथ्य दिए जाते हैं जो जरूरी हों।* उसी अध्याय तीन में हमने संक्षिप्त में यह भी समझा कि प्रिंट माध्यम जैसे कि अखबार, और इलेक्ट्रॉनिक माध्यम जैसे कि रेडियो, के समाचार लेखन की शैली में कुछ बुनियादी अन्तर हैं। अभी हम अखबारों की बात कर रहे हैं, अत: समाचार उनकी प्रकृति के अनुसार लिखा जाना चाहिए। इसमें सबसे जरूरी यह जानना है कि *पाठक अखबार से क्या अपेक्षा रखता है।* पहले-पहल तो अखबार ही बहुसंख्यक लोगों के लिए समाचार प्राप्ति का इकलौता साधन था। आज इलेक्ट्रॉनिक तथा डिजिटल माध्यम के प्रसार के साथ स्थिति बदली है, और कुछ हद तक अखबारों की भूमिका भी। मूलत: अखबारों से अब यह अपेक्षा की जाती है कि वे पाठक को सामग्री इस रूप में उपलब्ध कराएँ कि वह ठहर कर कुछ सोच सके। समाचार लिखते समय हमें वह सब चीजें ध्यान में रखनी होंगी।

हमें पता है कि अखबार में सिर्फ समाचार ही नहीं, बल्कि अन्य कई चीजें प्रकाशित होती हैं। हम आगे इनमें से कुछ विधाओं जैसे फीचर तथा स्तम्भ पर बात करेंगे ही। किन्तु यह जरूरी है कि इन सब से समाचार का अन्तर समझा जाए। अंग्रेजी में अखबार की अन्य विधाओं से समाचार को अलग करने के लिए उसे 'हार्ड न्यूज' कहा जाता है। हार्ड न्यूज अर्थात् समाचार की निम्नलिखित प्रवृत्तियाँ समझना आवश्यक है :

पहला, **समाचार या हार्ड न्यूज शैली विवरणात्मक होती है। यानी उसमें केवल और केवल तथ्य से सरोकार रखा जाता है।** हमने अध्याय तीन में समाचारों के **छह ककार** पढ़े थे—*क्या, कब, कहाँ, कौन, क्यों और कैसे।* विवरणात्मक शैली इन्हीं ककारों के आस-पास घूमती है। फीचर, स्तम्भ या विशेष रिपोर्ट में जहाँ लेखन शैली में ठहराव होता है तथा तथ्यों को दीर्घ समीक्षा और विश्लेषण के साथ प्रस्तुत किया जाता है, समाचार में त्वरित जानकारी दी जाती है।

निम्नलिखित दो उदाहरण देखें :

> आखिरकार आम आदमी पार्टी भी उसी व्यवस्था का हिस्सा बन गई जिसका विरोध खुद आप पार्टी के मुखिया अरविन्द केजरीवाल करते रहे हैं। राजनीतिक दल पहले भी अपने हित साधने के लिए पूँजीपतियों, वकीलों, और चार्टर्ड एकाउंटेंटों को संसद के ऊपरी सदन राज्य सभा में भेजते रहे हैं।
>
> यह कोई अनोखी बात नहीं है, लेकिन इस पार्टी का जन्म और नाम ही इस आधार पर रखा गया था कि आम आदमी पार्टी, आम लोगों के लिए, और आम आदमी की समस्याओं के समाधान के लिए है। पर ऐसा क्या हो गया कि आज आम से खास होती जा रही है पार्टी?
>
> —स्रोत : 'तहलका', 31 जनवरी 2018, पृष्ठ 39

> उत्तराखंड में बहुमत परीक्षण के नतीजे का बुधवार को सुप्रीम कोर्ट ने ऐलान कर दिया। कोर्ट ने बताया कि 61 में से 33 वोट रावत सरकार के पक्ष में हैं। केन्द्र ने इसके बाद प्रदेश से राष्ट्रपति शासन हटाने की सिफारिश कर दी है। इसके साथ ही राज्य में हरीश रावत सरकार बहाल होने का रास्ता भी साफ हो गया है। रावत फिर मुख्यमंत्री पद सँभाल सकते हैं।
>
> वैसे, विधानसभा में मंगलवार को बहुमत परीक्षण के कुछ देर बाद ही तय हो गया था कि सरकार बच जाएगी।
>
> शीर्ष कोर्ट के आदेशानुसार अधिकृत तौर पर परिणाम घोषित करने के लिए एक दिन तक इन्तजार किया गया। बुधवार को जस्टिस दीपक मिश्र और शिवकीर्ति सिंह की बेंच के सामने सीलबन्द लिफाफे सौंपे गए और नतीजा घोषित किया गया।
>
> —स्रोत : 'दैनिक भास्कर', 13 मई, 2016, मुख्यपृष्ठ और पृष्ठ 7

ऊपर दिए गए दोनों उदाहरण अपने विषय के चुनाव में एक जैसे हैं—दोनों ही राजनीतिक सरगर्मियों से जुड़े हैं। पर इनमें से क्या हम यह अन्दाज लगा सकते हैं कि कौन-सा लेख विवरणात्मक है कौन-सा नहीं? पहले उदाहरण में किसी घटना की ओर संकेत तो किया गया है किन्तु क्या हुआ, कैसे हुआ और क्यों यह स्पष्ट नहीं है। लेख देखकर ही समझ आता है कि लेखक तफसील से आम आदमी पार्टी व राज्य सभा चुनाव के बहाने और कई विषयों पर बात करना चाहता है। दूसरे उदाहरण में हमें 'क्या', 'कब', 'कैसे' आदि सभी ककारों के उत्तर मिल जाते हैं।

अतः *दूसरा उदाहरण विवरणात्मक है और अखबार के लिए समाचार शैली का सजीव नमूना।* विवरणात्मक शैली में हम शुरुआत से ही तथ्यों की गति बनाए रखते हैं तथा तथ्यों पर केन्द्रित रखकर ही उसे पूर्ण किया जाता है।

समाचार या हार्ड न्यूज की दूसरी प्रवृत्ति यह है **कि समाचार की शैली उल्टे पिरामिड के सिद्धान्त पर काम करती है।** अध्याय-तीन में हमने उल्टा पिरामिड शैली को समझा था। यहाँ हम इसकी उपयोगिता को जीवन्त रूप से देखेंगे, लेकिन उससे पहले उससे सम्बन्धित कुछ चीजों की पुनरावृत्ति जरूरी है।

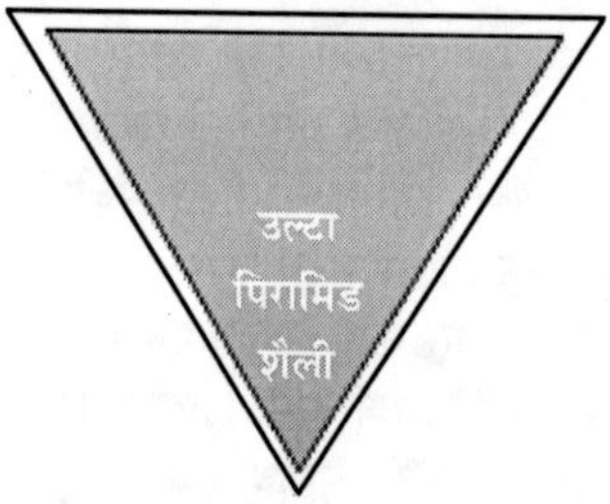

चित्र 5.1 : उल्टा पिरामिड शैली का प्रतिनिधित्व

हमने जाना था कि 'उल्टा पिरामिड शैली' में सबसे महत्त्वपूर्ण तथा जरूरी जानकारियाँ समाचार की शुरुआत में आती हैं जबकि उससे काम महत्त्वपूर्ण उसके नीचे। पिरामिड का ऊपरी चौड़ा भाग सबसे जरूरी सूचनाओं का प्रतिनिधित्व करता है जबकि नीचे का नुकीला भाग सबसे काम जरूरी सूचनाओं का। समाचार का यह उदाहरण देखिए :

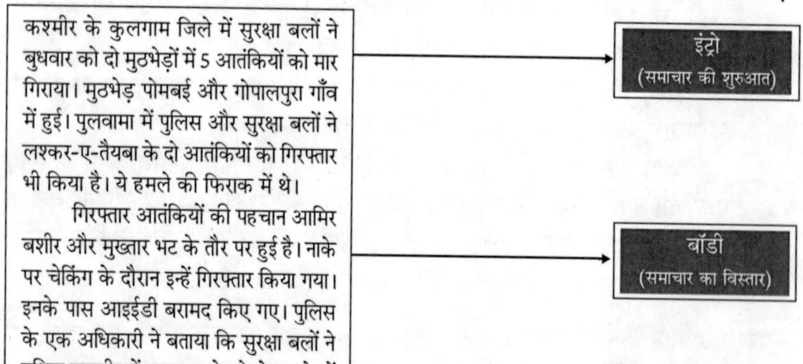

चित्र 5.2 : समाचार लेखन के विभिन्न भाग।
समाचार स्रोत : 'राजस्थान पत्रिका', 18 नवम्बर, 2021, मुख्यपृष्ठ।

चित्र 5.2 में हम समाचार लेखन के जो तीन भाग देख रहे हैं उनका जिक्र हमने किया ही है। सबसे जरूरी सूचना अर्थात् 'इंट्रो' सबसे ऊपर है। हम इसे 'क्लाइमैक्स' या मुखड़ा भी कह सकते हैं। उसके नीचे विस्तृत रूप से घटना का ब्योरा 'बॉडी' में और अन्त में समापन। हालाँकि हमने यहाँ समाचार का पूरा हिस्सा नहीं दिया है।

आर्मीनिया के साथ सीमा पर हुई झड़पों में अजरबैजान के सात सैनिकों की मौत

मॉस्को, (एपी) : आर्मीनिया के साथ सीमा पर हुई झड़पों में अजरबैजान के 7 सैनिकों की मौत हो गई और 10 अन्य घायल हो गए। अजरबैजान के रक्षा मंत्रालय ने बुधवार को यह जानकारी दी। वहीं, आर्मीनिया के अधिकारियों ने एक व्यक्ति की मौत की जानकारी दी और कहा है कि मंगलवार को हुई झड़पों के दौरान उसके 13 सैनिकों को पकड़ लिया गया जबकि 24 अन्य लापता हैं। अलगाववादियों के क्षेत्र नागोर्नो-कारबाख को लेकर पिछले साल दोनों देशों के बीच छह सप्ताह का युद्ध चल था, जिसमें लगभग 6,600 लोगों की मौत हुई थी। आर्मीनिया के रक्षा मंत्रालय ने अजरबैजान के सैनिकों पर आर्मीनियाई चौकियों पर गोलीबारी करने का आरोप लगाया है। इस बीच अजरबैजान सरकार ने आर्मीनिया पर सीमा पर 'बड़े पैमाने पर उकसावे' का आरोप लगाया है।

चित्र 5.3 : समाचार का एक सम्पूर्ण नमूना।
समाचार स्रोत : 'पंजाब केसरी', 18 नवम्बर, 2021, पृष्ठ 12

चित्र 5.3 में हम आसानी से 'इंट्रो', 'बॉडी' और समापन को पहचान सकते हैं, किन्तु उसके साथ दो अन्य चीजें हैं। पहली है 'हेडलाइन' या 'सुर्खी' और दूसरा समाचार की बिलकुल शुरुआत में खबर कहाँ से प्राप्त हुई (यानी मॉस्को) एवं किस स्रोत के जरिये प्राप्त हुई (एपी) दिया गया है। यह उदाहरण समाचार लेखन का मॉडेल उदाहरण है जहाँ विवरणात्मक उल्टा पिरामिड शैली में सभी जरूरी तथ्य दे दिए गए हैं।

इन उदाहरणों के आलोक में हम समाचार के अंगों को फिर नए सिरे से समझ सकते हैं :

- **हेडलाइन या सुर्खी :** यह पाठक को किसी भी समाचार को पढ़ने में दिलचस्पी दिलाने का साधन है। सुर्खियाँ हमेशा समाचार के बाकी हिस्से से बड़ी तथा गहरी स्याही में छापी जाती हैं। सुर्खी लिखते समय यह ध्यान रखना चाहिए कि समाचार का निचोड़ एक वाक्य में देना

है। कई बार अखबार में जगह बचाने के लिए सुर्खियों में शब्दों तथा अवधारणाओं को उनके संक्षिप्त रूप में व्यक्त किया जाता है। उदाहरण के लिए 'पाकिस्तान' को 'पाक' या 'उत्तर प्रदेश' को 'उ.प्र.'। कई बार हेडलाइन के ऊपर या नीचे एक या दो पंक्तियों में समाचार के महत्त्वपूर्ण तथ्यों का सार हेडलाइन से बड़े, लेकिन समाचार के बाकी हिस्से से छोटे अक्षरों में दिया होता है। इसे 'बाइलाइन' कहा जाता है।

- **लीड :** लीड समाचार का शुरुआत हिस्सा होता है जहाँ सबसे महत्त्वपूर्ण जानकारियाँ दी जाती हैं। इसे हम ऊपर प्रयुक्त किए गए 'इंट्रो' के समतुल्य रख सकते हैं, किन्तु आम तौर पर लीड में दो से पाँच पंक्तियाँ होनी चाहिए जो वे महत्त्वपूर्ण जानकारी या 'क्लाइमैक्स' हमारे समक्ष रख दे। लीड के नीचे दिया भाग उस खबर का विस्तार है, जिसे लीड में बताया दिया गया है—अर्थात घटना से जुड़े अन्य आँकड़े, जानकारियाँ और महत्त्वपूर्ण लोगों के कथन। उल्टा पिरामिड शैली में किसी भी सफल लीड के परीक्षण के लिए एक-एक कर नीचे के पैराग्राफ हटाते जाएँ और यह देखें कि समाचार पाठक को जरूरी जानकारी दे रहा है कि नहीं? लीड में समाचार के ककारों—*क्या, कब, कौन और कहाँ* की जानकारी दी जाती है।
- **नट-ग्राफ :** लीड के तुरन्त बाद आनेवाले हिस्से को 'नट-ग्राफ' कहा जाता है। यह किसी मशीन के नट-बोल्ट अर्थात् कल-पुर्जे जैसा है जो समाचार को आपस में जोड़कर रखता है। नट-ग्राफ के अन्तर्गत वे सारी जानकारियाँ जो समाचार को विस्तृत रूप से समझने में मदद करें दी जाती हैं। नट-ग्राफ के जरिये ही हम समाचार में *क्यों* और *कैसे* का जवाब जान सकते हैं।
- **स्रोत :** समाचार का स्रोत खबर की शुरुआत में ही दिया जाता है। यदि स्रोत अखबार का संवाददाता खुद है तो अखबार का नाम—मसलन चित्र 5.3 के उदाहरण में 'पंजाब केसरी', अथवा 'हमारे संवाददाता' दिया जाता है। यदि खबर किसी बाहरी न्यूज एजेंसी से आई है तो उसका नाम दिया जाता है। अन्तर्राष्ट्रीय खबरों के लिए 'एपी' और 'रॉयटर्स' जबकि राष्ट्रीय खबरों के लिए 'भाषा' आदि लिखा जाता है।

अखबार के लिए समाचार को तैयार होने में विभिन्न चरणों से गुजरना होता है। इस प्रक्रिया में न सिर्फ समाचार तैयार होता है बल्कि त्रुटि आने पर उसे परिष्कृत भी किया जाता है ताकि वह पाठक के समक्ष सही रूप में पहुँचे।

समाचार निर्माण के विभिन्न चरण इस प्रकार हैं :

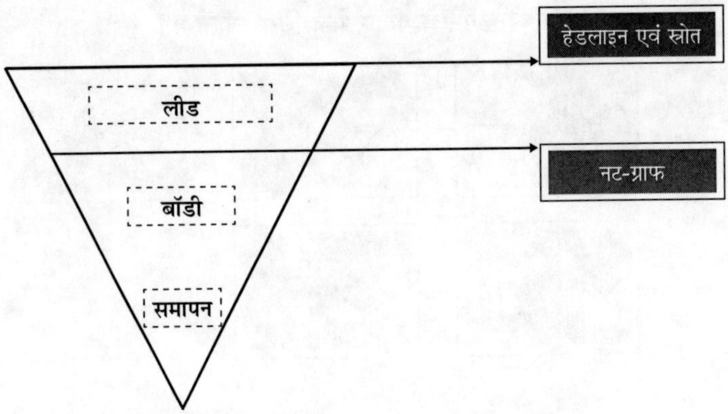

चित्र 5.4 : सम्पूर्ण समाचार का उल्टा पिरामिड शैली में चित्रण

1. **समाचार एकत्रित करना (न्यूज गैदरिंग) :** यहाँ किसी घटना को जानने हेतु संवाददाता खुद जाकर या फोन द्वारा घटना की जानकारी लेता है, नोट्स बनाता है, प्रत्यक्षदर्शियों और महत्त्वपूर्ण लोगों का साक्षात्कार लेता है एवं जरूरी तथ्य जुटाकर खबर लिखने की तैयारी करता है।
2. **समाचार लेखन (न्यूज राइटिंग) :** एकत्रित जानकारी के आधार पर खबर का ढाँचा तैयार किया जाता है, जिसमें हेडलाइन, लीड, बॉडी एवं समापन होता है। यहाँ समाचार लेखक घटना से सम्बन्धित सभी जरूरी तथ्य, आँकड़े, महत्त्वपूर्ण लोगों के कथन (क्वोट) एवं अन्य जानकारियाँ मुहैया कराता है।
3. **त्रुटि-सुधार (कॉपी एडिटिंग) :** खबर का पहला ड्राफ्ट लिखने के बाद संवाददाता/समाचार लेखक उसे कॉपी एडिटर के पास भेजता है। अखबार के दफ्तर में कॉपी एडिटर का कार्य शाम से शुरू हो जाता है जब सभी खबरों को एक-एक कर देखा जाता है कि कहीं भाषा, व्याकरण या तथ्यों में कोई त्रुटि तो नहीं है।
4. **अन्तिम चरण (फाइनल एडिटिंग) :** अखबार में कौन-सा समाचार किस पृष्ठ पर जाएगा तथा कितने शब्दों का और किस प्रकार से छपेगा, यह सभी निर्णय प्रधान सम्पादक का होता है। चूँकि अखबार के पन्नों की सीमित संख्या होती है, इसीलिए प्रधान सम्पादक दिन की शुरुआत में ही खबरों तथा विज्ञापन को मिलनेवाली जगह का अनुपात

तय कर देता है। उसी हिसाब से समाचार को अन्तिम रूप दिया जाता है और स्थान निर्धारण के बाद पूरे अखबार की संरचना (ले-आउट) तय कर उसे छपने के लिए भेज दिया जाता है।

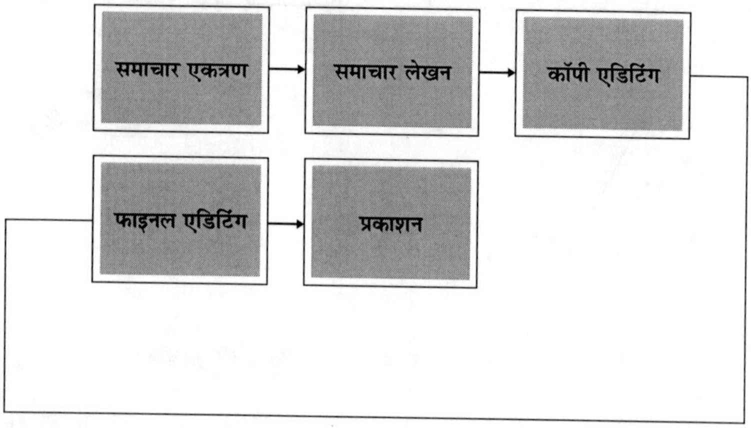

चित्र 5.5 : समाचार के विभिन्न चरण

समाचार लेखन एक कला है, जिसके कई आयाम हैं। बेहतर समाचार वही है जिसमें न सिर्फ सरसरी नजर में पाठक खबर का निचोड़ प्राप्त कर सके, बल्कि उसे विस्तार से पढ़ने की रुचि भी जाग्रत हो।

समाचार लेखन के लिए ध्यान रखने योग्य कारक इस प्रकार हैं :

1. **भाषा :** समाचार लेखन की भाषा सधी हुई होनी चाहिए। चूँकि समाचार-पत्र में लिखी गई भाषा साहित्यिक भाषा के समतुल्य होती है, इसीलिए वह औपचारिक होती है, लेकिन साहित्यिक होने और बोझिल होने में फर्क है। मिसाल के लिए, 'आलोड़न' शब्द समाचार लेखन में अटपटा लगेगा लेकिन 'द्वंद्व' साहित्यिक होते हुए भी जमीन से जुड़ा। आजकल संस्कृतनिष्ठ, उर्दू-फारसी तथा देशज शब्दों के साथ अंग्रेजी के बहुत-से शब्द अखबार प्रयोग में ला रहे हैं। यह तब तक तो सही है जब तक सहज हो, लेकिन अतिवाद से भाषा की सहजता और समृद्धि नष्ट हो जाती है। जहाँ 'कोच' शब्द खेल की भाषा में इतना प्रचलित है कि 'प्रशिक्षक' के स्थान पर इस्तेमाल किया जा सकता है, लेकिन 'प्रेसीडेंट बाइडेन ने जर्नलिस्ट्स को बताया' सही नहीं लगेगा। सार रूप में भाषा और शब्द चयन में जमीनी समझदारी के साथ साहित्य और व्याकरण की मूल जानकारी जरूरी है।

2. **वर्तनी :** मात्राओं या अक्षरों की गलतियों से पाठक की रुचि प्रभावित होने की पूरी संभावना है। कुछ गलतियाँ प्रत्यक्ष होती हैं और पकड़ में आ जाती हैं—जैसे 'वार्ता' को 'वारता' लिख देना, लेकिन कई जगह सावधानी न होने पर चूक हो सकती है। 'श' और 'ष' के बीच अन्तर न कर पाने से हम 'विषय' को 'विशय' और 'शत्रु' को 'षत्रु' लिख देंगे। उससे भी महीन गलतियाँ 'उ' और 'ऊ' की मात्राओं से उपजे शब्दों में हो सकती हैं। अखबार का कार्य सिर्फ जानकारी देना ही नहीं, बल्कि पाठकों के भाषा ज्ञान में वृद्धि करना भी है। अतः सामान्य-सी गलतियाँ अखबार की छवि के लिए घातक हैं। कॉपी एडिटिंग की प्रक्रिया में इन्हीं गलतियों को सुधार जाता है।
3. **व्याकरण :** हिन्दी पट्टी में आँचलिक बोलियों और भाषाओं का असर हमारी बोलचाल में दिखता है, किन्तु अखबार में हम ज्यादा-से-ज्यादा पाठकों तक पहुँचने का प्रयास करते हैं। इसीलिए 'प्रधानमंत्री आज कहे हैं' की जगह 'प्रधानमंत्री ने आज कहा' प्रयोग किया जाता है। पत्रकारिता के क्षेत्र में कार्य कर रहे व्यक्ति से यह अपेक्षा की जाती है कि वह व्याकरण के सिद्धान्तों से परिचित हो।
4. **निष्पक्षता :** समाचार की हार्ड न्यूज शैली विवरणात्मक होती है और लेखक से अपेक्षा की जाती है कि वे तथ्यों तक सीमित रहें। समाचार लेखन में किसी घटना के पक्ष और विपक्ष, दोनों सन्तुलित रूप से नजर आने चाहिए। इसीलिए समाचार लेखक समाचार से अपनी निजी राय पूरी तरह अलग रखे।
5. **फोटो, आँकड़ों के ग्राफ तथा बुलेट का इस्तेमाल :** 'तस्वीर का मोल हजार शब्दों के बराबर है' हमने कई बार सुना है। अन्य जानकारियों के साथ संवाददाता घटना से सम्बन्धित फोटो भी एकत्रित करते हैं। उन्हें जगह देना न देना सम्पादक के ऊपर है, किन्तु प्रमुख समाचारों के साथ तसवीरें दी ही जाती हैं। कई बार बजट के बारे में बात करते हुए हमें आँकड़े प्रस्तुत करने हेतु ग्राफ के माध्यम से उनका चित्रण करना होता है। प्रमुख खबरों को बिन्दुवार तरीके से एक बॉक्स में रखकर समाचार की बॉडी के बीच में दिया जा सकता है। साज-सज्जा की ये सभी तकनीकें समाचार को अधिक रोचक बनती हैं।

फीचर लेखन

हमने पिछले भाग में समाचार के विवरणात्मक स्वरूप की चर्चा की, जहाँ तथ्यों और तात्कालिक घटनाओं की प्रधानता होती है, फीचर लेखन इससे कुछ अलग

होता है। समाचार-पत्रों और पत्रिकाओं आदि के पाठक अलग-अलग तरह के हो सकते हैं। कुछ जो सरसरी नजर में मुख्य घटनाएँ जान लेना चाहें उनके लिए विवरणात्मक 'उल्टा पिरामिड शैली' कारगर है, लेकिन कई पाठक डूबकर पढ़ने और किसी विषय को विस्तार से समझने में दिलचस्पी रखते हैं। फीचर लेख इसी तरह के पाठक वर्ग को ध्यान में रखकर लिखा जाता है।

किसी समाचार-पत्र या पत्रिका में किसी विषय पर समाचार की उल्टा पिरामिड शैली की बजाय अनौपचारिक तथा चिन्तनशील भाषा में विश्लेषण करते हुए लिखा गया लेख फीचर कहलाता है। फीचर लेखन में ऐसा लगता है जैसे लेखक भी हमारे साथ सोच में डूब गया है। ऊपर 'तहलका' पत्रिका से लिए गए उदाहरण को हम फीचर का उदाहरण मान सकते हैं। चूँकि फीचर में भी समसामयिक घटनाओं पर बातचीत होती है, लेकिन समाचार की तरह तथ्यात्मक और तात्कालिक नहीं होती, इसीलिए इसे 'सॉफ्ट न्यूज' की शैली में रखा जाता है।

फीचर लेखन के कई तरीके हो सकते हैं। अमेरिका की मशहूर पत्रिका 'वॉल स्ट्रीट जर्नल' द्वारा लोकप्रिय किया गया मॉडेल कई पत्र-पत्रिकाएँ इस्तेमाल करती हैं। इसमें किसी भी लेख की शुरुआत किसी ऐसी छोटी-सी घटना का विवरण देते हुए की जाती है जो फीचर के विषय से सम्बन्धित हो। आपने अक्सर चुनावों पर अखबारों या मैगजीन के लेखों की शुरुआत किसी आम आदमी के अनुभव से होते देखा-पढ़ा होगा। दरअसल, फीचर का काम घटनाओं के आँकड़े या तथ्यों से परिचय करने के पूर्व उसका पाठक के निजी जीवन और समाज पर पढ़नेवाला असर दिखलाकर एक भावनात्मक रिश्ता कायम करना होता है। इसे मीडिया की भाषा में 'मानवीय एंगल' या 'ह्यूमन एंगल' कहते हैं। उदाहरण देखिए :

अपनों की सेहत को लेकर चिन्तित बॉलीवुड

कोरोना महामारी से फिल्म जगत् की गतिविधियों पर रोक लगने के बाद अब बॉलीवुड खुद को सँभालने में जुट गया है। जहाँ एक ओर फिल्म कलाकारों की संस्था, सिंटा, अपने सदस्यों के स्वास्थ्य और सुरक्षा लेकर आगे आई है, वहीं फिल्म निर्माताओं के संगठन, इंपा ने भी सरकार से अपने सदस्यों के टीकाकरण की विशेष व्यवस्था करने की अपील की है। देश में जहाँ इस समय में लोग मुखपट्टी (मास्क) लगाकर और सुरक्षित अन्तर का पालन करते हुए काम कर रहे हैं, सिनेमा और धारावाहिकों की दुनिया में कैमरे के सामने यह काम कलाकारों को बिना इन सावधानियों के करना पड़ रहा है, जिससे कलाकारों के कोरोना संक्रमित होने के मौके बढ़ रहे हैं।

कोरोना महामारी के फैलाव ने फिल्म जगत् के सामने समस्याओं का अंबार लगाते हुए तीन क्षेत्रों—निर्माण, वितरण और प्रदर्शन पर बुरा असर

डाला है। महाराष्ट्र में सिनेमाघर और शूटिंग बन्द होने के बाद जो निर्माता फिल्मों और धारावाहिकों की शूटिंग प्रदेश से बाहर जाकर कर रहे थे, उनके सामने भी कम समस्याएँ नहीं हैं। स्थानीय स्तर पर उन्हें एक ओर विरोध का सामना करना पड़ रहा है, तो दूसरी ओर कोरोना नियमों का पालन करने से उनका बजट बढ़ने लगा है। अब सिंटा (सिने एंड टेलीविजन आर्टिस्ट एसोसिएशन) ने शूटिंग के दौरान अपने सदस्य कलाकारों की सुरक्षा का मुद्दा उठाना शुरू कर दिया है। सिंटा ने पूछा है कि अगर किसी फिल्म की शूटिंग के दौरान उसके सदस्य संक्रमित होते हैं या उनकी मौत होती है तो उनके इलाज या हर्जाने का खर्च कौन उठाएगा? सिंटा चाहती है कि यह जिम्मेदारी तय होनी चाहिए।

—स्रोत : गणेश नन्दन तिवारी, 'जनसत्ता', 14 मई, 2021

वैसे तो फीचर लिखने का लहजा ज्यादातर 'कथात्मक' अर्थात् कहानी की तरह होता है, लेकिन कई दफा फीचर लेखन में 'उल्टा पिरामिड' और कथात्मक दोनों शैलियों को मिलाकर इस्तेमाल किया जाता है। ऐसा तब होता है जब किसी ताजातरीन घटना के ऊपर फीचर लिखना हो। यदि बीते हुए कल के पुस्तक मेले पर आपको फीचर लिखना हो तो पहले-पहल मुख्य घटनाओं (पुस्तक अनावरण, कार्यक्रम और बड़े लेखक) को उल्टा पिरामिड में लिखने के पश्चात् वहाँ घूमने आए प्रत्यक्षदर्शियों के साथ बातचीत और उनके अनुभव कथात्मक शैली में लिखे जाते हैं। चित्रण की दृष्टि से ऐसे फीचर का स्वरूप कुछ यों होता है :

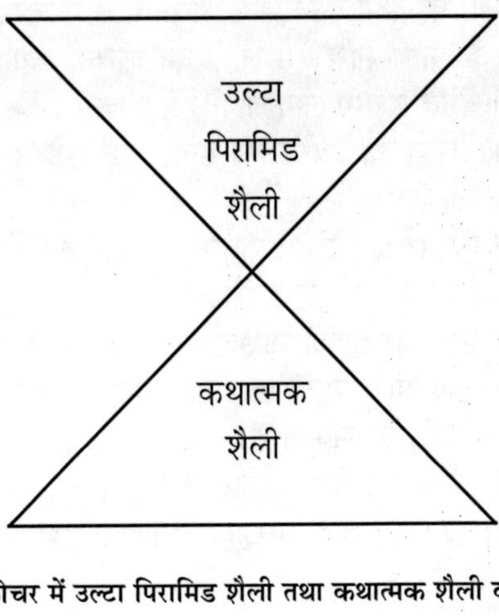

चित्र 5.6 : फीचर में उल्टा पिरामिड शैली तथा कथात्मक शैली का मिश्रित रूप

फीचर लेखन और समाचार के कुछ बुनियादी अन्तर और फीचर की विशेषताएँ इस प्रकार हैं :

- फीचर 'सॉफ्ट न्यूज' का उदाहरण है जबकि समाचार 'हार्ड न्यूज' का।
- फीचर में पाठक से भावनात्मक अन्तर जोड़ा जाता है जबकि समाचार में तथ्यों को जैसे का तैसा पेश किया जाता है।
- फीचर में विश्लेषण, कथात्मक शैली और संवेदना महत्त्वपूर्ण है जबकि समाचार में घटनाओं का सटीक विवरण।
- फीचर में लेखक अपनी निजी राय दे सकता है जबकि समाचार में सिर्फ तथ्यों तक सीमित रहा जा सकता है।

फीचर, जिसे हिन्दी में 'रूपक' भी कहा जाता है, के कई प्रकार होते हैं :

- **समाचार फीचर :** यहाँ किसी समाचार या समसामयिक घटना के आम जन-जीवन पर पड़नेवाले प्रभाव पर चर्चा की जाती है, जैसे चुनावों के समय दो राजनेताओं के रिश्तों के अतीत को खँगालना।
- **विश्लेषणात्मक :** किसी घटना के कारणों की पड़ताल करना विश्लेषणात्मक फीचर का भाग है। मसलन वायु प्रदूषण, उसके कारकों, सरकारी नीतियों तथा जनता के अनुभवों पर एक फीचर।
- **समीक्षा :** नई फिल्मों, किताबों और कई बार व्यंजनों के गुण और दोषों का परिचय देने के लिए समीक्षाएँ लिखी जाती हैं।
- **व्यक्तिपरक फीचर :** हमारे समय के महत्त्वपूर्ण व्यक्तियों के जीवन के छुए-अनछुए पहलुओं को उजागर करनेवाला फीचर। व्यक्तिपरक फीचर में मशहूर के साथ-साथ ऐसे लोगों की जीवन यात्रा का संक्षिप्त परिचय दिया जाता है जिन्हें कम लोग जानते हों, लेकिन उनकी कहानी दिलचस्पी, संवेदना या प्रेरणा का द्योतक बन सकती हो। इन्हें 'ह्यून इंटरेस्ट स्टोरीज' भी कहा जाता है।
- **मनोरंजन फीचर :** मनोरंजन फीचर में हम फिल्मी गपशप, फैशन, हास्य या ऐसी अन्य चीजों पर लेख लिखते हैं जो पाठकों का मनोरंजन करें।
- **साहित्यिक फीचर :** यहाँ साहित्य से सम्बन्धित किसी विषय—कविता, कहानी, विमर्श आदि या किसी लेखक और उसकी रचनाओं के परिचय पर फीचर लिखा जा सकता है।
- **सोद्देश्य फीचर :** इस फीचर में किसी उद्देश्य—जैसे ज्ञानवर्धन, सीख देना या कोई बात समझाना आदि को ध्यान में रखकर फीचर लिखा जाता है।

- **'कैसे करें' फीचर :** इसे अंग्रेजी में 'हाउ टू' फीचर कहते हैं। यहाँ हम किसी वैज्ञानिक प्रयोग से लेकर खाना बनाने के नुस्खे तथा अन्य चीजें जो पाठकों के काम या सकती हैं, लिखते हैं।
- **यात्रा फीचर :** इसमें किसी घूमने लायक जगह के विषय में बताया जाता है या यात्रा वृत्तान्त दिया जाता है।
- **रुचिपरक फीचर :** जनता की रुचि के विषयों पर लिखे फीचर रुचिपरक फीचर कहलाते हैं। कई ऐसे विषय होते हैं जिनमें जनता की रुचि सदैव बनी रहती है। इसे 'एवर्ग्रीन जर्नलिज्म' की संज्ञा दी गई है।

जैसा कि कहा गया, फीचर लेखक को पाठकों से एक अलग तरह का रिश्ता कायम करने की जरूरत होती है। अच्छे फीचर लेखन के लिए कुछ बातें ध्यान में रखनी चाहिए, जो इस प्रकार हैं :

1. फीचर लेखन समाचार से लम्बा हो सकता है—250 से 2,000 शब्दों तक के फीचर अखबार में पाए जाते हैं, किन्तु लिखते समय विषय की प्रासंगिकता के हिसाब से अपने मन में शब्द सीमा निर्धारित कर लें।
2. फीचर के विषय का एक सार या 'सिनॉप्सिस' तैयार रखें कि किस क्रम में किन-किन बिन्दुओं पर बात होगी?
3. भाषा में आत्मीयता, अनौपचारिकता और पाठक से रिश्ता जोड़ने की मंशा झलकनी चाहिए। समाचार की शैली सपाट और तथ्य आधारित होती है इसीलिए उसमें कई ऐसे शब्द और वाक्य हैं जो कम ही इस्तेमाल हों सकते हैं और पाठक को कभी भी सम्बोधित नहीं किया जाता। फीचर में पाठकों को सम्बोधित तो कर ही सकते हैं, साथ में प्रश्नवाचक चिह्नों का इस्तेमाल भी खूब हो सकता है। मसलन फीचर में ही हम लिख सकते हैं—"क्या आपको नहीं लगता कि रेन वॉटर हार्वेस्टिंग से आपका जीवन आसान होगा?" इसके अलावा 'शायद' 'कभी-कभी' आदि ऐसे शब्द हैं जो समाचार शैली के उपयुक्त नहीं, लेकिन फीचर में खूब चलते हैं।
4. 'वॉल स्ट्रीट फॉर्मूला' का इस्तेमाल फीचर को ज्यादा मानवीय और मनोरंजक बनाता है। अत: यदि आप किसी ऐसे विषय पर फीचर लिख रहे हैं जिसके कई पहलू हैं, तो लेख की शुरुआत किसी घटना, किसी के अनुभव, दृष्टांत आदि से करें।
5. चित्र, ग्राफिक्स, बुलेट पॉइंट आदि ऐसे कारकों का प्रयोग करें जिनसे फीचर ऊपर से दिखने में आकर्षक और पढ़ने में सुव्यवस्थित लगे।

6. हालाँकि फीचर में उल्टा पिरामिड शैली मूलतः प्रयुक्त नहीं होती, किन्तु समाचार लेखन में बताया गया 'नट-ग्राफ' दो बिन्दुओं को आपस में जोड़ने के लिए सेतु का काम करता है। उदाहरण के लिए, यदि दो पैराग्राफ में विषय के दो अलग-अलग पहलू लाए जा रहे हैं तो 'बात यहीं खत्म नहीं होती' 'इसके अलावा' आदि शब्दों तथा अपनी समझ से उपयुक्त अन्य वाक्यों से बिन्दुओं को आपस में जोड़ा जा सकता है।
7. भाषा सहज और स्वाभाविक रखें। आजकल फीचर में अंग्रेजी शब्दों का चलन बहुत बढ़ गया है, लेकिन सीमा से अधिक उनका प्रयोग भाषा की जीवन्तता और सार्थकता खत्म कर सकता है। इसका अर्थ यह भी नहीं है कि बहुत क्लिष्ट या गूढ़ हिन्दी का प्रयोग किया जाए। भाषा में सन्तुलन विषय की गम्भीरता या हल्केपन के हिसाब से ढाला जा सकता है।
8. विषय का चुनाव करते समय यह ध्यान रखें कि जो पाठक इसे पढ़ेगा, उसे क्या पसन्द है?
9. पत्रकारिता के साथ साहित्य का अध्ययन करने से फीचर में भाषा और बात कहने का तरीका समृद्ध होता है।

विशेष रिपोर्ट लेखन

विशेष रिपोर्ट फीचर और समाचार शैली, दोनों का इस्तेमाल करती है। जो चीज इसको इन दोनों विधाओं से थोड़ा अलग बनती है, वह इसकी लम्बाई तथा तथ्यों की गहरी छानबीन है। **किसी गम्भीर विषय पर पर्याप्त शोध और सभी तथ्य जुटा लेने के बाद लिखा गया लेख विशेष रिपोर्ट कहलाता है।** विशेष रिपोर्ट अखबारों और पत्रिकाओं में छपती है। यदि इसकी लम्बाई अखबार की सीमा से ज्यादा है तो यह पत्रिकाओं में स्थान प्राप्त करती है।

विशेष रिपोर्ट कथात्मक तथा उल्टा पिरामिड, दोनों तरह की शैली पर चलती है। समाचार से इसका अन्तर यह है कि समाचार जहाँ तात्कालिक घटनाओं पर आधारित है वहीं विशेष रिपोर्ट किसी गम्भीर समसामयिक घटना के दूरगामी परिणामों पर बात करती है। अतः यह पत्रकारिता और अकादमिक लेखन के बीच की दूरी को पाटती है। फीचर से विशेष रिपोर्ट इस मायने में भिन्न है कि जहाँ फीचर में भाषा ज्यादा अनौपचारिक हो सकती है, विशेष रिपोर्ट में तथ्यपरक जानकारियाँ ही प्रधान हैं।

'आउटलुक' पत्रिका की यह विशेष रिपोर्ट का एक हिस्सा देखकर आपको इसकी लेखन-शैली का कुछ अनुमान होगा।

मिलावट रोकने का लाचार तंत्र

राजधानी दिल्ली के सबसे फैशनेबुल और लक-दक बाजारों में एक हौज खास है। इसकी प्रसिद्धि ऐसी है कि देश के अमीर और रसूखदार ही नहीं, विदेशी भी सैर-सपाटे और आउटिंग के लिए पहुँचते हैं। यहाँ तरह-तरह के रेस्तराँ और फूड आउटलेट्स की भरमार है, जहाँ प्रेमी जोड़े डेटिंग और डिनर के लिए शौक से पहुँचते हैं। वहाँ भी नाम न छापने की शर्त पर आउटलेट वालों ने बताया कि उन्हें याद नहीं कि कभी किसी सरकारी संस्था ने किन्हीं मानकों के बारे में बताया या कोई प्रदर्शन किया हो। एक ने कहा, "कभी अधिकारी आते भी हैं तो कोई जाँच नहीं होती। वे पैसे लेकर चले जाते हैं। पैसा नहीं देने पर कार्रवाई की धमकी देते हैं।" यहाँ के स्ट्रीट वेंडर्स ने बताया कि सिर्फ नगर निगम के कर्मचारी और पुलिसकर्मी पैसा लेने के लिए आते हैं। कभी-कभी सामान भी उठा ले जाते हैं। उनके मुताबिक खाद्य विभाग, नगर निगम और पुलिस को सिर्फ अपने हिस्से से मतलब होता है।

इस लक-दक बाजार की यह हालत है तो आप सोच सकते हैं कि राजधानी में ही बाकी जगहों पर क्या होता होगा? देश के दूसरे शहरों और देहातों के बारे में क्या कहा जाए?

दिल्ली में सभी होटलों और रेस्तराँ के लिए फूड सेफ्टी लाइसेंस लेना जरूरी है। दुकानदारों के मुताबिक, बिना किसी जाँच के यह मिल जाता है। एक अनुमान के मुताबिक, राजधानी में करीब पाँच लाख ढाबे, कैफे, रेस्तराँ, स्ट्रीट वेंडर्स हैं, लेकिन इनकी जाँच के लिए खाद्य विभाग के पास पर्याप्त कर्मचारी ही नहीं हैं। केवल सात फूड इंस्पेक्टर हैं। नमूनों की लागातर जाँच नहीं होने का यह भी एक बड़ा कारण है। दिल्ली में दूध, सब्जियों और खाद्य पदार्थों में मिलावट के मामले आए दिन सामने आते रहते हैं। इससे निपटने के लिए अदालत भी सरकार को कई बार निर्देश दे चुकी है। इसी 9 अप्रैल को दिल्ली विधानसभा में जब दूध में मिलावट का मसला उठा था तो राज्य के स्वास्थ्य मंत्री सतेन्द्र जैन ने दूध के सैंपल की जाँच प्रतिदिन करवाने की बात कही थी, लेकिन कर्मचारियों के अभाव में ऐसा नहीं हो पा रहा है।

दिल्ली में ऐसा ही लक-दक बाजार सरोजिनी नगर मार्केट भी है। वहाँ एक होटल के बाहर छोले-भटूरे खाने के लिए टोकन लेकर लोगों की कतार लगी थी। भटूरे बाहर ही बन रहे थे, पर किसी को इस बात की फिक्र नहीं कि इस्तेमाल किया जा रहा तेल कैसा है? भटूरे वाले से पूछा गया कि सरकार

की ओर से साफ-सफाई रखने या खाने का स्टैंडर्ड क्या हो, इसको लेकर कभी कोई निर्देश मिला है तो उसका जवाब था, "नहीं।" एक अन्य होटल मालिक ने बताया कि साल में एक से दो बार खाद्य विभाग के अधिकारी आते हैं, लेकिन वे कोई जाँच नहीं करते। एक रेस्तराँ मालिक ने बताया कि कभी-कभी सैंपल भी लिए जाते हैं, लेकिन उसका क्या होता है यह उन लोगों को पता नहीं है।

'ऑल इंडिया फूड प्रोसेसर्स एसोसिएशन' के अध्यक्ष सुबोध जिन्दल ने बताया कि मिलावट रोकने के लिए कानून केन्द्र सरकार बनाती है, लेकिन पालन राज्य की एजेंसियों को करवाना होता है। राज्य का खाद्य विभाग, नगर निगम, पुलिस, एफएसएसएआई का जो राज्य कार्यालय है, उनके जिम्मे कानून का अनुपालन करवाना होता है, लेकिन इन महकमों में इतना भ्रष्टाचार है कि अधिकारी कानून का डर दिखाकर वसूली करते हैं। वे सैंपल इकट्ठा कर उनकी जाँच नहीं करवाते।

ऐसे में आप सोच सकते हैं कि हम कितना सुरक्षित खाना खाते हैं? यहाँ तक कि हम जो घर में पकाते हैं, उस भोजन की भी गुणवत्ता क्या होती होगी, क्योंकि जो कुछ बाजार से खरीदा जाता है, उसकी निगरानी की सरकारी व्यवस्था कितनी लापरवाह और भ्रष्ट है?

यकीनन हमारी सेहत का राज इसी में छिपा होता है कि हम क्या खाते हैं? अगर हम सुरक्षित और पौष्टिक भोजन नहीं लेते तो तय मानिए कि बीमारियाँ हमें दबोचने के लिए घात लगाए बैठी हैं।

केन्द्रीय स्वास्थ्य मंत्रालय के समग्र रोग पर्यवेक्षण कार्यक्रम (डीएसपी) के ताजा आँकड़ों के मुताबिक, 2017 में देश में फूड प्वाइजनिंग के मामले सबसे ज्यादा दर्ज किए गए। अन्तरराष्ट्रीय व्यापार के आँकड़े भी बताते हैं कि बड़ी संख्या में खाद्य सामग्रियाँ या तो चौकसी की सूची में हैं या फिर प्रतिबन्ध की सूची में। सुप्रीम कोर्ट भी देश में खाद्य सामग्रियों की गुणवत्ता पर चिन्ता जाहिर कर चुका है और केन्द्र तथा राज्य सरकारों को कई बार सख्त निर्देश जारी कर चुका है। स्वास्थ्य और परिवार कल्याण मामले की संसदीय स्थायी समिति भी देश में खाद्य सुरक्षा और मिलावट पर तीखी टिप्पणियाँ कर चुकी है और विस्तृत सिफारिशें पेश कर चुकी है।

मिलावट को लेकर आम आदमी की चिन्ताएँ तो लाचारी में बदल गई हैं। मिलावटी या असुरक्षित भोजन से फूड प्वाइजनिंग या भोजन से जुड़ी बीमारियों के मामले लगातार बढ़ते जा रहे हैं। खाने की इन्हीं सामग्रियों से तरह-तरह के घातक बैक्टीरिया, वायरस और दूसरे तरह के कीट-कृमि या उनसे निकलनेवाले टॉक्सिन (जहर) से ग्रस्त होने के मामलों में भारी

इजाफा दिखने लगा है। फूड प्वाइजनिंग के दर्ज हुए मामले 2008 में 50 से बढ़कर 2017 में 242 हो गए। जाहिर है, ये आँकड़े न पूरे हैं, न पूरी सच्चाई बयान करते हैं। ये महज लगातार खतरा बढ़ने का संकेत भर देते हैं। संयुक्त राष्ट्र के खाद्य तथा कृषि संगठन (एफएओ) और विश्व स्वास्थ्य संगठन (डब्लूएचओ) के मुताबिक, लोगों और डॉक्टरों की उदासीनता और उपेक्षा भाव के कारण फूड प्वाइजनिंग के मामले दर्ज नहीं हो पाते और दर्ज न हो पाने की दर 100 से 300 गुना तक हो सकती है।

खतरे की भयावहता का अन्दाजा हम इस आँकड़े से लगा सकते हैं कि देश के 127 करोड़ लोगों की जिन्दगी इसी पर आश्रित है कि वे क्या खाते हैं? अस्पतालों में बेतहाशा भीड़ और स्वास्थ्य सेवाओं तथा स्वास्थ्य बजट में इजाफे की बढ़ती माँग का यही साफ सन्देश है कि देश में खाने-पीने की निगरानी व्यवस्था बेहद खराब और नाकाफी है। यह आज के दौर की जरूरतों के हिसाब से बिलकुल नहीं है, न ही यह दुनिया में मान्य मानकों पर खरी है। इसलिए जरूरी है कि इस पर फौरन गौर किया जाए और जिम्मेदार लोगों की जवाबदेही तय की जाए। उन्हें कामकाज और दायित्व में कोताही के लिए दंडित किया जाए।

—स्रोत : विजय सरदाना, 'आउटलुक हिन्दी' 7 मई, 2018

यह विशेष रिपोर्ट पहले से सार्वजनिक तथ्यों को आँकड़ों, साक्षात्कार और फील्ड रिपोर्टिंग के माध्यम से एकत्रित कर विस्तृत रूप में जनता के बीच लेकर आई है। कई ऐसी भी विशेष रिपोर्ट्स होती हैं जो ऐसे तथ्य खोजकर लाती हैं जिन्हें जनता से छिपाने की कोशिश की जा रही है। कई बार इन विशेष रिपोर्ट की लम्बाई इतनी होती है कि यह पत्रिकाओं में अलग-अलग अंकों में विभाजित होकर छपती हैं।

विशेष रिपोर्ट के कई प्रकार होते हैं :

- **खोजी या इन्वेस्टिगेटिव रिपोर्ट :** खोजी रिपोर्ट के अन्तर्गत गहन छानबीन करके छिपाए गए तथ्य जनता के समक्ष प्रस्तुत किए जाते हैं। कई बार भ्रष्टाचार, अनियमितताएँ, घोटाले आदि का खुलासा खोजी रिपोर्ट के अन्तर्गत ही होता है। पूर्व में 'तहलका', 'फ्रंटलाइन' आदि पत्रिकाएँ इस तरह की पत्रकारिता के लिए चर्चा में रही हैं।
- **इन-डेप्थ रिपोर्ट :** जब पहले से सार्वजनिक तथ्यों तथा आँकड़ों को सुनियोजित ढंग से छानबीन कर उनके आधार पर जनता को कोई जानकारी दी जाए तो उसे इन-डेप्थ रिपोर्ट कहते हैं।

- **विश्लेषणात्मक रिपोर्ट :** यहाँ किसी प्रवृत्ति या घटना का विश्लेषण करके उससे जुड़े सवालों के जवाब देने की कोशिश की जाती है। ये सवाल उस घटना के अतीत, वर्तमान या भविष्य से जुड़े हो सकते हैं।
- **विवरणात्मक रिपोर्ट :** कई बार कई ऐसी घटनाएँ होती हैं जो तात्कालिक नहीं होतीं, लेकिन उनका विस्तृत विवरण देना आवश्यक होता है। ऐसी घटनाओं पर लिखी रिपोर्ट को विवरणात्मक रिपोर्ट कहा जाता है, जहाँ हर तथ्य का तफसील से ब्योरा दिया जाता है।

विशेष रिपोर्ट गम्भीर लेखन के दायरे में आती है और इसे लिखने हेतु कुछ बातें ध्यान रखना आवश्यक है :

1. रिपोर्ट से जुड़े तथ्य और आँकड़े न सिर्फ एकत्रित कर लें बल्कि यह ध्यान रखें कि उनका सत्यापन भी हो चुका है। विशेष रिपोर्ट, खासकर खोजी पत्रकारिता में संवेदनशील मुद्दों को देखते हुए तथ्यों की जाँच-पड़ताल कर लेना आवश्यक है।
2. भाषा संयमित और साधी हुई हो। चूँकि विशेष रिपोर्ट गम्भीर भाषा की माँग करती है, इसीलिए इसमें फीचर जितनी बेतकल्लुफी या अनौपचारिकता सही नहीं होगी।
3. रिपोर्ट को बिन्दुवार तरीके से लिखने के लिए उसका एक सिनॉप्सिस पहले से तैयारे रखें। विशेष रिपोर्ट लेखन के लिए यह जरूरी है कि हमारा 'आउटलाइन' स्पष्ट हो। आउटलाइन से तात्पर्य है कि जो-जो चीजें हम रिपोर्ट में शामिल करें, उन्हें पहले से नोट कर लें। फिर उसके आस-पास रिपोर्ट की लीड तथा बॉडी को आकार देना शुरू करें।

   मसलन, यदि आप बुनकरों की समस्या पर लेख लिख रहे हैं तो आप उसमें क्या-क्या चीजें दर्शाएँगे, उसका खाका तैयार रखें। आउटलाइन का खाका इस प्रकार हो सकता है :

   - एक लीड (किसी एक बुनकर के साक्षात्कार का हिस्सा या किसी बुनकर कुटीर उद्योग का हाल)।
   - बुनकरों का स्वर्णिम इतिहास।
   - सरकारी योजनाएँ कितनी अमल में लाई गईं?
   - बुनकरों की वर्तमान स्थिति।
   - भविष्य के बेहतर होने की आस।

सम्पादकीय लेखन

किसी समाचार-पत्र या पत्रिका द्वारा दिए गए समाचारों और रिपोर्ट से यह अपेक्षा की जाती है कि वे निष्पक्ष रहें, किन्तु निष्पक्षता का अर्थ यह कतई नहीं है कि जो लोग जिम्मेदार और ताकतवर पदों पर हैं—जैसे सरकार, प्रशासन, न्यायालय या निजी संस्थाएँ, उनकी जनता के प्रति जवाबदेही न तय की जाए। इसीलिए जहाँ पूरा अखबार या पत्रिका लेखन में निष्पक्ष होता है, वह एक पृष्ठ में विभिन्न मुद्दों पर अपनी राय रख सकता है।

किसी समाचार-पत्र, पत्रिका या अन्य संस्थान के सम्पादक मण्डल द्वारा विभिन्न समसामयिक और गम्भीर मुद्दों पर अपने संस्थान की राय रखने के लिए लिखे गए लेख को सम्पादकीय या एडिटोरियल कहते हैं। अखबारों में सम्पादकीय छापने के लिए एक अलग पृष्ठ का स्पेस दिया जाता है, जहाँ सम्पादकीय के साथ बाहरी पत्रकारों/विशेषज्ञों के स्तम्भ लेख तथा सम्पादक के नाम पाठकों के पत्र भी छपते हैं। किसी अखबार में सम्पादकीय लेखों की संख्या एक या उससे ज्यादा हो सकती है। सम्पादकीय में अखबार या मैगजीन की सामूहिक राय दी जाती है, सिर्फ एक व्यक्ति की नहीं। इसीलिए सम्पादकीय के नीचे लेखक का नाम नहीं दिया होता।

सम्पादकीय विचारपरक लेखन के अन्दर आता है और पाठकों से उसे पढ़ने-समझने में उसी स्तर के बौद्धिक परिश्रम की माँग करता है, जिसके सहारे वह आम तौर पर लिखा जाता है। सम्पादकीय में सम्पादक किसी एक राय का पक्ष जरूर लेता है, पर उससे यह उम्मीद की जाती है कि यह पक्ष संवैधानिक मूल्यों और जनता के प्रति सरोकार से उपजा हो और अन्य प्रकार के विभाजनों जैसे राजनीतिक विचारधारा के प्रति निष्पक्ष हो।

आइए, सम्पादकीय लेखन का एक उदाहरण देखें :

प्रदूषण के खिलाफ

जब प्रदूषण का संकट बहुत भारी पड़ने लगा है, तब सरकारों की चिन्ता और सक्रियता कुछ बढ़ी है। निस्सन्देह, सरकारों की सक्रियता के पीछे सर्वोच्च न्यायालय की फटकार की सर्वाधिक भूमिका है। बुधवार को हुई सुनवाई में भी न्यायालय ने सरकारों पर तीखा तंज कसा है। लगे हाथ टीवी मीडिया को भी आड़े हाथ लिया है। न्यायालय ने जो कहा है, वह वास्तव में शासन-प्रशासन के ऐसे लोगों की आलोचना है, जो पंच सितारा सुविधाओं में बैठकर पराली जलाने पर बयान देते रहते हैं। प्रधान न्यायाधीश एन.वी. रमन्ना के नेतृत्व में न्यायालय की बेंच ने उन लोगों को भी आड़े हाथ लिया है, जो प्रदूषण दूर करने के लिए कोई कदम नहीं उठाते हैं, लेकिन किसानों को दोष देते हैं।

जो बहस हुई है, उससे न्यायालय कतई खुश नहीं है। इसलिए अब अगले बुधवार को फिर सुनवाई होगी। कहना न होगा कि न्यायालय की ओर से सरकारों को पर्याप्त समय दिया जा रहा है कि वे प्रदूषण कम करने के लिए कदम उठाएँ और लोगों को राहत दें। न्यायालय ने कहा है, "नौकरशाही पूरी तरह से शिथिल हो गई है। पानी की बाल्टी या फिर स्प्रिंकलर्स के इस्तेमाल तक के लिए क्या हमें ही कहना है? ज्यादा ईंधन खपत करनेवाले वाहनों पर कौन रोक लगाएगा? जहाँ तक सरकारों की दलील है, वे वाहनों पर रोक लगाने या 'वर्क फ्रॉम होम' लागू करने के प्रति ज्यादा आश्वस्त नहीं हैं।" सरकारों की दलीलों से एक व्यंजना यह भी आ रही है कि हर सरकार को दूसरी सरकार से उम्मीद या अपेक्षा है। साथ ही, इन सुनवाइयों में इतना तो तय हो ही गया है कि किसी भी सरकार के पास प्रदूषण रोकने की कोई ठोस योजना नहीं है। अदालत का यह कहना भी काबिले-गौर है कि कुछ जिम्मेदारियाँ लोगों और संस्थाओं को भी उठानी चाहिए। हर चीज अदालतों के फैसलों से ही नहीं हो सकती। आखिर दिल्ली में दिवाली के बाद भी 10 दिनों तक पटाखे चलाए जाने की वजह क्या थी? क्या किसी के खिलाफ कार्रवाई की गई है?

मोटे तौर पर दिल्ली सरकार ने कहा है कि वह सप्ताहांत में लॉकडाउन लगाने को तैयार है। दिल्ली और आसपास के सभी शहरों में स्कूल और कॉलेज अगले आदेश तक बन्द रहेंगे। इसके अलावा एनसीआर के सभी राज्यों यानी दिल्ली, उत्तर प्रदेश, हरियाणा और राजस्थान में 21 नवम्बर तक सभी निर्माण सम्बन्धी गतिविधियों पर रोक लगाई जा रही है। राष्ट्रीय राजधानी क्षेत्र के 300 किलोमीटर के दायरे में चल रहे कोयला आधारित विद्युत संयंत्रों में से सिर्फ 5 चलेंगे। आवश्यक वस्तुएँ लानेवाले ट्रकों को ही शहर में आने दिया जाएगा। यह फैसला भी स्वागत योग्य है कि अगर कोई खुले में निर्माण सामग्री का ढेर लगाते पाया गया, तो उस पर भारी जुर्माना लगेगा। इसके अलावा सड़कों पर कचरा फेंकने पर भी कड़ा जुर्माना लगेगा। हालाँकि ये ऐसे उपाय हैं, जिन पर पूरी कड़ाई से बारहों महीने अमल किया जा सकता है और करना ही चाहिए। शहरों में सफाई की मशीनें बढ़ाने जैसे उपायों के लिए प्रदूषण के दौर का भला क्यों इन्तजार रहना चाहिए? सरकार बड़ी संख्या में सीएनजी बसें सड़कों पर उतारने का फैसला ले रही है, क्या यह काम पहले नहीं हो सकता था? प्रदूषण पर लगाम के लिए अनेक उपाय हैं, जिन पर हमेशा के लिए अमल करना चाहिए। जहाँ छोटे उपाय तत्काल बढ़ाने चाहिए, वहीं बड़े उपायों की तैयारी में लग जाना चाहिए।

—स्रोत: 'हिन्दुस्तान', 17 नवम्बर, 2021

सम्पादकीय लेखन किसी भी अखबार या पत्रिका के वरिष्ठ पत्रकार और सम्पादक मण्डल के सदस्य द्वारा ही लिखा जाता है। इसे लिखना का अधिकार प्राप्त होने का अर्थ ही यही है कि पत्रकारिता के मानकों की एक निश्चित ऊँचाई आपने प्राप्त की है। सम्पादकीय लेखन की कुछ विशेषताएँ इस प्रकार हैं :

1. **सम्पादकीय लेखन शुद्धतः :** एक 'ओपिनियन पीस' अर्थात् किसी की राय है। इसीलिए इसमें तथ्यों से ज्यादा उनका विश्लेषण और प्रभाव रेखांकित किया जाता है।
2. सम्पादकीय सत्ता के जिम्मेदार स्थानों पर बैठे लोगों की रचनात्मक आलोचना ही नहीं, बल्कि बेहतर करने के सुझाव के रूप में भी काम आते हैं। इसीलिए सरकार या कोई संस्था क्या नहीं कर रही और क्या उसे करना चाहिए, इस पर बहुत जोर दिया जाता है।
3. सम्पादकीय लेख की कोई निश्चित संरचना नहीं होती, किन्तु यह समाचार से कुछ अधिक लेकिन विशेष रिपोर्ट से कम सीमा में लिखा जाना चाहिए।

स्तम्भ लेखन

स्तम्भ या 'कॉलम' किसी पीरियॉडिकल प्रिंट मीडिया संस्थान द्वारा आम तौर पर किसी वरिष्ठ पत्रकार या विषय के विशेषज्ञ से नियमित अवधि पर लिखवाए गए लेख होते हैं। स्तम्भ और फीचर में अन्तर सिर्फ इतना है कि जहाँ फीचर का विषय और लेखक निश्चित और नियमित नहीं होता, वहीं स्तम्भ का होता है। हमने तीसरे अध्याय में टाइम्स ऑफ इंडिया से छपनेवाले स्तम्भ 'स्वामीनॉमिक्स' का उदाहरण दिया था। ऐसे ही कई स्तम्भ अखबारों में लगातार छपते हैं। स्तम्भ की जगह आम तौर पर सम्पादकीय पृष्ठ में होती है जहाँ वह एक निश्चित अवधि में छपता है। यह अवधि प्रतिदिन से लेकर साप्ताहिक या पाक्षिक भी हो सकती है। स्तम्भ के सन्दर्भ में कुछ बातें ध्यान रखना आवश्यक है :

1. स्तम्भ लेखों की लगातार चलनेवाली कड़ी है।
2. इस कड़ी का कोई-न-कोई शीर्षक होता है जो एक लेख के शीर्षक से अलग होता है।
3. कई बार एक लेखक एक ही विषय पर निश्चित अवधि के अन्तराल पर स्तम्भ लिखता है।
4. कई बार एक ही शीर्षक के स्तम्भ में लेखक अलग-अलग हो सकते हैं।
5. कई बार लेखक एक होता है, पर विषय अपनी प्रासंगिकता के साथ बदल जाता है।
6. आम तौर पर स्तम्भ का विषय चुनने की छूट लेखक को दी जाती है।

स्तम्भ लेखक आम तौर पर उसी संस्थान के पत्रकार नहीं होते जो इन्हें प्रकाशित करता है। स्तम्भ समसामयिक घटनाओं पर सामान्य टिप्पणी हो सकते हैं या किसी विषय विशेष जैसे अर्थजगत्, खेल, फिल्म, साहित्य आदि पर आधारित। हिन्दी के अखबारों में आजकल 'हिन्दुस्तान' में उर्मिल कुमार थपलियाल का स्तम्भ तथा अतीत में 'अमर उजाला' में आलोक पुराणिक जैसे लेखकों के व्यंग्य इसका सजीव उदाहरण हैं। स्तम्भ लेखकों की लोकप्रियता से कई अखबार पाठकों के प्रिय बनने और अपनी पाठक संख्या बढ़ाने तथा बनाए रखने में सफल रहे हैं। स्तम्भकारों को अंग्रेजी में 'ओपिनियन कॉलमिस्ट' कहा जाता है। ऐसा जरूरी नहीं है कि स्तम्भकार पत्रकार ही हों। विशेषज्ञों के साथ-साथ सेलिब्रिटी हस्तियों को भी स्तम्भकार बनाया जाता है, जैसे टाइम्स ऑफ इंडिया द्वारा उपन्यास लेखक चेतन भगत और 'इकनॉमिक टाइम्स' द्वारा अभिनेत्री ट्विंकल खन्ना को।

स्तम्भ फीचर की तरह ही हल्के-फुल्के भी हो सकते हैं और गम्भीर विचारपरक भी। हास्य के पुट में गम्भीर बात कहते हुए लिखे गए 'जनसत्ता' के इस रविवारीय स्तम्भ पर गौर कीजिए।

नालों के दिन

मूसलाधार बारिश पड़ रही थी। हर तरफ पानी ही पानी था। टेलीविजन पर एंकर चिल्ला रही थी—तेज बारिश, शहर पानी-पानी! एंकर साहिबा ने पीठ पीछे से वार किया था। मैं पानी-पानी हो गया। शहर और मेरी एक जैसी स्थिति तो नहीं थी, पर साहिबा की बात ने हम दोनों को एक नाव में जरूर सवार कर दिया था। बारिश के साथ बादल भी गरज रहे थे। बीच-बीच में बिजली कड़क रही थी। तेज हवाएँ घर के दरवाजे और खिड़कियों को बजा रही थीं। राष्ट्रवाद की तरह बरसात अपने जोबन का पूरा कहर ढा रही थी। मैं घबरा रहा था और अपने में और सिमटा जा रहा था।

ऐसी बरसात जब होती है, तो मोहल्ले का हर नाला उफान पर आ जाता है। कल तक जो चुपचाप मैला-सा बह रहा था, जमींदोज था, जिसको ढक कर रखा गया था, वह नभ के प्रताप से उद्दंड हो गया था। आसमान जरा-सा छलका था, पर गटर आपे से बाहर था। मेरे इलाके में और उसके आसपास नदी नहीं है, पर हमारा स्थानीय नाला नदी को अपनी मर्दानगी दिखाने के लिए उतावला हो गया था। मैले को हाथों में उठाए, नाली से सिर उठाकर, सीना फुलाए पूरे वेग के साथ सड़क पर उतर आया था। कुछ नारे भी शायद लगा रहा था। वह जब तक सड़क पर उत्पात करता रहा, तब तक मुझे कोई फर्क नहीं पड़ा था।

मैं अपनी चारदीवारी में सुरक्षित था। मैं आश्वस्त था कि जल्दी ही बारिश रुक जाएगी और फिर नगरपालिका के कर्मचारी आकर सड़क को साफ कर देंगे। हाँ, दो-चार दिन कीचड़ और बदबू जरूर सहनी पड़ेगी, पर फिर सब सामान्य हो जाएगा। पर बारिश का जोश घटा नहीं था। किसी ऊपर बैठे हुए देवता ने बम्बा पूरी तरह से खोल दिया था और उसकी कृपा से नाला मदमस्त हो गया था। वह मेरे घर में घुसकर तांडव करने पर उतारू था।

मुझे पता नहीं चला, कब वह दरवाजे के नीच से चुपचाप मेरे घर में घुस आया था। जब वह सड़क पर हिलोरें ले रहा था तब मैं खिड़की से उसे देखकर कुछ चिन्ता में जरूर पड़ गया था, पर वह बुद्धिजीवी वाली सोच थी—आनेवाली दुर्दशा की कल्पना करके सिहर जानेवाली सोच। जिम्मेदार नागरिक वाली सोच नहीं थी, जो नाले की चिन्ता किए बगैर बरसात का मजा लेती है। मेरे पड़ोसी अपनी प्रेयसी के साथ, नाले के बहते पानी में कागज की नावें तैरा रहे थे। मस्त थे।

भाई साहब, देखिए कितना सुन्दर मौसम है! बाहर तो आइए, सड़क पर छपछप करते हैं और फिर चाय-पकौड़ी का आनन्द लेते हैं।

एक पल को मेरा भी मन हुआ कि नाले में उतर जाऊँ। काफी लोग उतरे हुए थे—छपछप करके मस्त हो रहे थे, पर मैं ठिठक गया था। "नाले का पानी है, इसमें मत जाओ", मैंने कहा था। "आप भी बड़ी हुज्जत करते हैं, भाई साहब। इतनी जोर से बारिश हो रही है—नाला-वाला बह गया है। वह अब दूसरे मोहल्ले में मैला फैला रहा होगा। यहाँ सब साफ है।" पड़ोसी ने आत्मविश्वास से कहा। मैं चुप हो गया। जनभावना का आदर करना मेरा स्वभाव रहा है। वैसे भी आकाशीय इशारे ने नाले को पावन गंगा बना दिया था। कुछ लोग उसकी स्वच्छता पर शक जरूर कर रहे थे, पर बादलों के गरजते और बिजली के चमकते ही जो सहम कर हर हर गंगे के जयघोष में शामिल हो जाते थे। मौसम के मिजाज के आगे आम लोगों की नहीं चलती है। वे उसके साथ हो लेते हैं। उत्सव मनाने लगते हैं। पकौड़े तलने में जुट जाते हैं।

मौसम का धर्म समझना बुद्धिजीवियों के वश की बात नहीं है। वे अपनी लकीर की फकीरी करते हैं, इसीलिए आज तक उनका विकास नहीं हो पाया है। उनका नाला नाला रह गया है, जबकि देश के हर मोहल्ले में स्वच्छ जलमार्ग फुटपाथों को चूमते कल-कल बह रहे हैं। आत्मनिर्भर मोहल्ले अपने नलों को इन धाराओं से जोड़ चुके हैं। इसी को पीते हैं और इसी में दो वक्त नहाते हैं।

वैसे प्राचीन काल में नाले उपेक्षित नहीं थे। उनकी महिमा पर कई ग्रंथ थे, जिनको अवांछनीय लोगों ने नाले में फेंक दिया था। उसके बाद बड़े-बड़े

वैज्ञानिक आए और मर-खप गए, पर वे बरसात और नालों का रिश्ता नहीं समझ पाए थे। उन्होंने बिना ऊपर देखे नालों को निचला दर्जा दे दिया था, क्योंकि उन्होंने सिर्फ बाएँ वाले नालों का अध्ययन किया था, जोकि मैले से जुड़े थे। दाहिनेवालों को नहीं खँगाला था। 'राइट इज रांग' के पूर्वग्रह के चलते वे नालों और बरसात के दैविक सत्य से वंचित रह गए थे। शायद उनका विज्ञान संकुचित था, इसलिए वे लेफ्ट-लेफ्ट की कवायद करते रहे और राइट उठाना भूल गए थे। वे जमीन पर नालों की स्वच्छता का हल ढूँढ़ते रह गए थे, जबकि उन्हें ऊपर देखना चाहिए था। शीर्ष कारक था—ऊपर वाला जब चाहता था नालों में इतना पानी भर देता था कि गन्दगी घरों में घुस जाती थी और नाले साफ हो जाते थे।

यह एक वैज्ञानिक तरीका ही नहीं था, बल्कि क्रान्तिकारी समाजवादी सोच भी थी। इसके अनुसार गन्दगी नालों की ही मिल्कियत क्यों हो? समाज के हर शख्स को इस जागीर में बराबर का हिस्सा मिलना चाहिए। हिस्सेदारी जरूरी थी। सबका विश्वास हिस्सेदारी के जरिये जीता जाता था।

वैसे भी उफनते नालों को समाज में लाना उतना ही जरूरी है, जितना समाज को नालों में उतारना। समाज भी तो एक नाला है—कभी पूरे जोश में बहता है, तो कभी ठहर जाता है। सड़ाँध मारने लगता है। बरसात में तो दोनों एक हो जाते हैं। नाले घर-घर जाकर जबरन पकौड़ी तलवाते हैं और आम लोगों के साथ बैठ कर बरखा बहार में भीगते हैं। वास्तव में, नाले ऐसे विशेष प्राणी हैं, जो बरसात को घर के अन्दर सम्मानजनक प्रवेश दिलाते हैं, घर के सामान को अपनी धारा में डुबकी लगवाते हैं और अपनी विशेष खुशबू से कपड़ों, गलीचों और बर्तनों को लबालब कर देते हैं। कार को बोट बना देते हैं, हमको पानी पर चलना सिखा देते हैं, नर-भेद बता देते हैं। नाले चमत्कारी होते हैं। उनकी महिमा मेरे मोहल्ले से लेकर जन्तर-मन्तर तक फैली हुई है।

—स्रोत: अश्विनी भटनागर, 'जनसत्ता', 15 अगस्त, 2021.

स्तम्भ लेखन के कई प्रकार हो सकते हैं :

- **ऑप-एड :** यहाँ स्तम्भ लेखक समाचार तथा समसामयिक घटनाओं (करेंट अफेयर्स) पर अपनी निजी राय रखता है।
- **समीक्षा :** इसमें लगातार अन्तराल पर नई-पुरानी फिल्मों, किताबों आदि की समीक्षा की जाती है और उनके गुण-दोष गिनवाए जाते हैं।
- **व्यंग्य :** व्यंग्य एक ऐसी विधा है जिसमें हास्य का सहारा लेकर कई गम्भीर मुद्दों पर टिप्पणी की जाती है। व्यंग्यकार पाठक को सिर्फ हँसाता नहीं, बल्कि सोचने पर मजबूर भी करता है।

- **सवाल-जवाब :** यहाँ किसी विषय पर पूछे गए पाठकों के सवालों का जवाब विशेषज्ञ द्वारा दिया जाता है।

स्तम्भ लेखन की शैली फीचर से मिलती-जुलती है। अतः अनौपचारिक भाषा, पाठकों से जुड़ पाने की कला इत्यादि गुण यहाँ भी महत्त्वपूर्ण हैं।

सम्पादक के नाम पत्र

पाठकों द्वारा किसी पत्रिका या अखबार के सम्पादक को अपनी निजी राय पत्र के माध्यम से भेजी जाती है। यह राय अखबार द्वारा रिपोर्ट की गई किसी खबर से सम्बन्धित हो सकती है या किसी समस्या की ओर सम्पादक का ध्यान दिलाने का प्रयास ताकि उसे कवर किया जाए। लोकप्रिय अखबारों को पाठकों के हजारों पत्र प्राप्त होते हैं और वे अपने विवेक द्वारा उन पत्रों का चुनाव करते हैं, जिन्हें अखबार के सम्पादकीय पृष्ठ पर जगह दी जा सके।

हमने अध्याय दो में 'विचार-विमर्श मंच' के विषय में पढ़ा। सम्पादक के नाम पत्र जिसमें पाठक सम्पादक ही नहीं, बल्कि बाकी पाठकों को भी अपनी राय से अवगत करता है, एक प्रकार का विचार-विमर्श मंच ही है।

सम्पादक के नाम पत्र कई प्रकार के हो सकते हैं, जिनमें से कुछ निम्नलिखित हैं :

- **समस्या प्रधान पत्र :** यहाँ पाठक किसी समस्या की ओर ध्यान दिलाने के लिए पत्र लिखता है ताकि उस पर पत्रकारीय कवरेज की जा सके।
- **शिकायती पत्र :** इसमें अखबार द्वारा दिखाई गई (या न दिखाई गई) किसी खबर को लेकर शिकायत या त्रुटि के बारे में सम्पादक को अवगत कराया जाता है।
- **अपील :** इसके जरिये किसी आपदा या परेशानी से गुजर रहे लोगों की मदद करने हेतु निवेदन किया जाता है।
- **समीक्षात्मक :** यहाँ किसी भी राष्ट्रीय, अन्तर्राष्ट्रीय या अन्य मुद्दे पर पाठक अपनी राय से सम्पादक और बाकी पाठकों को अवगत कराता है।
- **स्पष्टीकरण :** यदि किसी व्यक्ति पर कोई आरोप लगाए जाते हैं या अखबार/पत्रिका द्वारा उसके बारे में रिपोर्टिंग की जाती है तो वह पत्र के माध्यम से उसका उचित उत्तर दे सकता है।

सम्पादक के नाम पत्र पाठक की खबर में रुचि के साथ ही उसकी भाषा और साहित्य में रुचि का भी द्योतक होते हैं। इनके जरिये समाचार-पत्र यह भी जान पाते हैं कि उनकी कही बात कितने लोगों तक पहुँच रही है और किस प्रकार से उसकी प्रतिक्रिया हो रही है? हमारे द्वारा पुस्तक की शुरुआत में समझे गए संचार मॉडेल के अनुसार ये पत्र 'फीडबैक' का उदाहरण हैं।

यदि आप मीडिया लेखन के क्षेत्र में आगे बढ़ना चाहते हैं तो सम्पादक के नाम पत्र लिखने के अभ्यास और उसे प्रेषित करने से आपके लेख में पैनापन आता है। यदि यह पत्र प्रकाशित हो तो लिखने के उत्साह में वृद्धि होती है।

सम्पादक के नाम पत्र लिखते समय निम्न बातों का ध्यान रखें :

1. पत्र की लम्बाई सीमित हो ताकि उसका महत्त्वपूर्ण हिस्सा सम्पादक अपने अखबार में दे सके। हम जानते ही हैं कि अखबार में स्पेस निर्धारण सख्ती से होता है।
2. पत्र भाषायी रूप से समृद्ध हो, लेकिन क्लिष्ट या उबाऊ होने से सम्पादक उसे नहीं छापेंगे।
3. सम्पादक पत्र की सबसे महत्त्वपूर्ण बात या अंश को ही जगह देते हैं। अतः ऐसे पत्र लिखने में उल्टा पिरामिड शैली बहुत काम आती है।

इलेक्ट्रॉनिक और डिजिटल पत्रकारिता के लिए लेखन

हमने जनसंचार के माध्यम तथा विधाओं को समझते हुए छपे हुए कागज और मशीनी उपकरणों पर आधारित संचार माध्यम के फर्क को बारीकी से जाना है। पत्रकारिता में भी ये सिद्धान्त उतने ही प्रासंगिक हैं। और तो और, इलेक्ट्रॉनिक मीडिया में भी पत्रकारिता के स्वरूप माध्यम के अनुसार बदलते हैं। जहाँ रेडियो में हम सिर्फ सुन सकते हैं, टेलीविजन या इंटरनेट स्ट्रीमिंग में देख भी सकते हैं। अतः दोनों की भाषा और संरचना अलग-अलग होगी। हम इस भाग में इलेक्ट्रॉनिक और डिजिटल पत्रकारिता के निम्नलिखित बिन्दुओं पर चर्चा करेंगे और विभिन्न लेखन शैलियों के बारे में जानकारी प्राप्त करेंगे :

1. रेडियो समाचार लेखन
2. टीवी समाचार लेखन
3. इंटरनेट समाचार पोर्टल के लिए लेख

रेडियो समाचार लेखन

पूर्व में भी हम कह चुके हैं कि रेडियो समाचार का लहजा अखबार के समाचार से कुछ अलग है। श्रोता पूरी तरह से उद्घोषक तथा समाचार-वाचक की आवाज

2. यदि आप लम्बा आलेख लिख रहे हैं तो उसे टुकड़ों में विभाजित करें। सभी सामग्री एक वेब पेज पर अपलोड करने की बजाय पाठक को पेज-दर-पेज बढ़ते जाने का विकल्प दें। अपने आलेख को ऐसा बनाएँ कि एक पेज का आखिरी हिस्सा दूसरे पेज में जाने की ललक जगाए।
3. एक पेज के आलेख को भी अलग-अलग बिन्दुओं के आधार पर भागों या 'सब-हेडिंग' में बाँटें।
4. यदि विवरणात्मक समाचार लिख रहे हैं तो उल्टा पिरामिड शैली का इस्तेमाल करें और फीचर या विस्तृत रिपोर्ट के लिए अन्य शैलियों का।
5. लेख में **हाइपरलिंक** का प्रयोग करें। यह ऐसी तकनीक है, जिसके जरिये हम आलेख में मौजूद किसी घटना या अवधारणा को विस्तार से समझने के लिए उसी शब्द में दिए लिंक के रास्ते दूसरी वेबसाइट या डॉक्यूमेंट जैसे अन्य स्रोत तक पहुँच जाते हैं। उदाहरण के लिए, यदि आप राजनीतिक समझौतों की जरूरत पर एक लेख लिख रहे हैं और उसमें लिखते हैं "हमने कई जगह देखा है कि परस्पर बातचीत और समझौते से ही हिंसा और टकराव खत्म हो सकता है। असम समझौता इसका सर्वोत्तम उदाहरण है।" यदि किसी पाठक को 'असम समझौते' के विषय में ज्ञान नहीं है तो तो हम उस शब्द के साथ एक हाइपरलिंक तैयार कर देंगे, जिसके जरिये वह दूसरी वेबसाइट पर जाकर इस बारे में पढ़ सकता है। अत: लेख का अंश कुछ इस तरह दिखेगा—"हमने कई जगह देखा है कि परस्पर बातचीत और समझौते से ही हिंसा और टकराव खत्म हो सकता है। असम समझौता इसका सर्वोत्तम उदाहरण है।" यहाँ जिस शब्द को रेखांकित किया गया है वह एक हाइपरलिंक है, जिस पर क्लिक करते ही आप उस विषय से जुड़ी जानकारी तक पहुँच जाएँगे।
6. अपने आलेख में **कीवड्र्स** का भी ध्यान रखें। 'कीवड्र्स' अर्थात् ऐसे शब्द जो किसी लेख के विषय से जुड़े हों और जिनके बारे में लेख हो। अत: "मुद्रास्फीति और आर्थिक उदारीकरण: भारत की वर्तमान स्थिति" में 'मुद्रास्फीति' और 'आर्थिक उदारीकरण' कीवड्र्स हैं।
7. कीवड्र्स के इस्तेमाल द्वारा आप अपने आलेख को देखनेवाले लोगों अर्थात् 'ट्रैफिक' की मात्रा बढ़ा सकते हैं। चूँकि ज्यादातर लोग आजकल किसी भी वेबसाइट तक जाने के लिए गूगल जैसे सर्च इंजन का इस्तेमाल करते हैं, इसीलिए यह जरूरी है कि सर्च करने पर आपका लेख गूगल में नजर आए। इसके लिए जिस तकनीक का इस्तेमाल होता है उसे **सर्च इंजन ऑप्टिमाइजेशन** कहते हैं। इस तकनीक का

सही इस्तेमाल करने हेतु अपने आलेख का शीर्षक और कीवर्ड्स ऐसे रखें, जो ज्यादा-से-ज्यादा लोग पहले से सर्च करते हैं। अत: यदि आप 'बँटवारे' के बारे में लेख लिखते हुए उसकी जगह शीर्षक या कीवर्ड्स में 'विच्छेद' शब्द इस्तेमाल करते हैं जिसे कम लोग सर्च करते हैं तो आपका आलेख लोगों को नजर नहीं आएगा।

अध्याय : छह

सृजनात्मक लेखन

सृजन करना मानवीय स्वभाव में निहित है। आदिम काल में अपनी झोपड़ी से लेकर बड़े-बड़े भवन और विज्ञान के क्षेत्र में नए-नए आविष्कार—यह सब मानवीय कल्पना का कमाल है। लेखन भी उसी का एक नमूना है। हमें प्राचीनकाल के मनीषियों ने महत्त्वपूर्ण बातें भाषा के जरिये समझाईं थीं जिन्हें लिपिबद्ध करके रखा गया है। इनमें न सिर्फ महत्त्वपूर्ण जानकारियाँ थीं बल्कि हमें भावनात्मक और वैचारिक रूप से समृद्ध बनाने के लिए कविताएँ, गीत, लोककथाएँ, कहानियाँ, नाटक आदि कई चीजें शामिल रही हैं। आज इंटरनेट और टेलीविजन युग में फिल्म, धारावाहिक और वेब सीरीज आदि हमारा मनोरंजन भी करती हैं और हमारी सोच पर भी असर डालती हैं। ये सभी विधाएँ हमारे सृजन कर्म का उदाहरण हैं।

पिछले अध्याय में हमने पत्रकारीय लेखन के विषय में पढ़ा-समझा। एक चीज जो समझ में आई, वह यह कि पत्रकारिता में वर्तमान और यथार्थ के तथ्य ज्यादा मायने रखते हैं, लेकिन कहानियों-कविताओं में ये तथ्य न होकर भी हमारे ऊपर बहुत असर डालते हैं। अत: सृजनात्मक लेखन, जिसके अन्तर्गत साहित्य और आज की अत्याधुनिक विधाओं में लेखन शामिल है, जीवन का अभिन्न अंग है और इसमें लिखने की समझ बनाना जरूरी है। आइए, हम सर्जनात्मक विधाओं की कागज और स्क्रीन पर प्रचलित विधाओं के लिए लेखन का कार्य सीखें।

साहित्यिक लेखन

साहित्य प्राचीन काल से ज्ञान, मनोरंजन और कला को पीढ़ी-दर-पीढ़ी सँजोए रखने का उत्तम माध्यम रहा है। जब हम किसी भाषा के साहित्य की बात करते हैं तो उसमें लिखी गई अथवा वाचक (ओरल) स्वरूप में सँजोई गई विधाओं के विषय में बात करते हैं। हालाँकि एक सीमित समझ के अनुसार साहित्य के अन्तर्गत कविता, कहानी, नाटक, उपन्यास आदि विधाएँ आती हैं। आजकल साहित्य को लोक कलाओं, जैसे संगीत, विभिन्न नृत्य नाटिकाओं और अन्य ऐसी पारम्परिक विधाओं के संरक्षण से भी जोड़कर देखा जाता है।

पत्रकारिता और साहित्य दो समानान्तर बहनेवाली धाराएँ हैं जो कई बार आपस में मिलती भी हैं। अखबारों-पत्रिकाओं में कहानी और कविताओं के अलावा साहित्यिक आलोचनाएँ छपती रही हैं, लेकिन साहित्य पत्रकारिता की अपेक्षा तथ्यों का प्रत्यक्ष इस्तेमाल नहीं करता—मसलन, महामारी के ऊपर कहानी या कविता लिखी जा सकती है, लेकिन यह उस महामारी की सत्य घटना का बहुत ही परोक्ष रूपान्तरण है।

इस भाग में हम कुछ चुनिन्दा साहित्यिक विधाओं के विषय और उनके लेखन से सम्बन्धित कारकों को जानेंगे। ये विधाएँ इस प्रकार हैं :

1. कविता लेखन
2. कहानी लेखन
3. नाटक लेखन
4. कहानी का नाट्य रूपान्तरण
5. डायरी लेखन

कविता लेखन

अपनी बात कहने या संचार करने के बहुत तरीके हो सकते हैं। कई बार हम सीधे-सीधे बात कहते हैं, कई बार घुमा-फिराकर कहते हैं और कई बार इशारों-इशारों में कहते हैं। कविता अपनी बात कहने का मानव द्वारा विकसित किया उन्नत और परिष्कृत जरिया है। जैसे अगर आप कहें कि "आसमान के नीचे जमीन है जिस पर लोग रहते हैं" तो यह बात कहने का सीधा और सपाट तरीका है, लेकिन इसी बात को ऐसे कहा जा सकता है कि "नीले गगन के तले, धरती का प्यार पले"। यह बात को कहने का संगीतमय, लयात्मक या कहें *काव्यात्मक* तरीका है।

हमारी समझ के लिए कविता की सबसे सरल परिभाषा यह है कि **प्रत्यक्ष या परोक्ष रूप से अपनी बात कहने के लिए भाषा और शब्दों का कलात्मक प्रयोग कविता कहलाता है।** कविता में शब्दों के साथ उनके प्रत्यक्ष ही नहीं बल्कि छिपे हुए अर्थ, भाव, लय और संगीत भी महत्त्वपूर्ण है। कविता और संगीत एक-दूसरे के पूरक हैं। चूँकि शब्दों को पंक्तिबद्ध और अलंकृत करने के बाद ही उनमें सुर और ताल देकर गीत की रचना की जाती है। आज भी सिनेमा के प्रमुख गीतकार कविता या गजल लेखन से ही शुरुआत करते हैं। प्राचीन काल में श्लोकों से लेकर मध्यकाल के दोहों, चौपाइयाँ, शे'र-ओ-शायरी, नज्म, सॉनेट और गद्यात्मक काव्य—ये सभी कविता संसार को समृद्ध करते रहे हैं। कविता शब्दों की बनावट, भावनाओं की गहराई और लयात्मक सुन्दरता हमेशा हमें प्रभावित करती रही है। यों ही नहीं है कि राजा-महाराजा अपने लिए दरबारी कवि रखते रहे हैं। आचार्य रामचन्द्र शुक्ल ने लिखा है—"कविता हमारे मनोभावों को उच्छ्वसित करके हमारे जीवन में एक नया जीव डाल देती है।"

कविता का सिद्धान्त बहुत विस्तृत है और इसके सहस्त्र स्वरूप, प्रकार और शैलियाँ हैं जिन पर हम यहाँ चर्चा नहीं कर सकते, किन्तु कविता लेखन को लेकर एक मूल समझ बनाने को कुछ चीजों का वर्णन हम जरूर करेंगे।

कविता को लिखने से पहले उसे पहचानना आवश्यक है। उसके लिए 'काव्यात्मक दृष्टि' या 'पोएटिक सेंस' होना आवश्यक है। काव्यात्मक दृष्टि ऐसी चीज नहीं जो रटने से याद हो जाए, इसके लिए सबसे जरूरी है कविता में रुचि और सीखने की ललक। काव्यात्मक दृष्टि एक ऐसी चीज है जो शब्दों में परिभाषित नहीं की जा सकती बल्कि महसूस होती है। वर्ष 2015 में जेन हर्शफील्ड ने लिखा : "कविता की दृष्टि से देखने या सुनने पर हमारे सामने कई तरह के संसार उपस्थित हो जाते हैं।" इसका अर्थ यह है कि हम शब्दों को दृश्यों, ध्वनियों और अहसासों से जोड़कर स्वतः ही अन्दाजा लगा सकते हैं कि क्या काव्यात्मक है और क्या नहीं। छोटी-छोटी चीजों में बड़ी अनुभूति ढूँढ़ने और उसे शब्दों के माध्यम से जीवन्त करने का नाम ही कविता है। केदारनाथ अग्रवाल ने अपनी कविता 'ओस की बूँद' में खूब कहा है :

ओस-बूँद कहती है; लिख दूँ
नव-गुलाब पर मन की बात।
कवि कहता है : मैं भी लिख दूँ
प्रिय शब्दों में मन की बात॥
ओस-बूँद लिख सकी नहीं कुछ
नव-गुलाब हो गया मलीन।
पर कवि ने लिख दिया ओस से
नव-गुलाब पर काव्य नवीन॥

प्रकृति शायद इतनी खूबसूरत नहीं होती अगर उसे शब्दों में चित्रित करने की काव्य-दृष्टि कवि में न होती।

आजकल कविता लेखन एक विषय के तौर पर विश्वविद्यालयों में पढ़ाया जाने लगा है, लेकिन यह भी एक शाश्वत् सत्य है कि कविता तथा काव्यात्मक दृष्टि, हमारे अन्तर्मन की महसूस कर पाने और उसे सही शब्दों में अभिव्यक्त कर पाने की शक्ति से ही विकसित हो सकती है। यह जरूर है कि शब्दों, भाषा और लय आदि की सही जानकारी सीखने की प्रक्रिया में मददगार होती है।

अब हम कविता से जुड़े कुछ प्रतिमानों को जानते-समझते हुए ही कविता लेखन संसार में विचरण कर पाएँगे।

लय

'लय' का अर्थ गति के समकक्ष होता है। जैसे हमारे चलने-फिरने की एक गति या लय होती है। उसी तरह संगीत या नृत्य में भी लय है। कविता में लय का अर्थ है

शब्दों इस प्रकार से सजाना कि हम कविता को एक निश्चित गति के साथ बोल या गा सकें। जगदीश गुप्त की लिखी 'सच हम नहीं, सच तुम नहीं' का यह अंश देखें :

सच हम नहीं, सच तुम नहीं।
सच है सतत् संघर्ष ही।
संघर्ष से हटकर जिए तो क्या जिए हम या कि तुम।
जो नत हुआ वह मृत हुआ ज्यों वृंत से झरकर कुसुम।
जो पंथ भूल रुका नहीं,
जो हार देख झुका नहीं,
जिसने मरण को भी लिया हो जीत है जीवन वही।
सच हम नहीं, सच तुम नहीं।

इस कविता को खुद से बोलकर देखिए।

कविता में पहली और दूसरी पंक्ति की लय एक समान है। तीसरी और चौथी पंक्ति उससे अलग है। पाँचवीं और छठी पंक्ति में अर्धविराम है जबकि पहली और दूसरी पंक्ति पूर्णविराम के साथ अपने-आप में मुकम्मल है। छठी पंक्ति की लय दूसरी और तीसरी से मेल खाती है। इन अलग-अलग लय वाली पंक्तियों में शब्दों को एक के बाद एक कहने की गति अलग-अलग है। जहाँ-जहाँ पूर्णविराम है, वहाँ एक ठहराव है जबकि अर्धविराम वाली पंक्तियाँ कम ठहराव के साथ कही जाती हैं। यहाँ चूँकि शब्दों की संख्या ज्यादा है इसीलिए लय *द्रुत* अर्थात् तेज है।

धीमी या *विलम्बित* लय की कविता का उदाहरण नागार्जुन की कविता 'यह दंतुरित मुस्कान' का एक अंश देखिए :

तुम्हारी यह दंतुरित मुस्कान
हृदय में भी डाल देगी जान
धुली-धूसर तुम्हारे ये गात....
छोड़कर तालाब मेरी झोंपड़ी में खिल रहे जलजात

यहाँ शब्दों के बोलने की गति उसके चयन के हिसाब से धीमी हो जाती है। आप देखेंगे कि लय का सीधा सम्बन्ध कविता भावार्थ से जुड़ा है। पिछली कविता में मुश्किलों से जूझने की प्रेरणा है, वहीं इधर एक बच्चे की मुस्कुराहट का चित्रण। क्या आपको नहीं लगता कि दोनों कविताओं में लय और भाव में तारतम्यता है?

बिम्ब

प्राय: बिम्ब का प्रयोग कविताओं में कल्पनशीलता पैदा करने हेतु किया जाता है। 'बिम्ब' शब्द अंग्रेजी के 'इमेज' का रूपान्तरण है यानी हम शब्दों के साथ इस तरह

से खेलते हैं कि पाठक के मन में एक छवि-सी उभर आए। बिम्बों के प्रयोग से कविता काफी कुछ कह सकती है जो शब्दों के सपाट अर्थ में अनकहा-सा दीखता है। बिम्ब केवल छवि तक सीमित नहीं रहता बल्कि सभी इन्द्रियों को परिलक्षित कर उसकी रचना की जाती है। इनमें श्रवण (सुनना), स्पर्श, कल्पना, स्मृति आदि बहुत कुछ शामिल है।

जयशंकर प्रसाद की कविता 'झरना' बिम्ब का सजीव उदाहरण पेश करती है :

मधुर हैं स्रोत मधुर हैं लहरी
न हैं उत्पात, छटा हैं छहरी
मनोहर झरना।

कठिन गिरि कहाँ विदारित करना
बात कुछ छिपी हुई हैं गहरी
मधुर हैं स्रोत मधुर हैं लहरी

कल्पनातीत काल की घटना
हृदय को लगी अचानक रटना
देखकर झरना।

प्रथम वर्षा से इसका भरना
स्मरण हो रहा शैल का कटना
कल्पनातीत काल की घटना
कर गई प्लावित तन-मन सारा
एक दिन तब अपांग की धारा
हृदय से झरना—

यहाँ 'मधुर लहरी', 'शैल का कटना', 'हृदय से झरना' आदि पद पढ़ने पर एक काल्पनिक चित्र हमारे मन में सजीव हो उठता है। बिम्ब का यही कार्य है। प्रसाद, निराला और पंत जैसे छायावाद के स्तम्भ कवियों ने बिम्ब का खूब प्रयोग किया है, लेकिन ऐसा भी नहीं है कि बिम्ब का अर्थ केवल आलंकारिक या संस्कृतनिष्ठ भाषा प्रयोग है। सर्वेश्वर दयाल सक्सेना की कविता 'प्यार एक छाता' देखिए।

विपदाएँ आते ही,
खुलकर तन जाता है
हटते ही
चुपचाप सिमट ढीला होता है;
वर्षा से बचकर

कोने में कहीं टिका दो,
प्यार एक छाता है
आश्रय देता है गीला होता है।

यहाँ आम बोलचाल के शब्दों में भी कई तरह के बिम्ब नजर आ रहे हैं। बिम्ब इस्तेमाल करने से पाठक को आप कविता से कल्पनाशीलता के स्तर पर ज्यादा बेहतर तरीके से जोड़ पाते हैं।

उपमा

उपमा और बिम्ब में कई समानताएँ हैं, किन्तु उपमा इस मामले में अलग है कि यहाँ तुलनात्मक कल्पनाशीलता का बोलबाला है। कविता में किसी चीज की गहराई या महत्ता बताने हेतु उसकी किसी अन्य चीज से तुलना की जाती है या उपमा दी जाती है। इससे हम पाठक को एहसास दिला सकते हैं कि वह चीज हमारे लिए क्या मायने रखती है। जिसके लिए उपमा दी जाए, उसे 'उपमेय' कहा जाता है जबकि जिस चीज की उपमा दी जाए, उसे 'उपमान'। आम बोलचाल में हम उपमा का बहुत उपयोग करते हैं, जैसे—'झील-सी आँखें', 'गुस्से से लाल चेहरा' आदि। उपमाओं का मध्यकालीन काव्य परम्परा में प्रचुर इस्तेमाल हुआ है।

अस मन गुनइ राउ नहिं बोला,
पीपर पात सरिस मनु डोला।

यह तुलसीदास की लिखी 'श्रीरामचरितमानस' के अन्तर्गत चौपाई का एक अंश है जहाँ 'पीपर पात सरिस मनु डोला' उपमा अलंकार का उदाहरण है। इसका अर्थ है कि मन मानो पीपल के पत्ते के समान है।

आधुनिक और यहाँ तक कि गद्यात्मक कविताओं में भी उपमाओं का प्रयोग किया जाता है।

जब दुपहरी ज़िन्दगी पर रोज़ सूरज
एक जॉबर-सा
बराबर रौब अपना गाँठता-सा है
कि रोज़ी छूटने का डर हमें
फटकारता-सा काम दिन का बाँटता-सा है

यह अंश मुक्तिबोध की कविता 'जब दुपहरी जिन्दगी पर...' से लिया गया है जहाँ उपमा और बिम्ब के जरिये ही गम्भीर यथार्थ को अभिव्यक्त किया गया है।

शब्दों से खेल

कविता में शब्द रीढ़ की हड्डी की तरह हैं। उन्हें सही जगह इस्तेमाल करने से हम पाठक पर गहरा असर छोड़ पाते हैं। सुमित्रानन्दन पंत की कविता 'नहान' का यह अंश देखिए :

नारी नर कई कोस पैदल
आरहे चले लो, दल के दल,
गंगा दर्शन को पुण्योज्वल!

यहाँ 'नारी नर' एवं 'कई कोस' अनुप्रास अलंकार के उदाहरण हैं, जिनसे कविता में एक खास तरह की लय पैदा होती है। यह शब्दों से खेलना का ही उदाहरण है। एक और उदाहरण इस प्रकार है :

दहक रहा है, दहक रहा है, दहक रहा है
घना अँधेरा अब धरती की अतृप्त कोख में।
सूर्य बुलाता है तुमको, जागो। बहक रहा है
मन मीरासी नित। छोड़ूँ यश-लिप्सा, थोक में।

विजेन्द्र की इस कविता में 'दहक रहा है' का बारम्बार उपयोग एक लय ही नहीं पैदा करता बल्कि कवि के भावार्थ को और ज्यादा बेहतर ढंग से स्पष्ट करता है। हमें यह ध्यान रखना चाहिए कि बोलने पर शब्द जो ध्वनि पैदा करते हैं, उनसे सिर्फ कविता का संगीत ही नहीं बल्कि भावार्थ भी स्पष्ट होता है।

शब्दों से खेल बच्चों के लिए लिखी कविताओं में बहुत किया जाता है। सुभद्राकुमारी चौहान की 'कोयल' इसका एक उदाहरण है।

देखो कोयल काली है,
पर मीठी है इसकी बोली,
इसने ही तो कूक-कूककर,
आमों में मिसरी घोली।

कोयल-कोयल सच बतलाओ,
क्या सन्देशा लाई हो,
बहुत दिनों के बाद आज फिर,
इस डाली पर आई हो।

क्या गाती हो? किसे बुलाती?
बतला दो कोयल रानी,

प्यासी धरती देख माँगती,
क्या मेघों से पानी?

कोयल यह मिठास क्या तुमने,
अपनी माँ से पाई है,
माँ ने ही क्या मीठी बोली,
यह सिखलाई है।

डाल-डाल पर उड़ना-गाना,
जिसने तुम्हें सिखाया है,
सबसे मीठे-मीठे बोलो,
यह भी तुम्हें बताया है।

बहुत भली हो तुमने माँ की,
बात सदा ही मानी है,
इसलिये तो तुम कहलाती,
हो सब चिड़ियों की रानी।

इस कविता में बच्चों को बहलाने हेतु तुकबन्दी या 'राइम' का ध्यान रखा गया है, जिसके अनुसार पहली और तीसरी एवं दूसरी और चौथी पंक्ति का अन्त एक जैसा है। कविता में भाव, लय और संगीत साथ-साथ पैदा करने को यह जरूरी है कि हम हर प्रकार के शब्दों के प्रति न सिर्फ सजग हों, बल्कि चुनना भी सीखें।

भाषा और शब्दों को सही तरीके से न बरतने पर कैसे कविता बेजान हो जाती है, इसकी चेतावनी देती है कुँवर नारायण की कविता 'बात सीधी सी थी पर'

बात सीधी थी पर एक बार
भाषा के चक्कर में
ज़रा टेढ़ी फँस गई ।

उसे पाने की कोशिश में
भाषा को उलटा पलटा
तोड़ा-मरोड़ा
घुमाया-फिराया
कि बात या तो बने
या फिर भाषा से बाहर आए—

लेकिन इससे भाषा के साथ-साथ
बात और भी पेचीदा होती चली गई।

सारी मुश्किल को धैर्य से समझे बिना
मैं पेंच को खोलने के बजाय
उसे बेतरह कसता चला जा रहा था
क्योंकि इस करतब पर मुझे
साफ़ सुनाई दे रही थी
तमाशाबीनों की शाबाशी और वाह-वाह।

आख़िरकार वही हुआ जिसका मुझे डर था—
ज़ोर-ज़बरदस्ती से
बात की चूड़ी मर गई
और वह भाषा में बेकार घूमने लगी।

हार कर मैंने उसे कील की तरह
उसी जगह ठोंक दिया।
ऊपर से ठीक-ठाक
पर अन्दर से
न तो उसमें कसाव था
न ताक़त।

बात ने, जो एक शरारती बच्चे की तरह
मुझसे खेल रही थी,
मुझे पसीना पोंछती देखकर पूछा—
"क्या तुमने भाषा को
सहूलियत से बरतना कभी नहीं सीखा?"

'भाषा को सहूलियत से बरतना' कविता लेखन सीखने का जरूरी हिस्सा है। इस कविता में भी देखिए कि कवि ने शब्द-चयन तथा भाषा को लेकर सहज और जमीनी होने की सीख तो दी ही है, 'बात की चूड़ी मर गई' के जरिये आम बोलचाल की भाषा को कैसे कविता में लाएँ, उसका सजीव उदाहरण दिया है। नारायण ने ही अपनी कविता, जिसका शीर्षक भी 'कविता' है, में बताया है कि कविता क्लिष्ट न होकर हमारी रोजमर्रा की जिन्दगी से जुड़े—

उसे कोई हड़बड़ी नहीं
कि वह इश्तहारों की तरह चिपके

जुलूसों की तरह निकले
नारों की तरह लगे
और चुनावों की तरह जीते

वह आदमी की भाषा में
कहीं किसी तरह ज़िन्दा रहे, बस

एक अच्छी कविता का सार यही है कि वह शब्दों के स्तर पर सहज और भावों के स्तर पर समृद्ध हो।

कविता लेखन को लेकर ध्यान देने लायक कुछ बातें इस प्रकार हैं :

1. कोई भी कला सीखने हेतु उसके बारे में पूरी जानकारी होना जरूरी है। जो लोग संगीत चाव से सुनते हैं वे ही अच्छा गाना-बजाना सीखते हैं। यही बात कविता पर भी लागू है। अलग-अलग प्रकार के, शैलियों के और समय के कवियों को पढ़िए ताकि आप कविता के विधान से रिश्ता कायम कर सकें। 'कविता से कविता निकलती है' का अर्थ यही है कि पढ़ी हुई कविता से ही लिखने की प्रेरणा आती है।
2. पढ़ने के साथ लय को समझने हेतु कविताओं के संगीत रूपान्तरण को भी ध्यान से सुनें।
3. शुरुआत छोटी-छोटी कविताओं से करें ताकि आगे बढ़ने के लिए आत्मविश्वास आ सके।
4. पंक्तियों के बारे में एक सीमा से ज्यादा न सोचें। कविता में 'परफेक्ट' जैसा कुछ नहीं होता। अत: लिखने से डरें नहीं।
5. पर्यायवाची, शब्दकोश एवं अन्य भाषाई और शाब्दिक औजारों का यथासम्भव प्रयोग करें।
6. अपनी कविता के जरिये एक कहानी कहने की कोशिश करें। शुरुआती काव्य जैसे कि रामायण, महाभारत या इलियड कहानियाँ ही रही हैं।

कहानी लेखन

किसी सत्य या काल्पनिक घटना का ब्योरेवार चित्रण कहानी कहलाता है। कहानी, जो बचपन से हमारे जीवन का अंग रही है, में दरअसल समाचार की तरह ही बताया जाता है कि 'क्या हुआ, कैसे हुआ' आदि। अन्तर सिर्फ यह है कि कहानी में उल्टा पिरामिड शैली का इस्तेमाल नहीं किया जाता अर्थात् सबसे महत्त्वपूर्ण बात सबसे शुरुआत में नहीं बताई जाती। इसका कारण यह है कि कहानी का पाठक, श्रोता या दर्शक उसे खुद का मनोरंजन करने और आराम के लिए ग्रहण करना

चाहता है, न कि त्वरित सूचना पाने के लिए। हमने पिछले भागों में 'कथात्मक शैली' का जो जिक्र किया है वह यही है।

थोड़े संकुचित या सीमित अर्थों में कहानी काल्पनिक घटनाओं का गद्यात्मक तरीके से बखान है। कहानी की विधा उतनी ही पुरानी है जितनी मानव सभ्यता। शुरुआत में इसका उपयोग मुख्यतः पुजारी लोगों को उपदेश देने हेतु किया करते थे। कालान्तर में मनोरंजन इसका मुख्य उद्देश्य बना। कहानी का रसास्वादन न सिर्फ पढ़कर बल्कि सुनकर या किसी पर्दे पर देखकर भी किया जा सकता है। आजकल टीवी सीरियल, फिल्म और वेब सीरीज भी विशिष्ट प्रकार की कहानियाँ ही हैं। हालाँकि हमें यकीन है कि आपको सबसे ज्यादा मजा बचपन में माँ, दादी-नानी आदि के मुँह से कहानी सुनने में ही आता होगा। कहानी का काम ही है पाठक को एक आभासी दुनिया में ले जाना तथा कल्पना के जरिये उसे हर्ष, विषाद, हास्य, प्रेरणा आदि भावों के उत्कर्ष पर ले जाना और अचानक वापस जमीन पर ले जाना। कहानी के विषय विविध हो सकते हैं—परियों, प्रेतों, राजाओं से लेकर आज की महानगरीय जिन्दगी और उसके खट्टे-मीठे यथार्थ। पारम्परिक रूप से कथावाचक और अब लेखक जनता के आकर्षण के केन्द्र रहे हैं।

प्राचीन काल में ग्रीक विद्वान अरस्तू ने अपनी किताब 'पोएटिक्स' में कहानी के दो मूलभूत कारक-प्रकार बताए हैं—क्रिया (एक्शन) एवं वर्णन (नैरेशन)। कारक-प्रकार से हमारा अर्थ यह है कि ये एक ही कहानी के कारक भी हो सकते हैं और कहानी लिखने के तरीके भी। आधुनिक समय में पीटर सेलगिन ने कहानी के मूल कारक-प्रकारों को निम्न रूप से परिभाषित किया है :

- **क्रिया या एक्शन :** यहाँ जो कुछ होता है, उसे बताया जाता है, जैसे रेलगाड़ी का जाना, कोई लड़ाई का दृश्य या घर में किसी त्योहार का मनाया जाना।
- **संवाद या डायलॉग :** कहानी के पात्र/चरित्र जब आपस में कुछ बात करते हैं तो उसे 'डायलॉग' कहा जाता है। स्मरण रहे कि कहानी में व्यक्ति का खुद से बात करना भी डायलॉग माना जाता है।
- **विचार या थॉट :** इसमें किसी दार्शनिक, राजनीतिक या आर्थिक आदि पक्ष या मुद्दे पर कहानी में बात की जाती है।
- **सार या समरी :** इसके अन्तर्गत जो कुछ भी होता है, उसका एक संक्षिप्त रूप या निचोड़ कहानी के ऑडियंस को बताया जाता है। इसमें सिर्फ महत्त्वपूर्ण बात ही बताई जाती है।
- **विवरण या डिस्क्रिप्शन :** इसमें किसी चीज का विस्तृत विवरण दिया जाता है। यह सार के उलट हर पक्ष को विस्तार से समझता है। जैसे यदि किसी कृषक के बारे में बात हो तो कृषि की प्रक्रिया से ऑडियंस का विस्तार से परिचय कराना।

कहानी लेखन के सन्दर्भ में यह ध्यान रखना चाहिए कि आप पाठक को सबसे पहले सबसे महत्त्वपूर्ण बात नहीं बता पाएँगे। इसीलिए पाठक की दिलचस्पी कहानी में शुरुआत से ही बनाए रखने के लिए भाषा और शब्दों के स्तर पर सहजता, रोचकता और रहस्य (सस्पेंस) का ध्यान रखना होता है। एक कहानी की संरचना में कई अवयव महत्त्वपूर्ण होते हैं जिनका हम यहाँ अध्ययन करेंगे :

कथानक या प्लॉट

> एक राजा था। उसका सोने का हार गायब हो गया। ढूँढ़-खोज शुरू हुई, लेकिन हार नहीं मिला। फिर सभी नौकर-चाकरों, भिश्तियों, कहारों, मालियों आदि की तलाशी शुरू की गई। अन्तत: हार एक बगीचे में माली की झोपड़ी के पास मिट्टी में गड़ा हुआ मिला। माली ने अपना जुर्म कबूल कर लिया।

यह एक कहानी का उदाहरण है जिसकी महत्त्वपूर्ण बातें अत्यन्त संक्षिप्त में अर्थात् चार लाइन के भीतर बता दी गई हैं। यही कहानी का कथानक या प्लॉट होता है अर्थात, यदि कहानी को उल्टा पिरामिड शैली में लिखा जाता, लेकिन उसकी बॉडी और समापन को हटा दिया जाता तो हमारे पास प्लॉट बचता। आपने देखा होगा कि लोग अपनी रुचि के हिसाब से कहानी या उपन्यास के पिछले कवर या शुरुआती पन्ने में उसका सार पढ़के किताब खरीदना पसन्द करते हैं। यहाँ वे कहानी के कथानक को देख रहे होते हैं, जिससे वे अन्दाजा लगाते हैं कि यह रुचिकर होगी या नहीं।

ऊपर दिया उदाहरण एक जासूसी कहानी का कथानक जान पड़ता है। यदि हम इसमें थोड़ा बदलाव करें तो क्या नतीजा निकलेगा?

> राजा का हार गुम हो जाता है। बहुत ढूँढ़ खोज के बाद वह माली के घर के पास गड़ा मिलता है, लेकिन माली अपने बेकुसूर होने की कसमें खाता है। राजा को समझ नहीं आता कि सच क्या है। तभी उसका चतुर मंत्री अपने स्तर से छानबीन शुरू करता है। अन्त में पता चलता है कि हार माली से किसी बात पर नाराज एक भिश्ती ने चुराकर उसके घर के पास गाड़ दिया था ताकि वह फँस जाए।

आपने नोट किया होगा कि कथानक का पहला उदाहरण बहुत सपाट था जबकि दूसरे उदाहरण में रहस्य और रोचकता बढ़ गई है। कहानी के प्लॉट को लेकर सबसे पहले और सबसे सजगता की जरूरत है चूँकि वह नींव है जिस पर कहानी की इमारत खड़ी होती है।

प्रारम्भ

कहानी का प्रारम्भ एक धागे के सिरे जैसा है। यदि वह मजबूती से पकड़ में आ गया तो ठीक, वह छूटा तो लिखनेवाले की मेहनत और पढ़नेवाले की रुचि, दोनों ही

बेकार चली जाएँगी। हमारे समक्ष नाना प्रकार के पाठक होते हैं और अलग-अलग तरह की शुरुआत पसन्द कर सकते हैं। एक अच्छी शुरुआत का सिर्फ एक ही मंत्र है कि वह पाठक को खुद से बाँध ले।

दरअसल, कई बार शुरुआत कहानी की प्रकृति के अनुसार होती है। कुछ लेखक अपने विचारों को कहानी में एक दार्शनिक की तरह अभिव्यक्त करते हैं। उनकी कहानियाँ किसी विचारोत्तेजक बात या उपदेश से शुरू होती हैं। यह उदाहरण देखिए :

> जीवन वाटिका का वसन्त, विचारों का अंधड़, भूलों का पर्वत और ठोकरों का समूह है यौवन। इसी अवस्था में मनुष्य त्यागी, सदाचारी, देशभक्त एवं समाज-भक्त भी बनते हैं तथा अपने खून के जोश में वह काम कर दिखाते हैं, जिससे कि उनका नाम संसार के इतिहास में स्वर्णाक्षरों में लिख दिया जाता है तथा इसी आयु में मनुष्य विलासी, लोलुपी और व्यभिचारी भी बन जाता है, और इस प्रकार अपने जीवन को दो कौड़ी का बनाकर पतन के खड्ड में गिर जाता है, अन्त में पछताता है, प्रायश्चित्त करता है, परन्तु प्रत्येक प्रत्यंचा से निकला हुआ बाण वापस नहीं लौटता। खोई हुई सच्ची शान्ति फिर कहीं नहीं मिलती।

अमृतलाल नागर की कहानी 'प्रायश्चित्त' का यह प्रारम्भ कहानी की दशा और दिशा तय करने के लिए लेखक का विचार और टिप्पणी आगे आ जाता है।

कुछ कहानियों में इसके उलट शुरुआत का स्वरूप विवरणात्मक होता है—यानी लेखक बिना किसी परिपेक्ष्य के कहानी में क्या हो रहा है, बताने लगता है। असगर वाजहत की कहानी 'आग' का यह आरम्भ देखिए :

> उस आदमी का घर जल रहा था। वह अपने परिवार सहित आग बुझाने का प्रयास कर रहा था, लेकिन आग प्रचंड थी। ऐसा लगता है जैसे शताब्दियों से लगी आग है या किसी तेल के कुएँ में माचिस लगा दी गई है या कोई ज्वालामुखी फट पड़ा है। आदमी ने अपनी पत्नी से कहा, "इस तरह की आग तो हमने कभी नहीं देखी थी।"

एक तीसरी तरह से भी कहानी की शुरुआत होती है, जहाँ विचार या विवरण की जगह दृश्य ज्यादा महत्त्वपूर्ण हो जाते हैं। अतः लेखक कहानी के मुख्य पात्रों का परिचय कराने से पूर्व उसके आस-पास के प्राकृतिक, सामाजिक, सामयिक या अन्य ऐसे किसी परिपेक्ष्य का विस्तृत वर्णन करता है। रघुवीर सहाय की कहानी 'रास्ता इधर से है' में दृश्य का वर्णन करके कहानी शुरू की जाती है, मानो धीरे-धीरे पात्रों के जीवन में दाखिल हो रही हो :

> वह एक वाहियात दिन था। सब कुछ शान्त था—यहाँ, इस कमरे में जहाँ किसी के चलने की भी आवाज नहीं सुनाई पड़ सकती थी; इतने मोटे गलीचे बिछे थे; दीवारें जहाँ चिकनी, संगमरमर की-सी शान्तिमय, तापमान जहाँ

> स्थिर, शरीर के अनुकूल था और सबसे बड़ी बात, धूल जहाँ नहीं थी; आप चाहें तो मेज पर आस्तीन रख सकते थे। वहाँ नीचे के कमरों की तरह नहीं कि उन पर लोग खाने की जूठन पोंछ कर रजिस्टर खोल लेते हैं, पर उस कमरे के बावजूद वह दिन एक वाहियात दिन था।

कई बार शुरुआत रोचक बनाने हेतु कहानी से जुड़ी किसी विषयवस्तु के बारे में जानकारी दी जाती है। भगवतीचरण वर्मा की कहानी 'दो बाँके' में एक शहर के बारे में कुछ इस तरह बताकर कहानी की शुरुआत की गई है :

> लखनऊ के सफेदा आम, लखनऊ के खरबूजे, लखनऊ की रेवड़ियाँ, ये सब ऐसी चीजें हैं जिन्हें लखनऊ से लौटते समय लोग सौगात के तौर पर साथ ले जाया करते हैं, लेकिन कुछ ऐसी भी चीजें हैं जो साथ नहीं ले जाई जा सकतीं और उनमें लखनऊ की जिन्दादिली और लखनऊ की नफासत विशेष रूप से आती है।

आपने देखा होगा कि अब तक के उदाहरणों में लेखकों ने अर्धविराम तथा अन्य चिह्नों का प्रयोग अलग-अलग तरह से किया है। कहानी की भी अपनी लय होती है और लेखक चाहता है कि कुछ शब्दों और वाक्यों पर ज्यादा जोर दिया जाए।

भाषा-शैली

कहानी की भाषा-शैली को लेकर कई तरह के प्रतिमान हैं। हमने ऊपर देखा कि लेखक कहानी को अलग-अलग तरह से शुरू करना पसन्द करते हैं। कहानी की लय और लेखक की प्रकृति के हिसाब से वह शब्द चुनता है जिनका कहानी में उपयोग होता है, लेकिन हम कैसे यह तय करें कि किसी कहानी के लिए सबसे उत्तम भाषा-शैली क्या हो?

हालाँकि हर लेखक की अपनी-अपनी पसन्द-नापसन्द होती है, किन्तु कहानिकारों में बहुत कम ऐसे हैं जो अपनी भाषा को हथियार बनाकर जनता से प्रेमचन्द की तरह जुड़ पाए हैं। दरअसल, प्रेमचन्द ने उर्दू और देवनागरी, दोनों ही में कहानियाँ लिखीं और कालान्तर में उनमें अंग्रेजी शब्दों का भी प्रयोग किया। कहानी कैसे कहनी है, इस पर हम प्रेमचन्द को लगातार पढ़कर बहुत कुछ सीख सकते हैं। उन्होंने अपने परिवेश को जैसा देखा, वैसा ही कलम से उतारा। जब बात गाँव-देहात के चित्रण की हो तो देशज शब्द-चयन किया। उनकी प्रसिद्ध कहानी 'ठाकुर का कुआँ' से यह अंश देखिए :

> जरूर कोई जानवर कुएँ में गिरकर मर गया होगा, मगर दूसरा पानी आवे कहाँ से? ठाकुर के कुएँ पर कौन चढ़ने देगा? दूर से लोग डाँट बताएँगे।

आप देख ही सकते हैं कि 'आवे कहाँ से' और 'डाँट बताएँगे' भाषा को उस तरह से अभिव्यक्त कर रहे हैं, जैसी उस परिवेश में बोली जाती है। यहाँ एक और चीज हमें स्मरण रखनी चाहिए—प्रेमचन्द ने कहानी के मुख्य पात्र जोखू और उसकी पत्नी के कुएँ में जाने को लेकर असमंजस को बहुत सहजता से दिखाया है। मसलन, यदि प्रेमचन्द कहते—"जोखू की पत्नी ने सोचा—जरूर कोई जानवर कुएँ में गिरकर मर गया होगा", तो यह सतही लगता एवं ऐसा लगता कि लेखक पाठक को सोचने का स्पेस देने की बजाय घुट्टी पिलाकर सब कुछ बताए जा रहे हैं, लेकिन प्रेमचन्द सोचने की प्रक्रिया को इतनी सहज बना देते हैं—जैसे जोखू के साथ आप और हम भी विचार कर रहे हों कि कुएँ पर पानी लेने जाना कितना खतरनाक होगा। शब्दों को इस तरह बरतना ही कहानी को जादुई बनाता है। आँचलिक भाषा-शैली का उदाहरण फनीश्वरनाथ रेणु की 'पंचलाइट' जैसे कहानियों में भी खूब हुआ है।

प्रेमचन्द ने जरूरत पड़ने पर अपनी कहानियों में अंग्रेजी का भी प्रयोग किया है लेकिन वह बिलकुल सतही नहीं लगता। उनकी कहानी 'क्रिकेट मैच' का यह उदाहरण देखिए :

> मिस मुकर्जी ने फर्स्ट क्लास के दो टिकट मँगवाए। मैं विरोध न कर सका। उसने मेरा लगेज उठवाया, मेरा हैट खुद उठा लिया और बेधड़क एक कमरे में जा बैठी।

यहाँ 'फर्स्ट क्लास' की जगह 'प्रथम श्रेणी' या 'लगेज' की जगह 'सामान' का प्रयोग किया जा सकता था, लेकिन आम बोलचाल की भाषा में यह अटपटा लगता क्योंकि यहाँ अंग्रेजी समझने और बोलचाल में उसके शब्द इस्तेमाल करनेवाले पात्र मौजूद हैं।

पात्र

किसी कहानी में जीवन्तता उसके पात्रों द्वारा ही डाली जाती है। ऐसा नहीं है कि पात्र सिर्फ व्यक्ति हो सकते हैं। मसलन, प्रसिद्ध कहानी 'दो बैलों की कथा' में पात्र वे दो बैल हैं जो अपने मालिक से बिछड़ गए हैं। कई बार कहानी में प्रयोग करने के लिए बेजान चीजों को भी जीवन्त पात्र की तरह दिखाया जाता है। जैसे यदि लेखक एक पहाड़ के दृष्टिकोण से कोई कहानी कहने का यत्न करे तो पहाड़ भी उसमें एक पात्र है। इसी तरह नदी, पेड़-पौधे और यहाँ तक कि कुर्सी-मेज भी कहानी के पात्र हो सकते हैं। कहानियों के पात्र प्रत्यक्ष भी हो सकते हैं और अदृश्य भी। प्रत्यक्ष होने पर वे कहानी में हो रही सभी गतिविधियों के भागीदार होते हैं, जबकि अदृश्य होकर वे नेपथ्य से, हो रही घटनाओं का अवलोकन करते हैं।

पात्रों के कारण कई लेखक और उनकी कहानियाँ कालजयी हो जाती हैं। जैसे हम 'पूस की एक रात' को हल्कू किसान और उसके द्वंद्व के कारण जानते हैं,

'गोदान' को होरी के कारण, सुदर्शन द्वारा रचित 'हार की जीत' को बाबा भारती और खड़ग सिंह के कारण, मंटो द्वारा रचित 'टोबा टेक सिंह' को उस नाम के पात्र के कारण, इत्यादि। पात्र कहानी में दो तरह से छाप छोड़ते हैं, एक उनके लेखक द्वारा किए गए चित्रण के द्वारा और उससे महत्त्वपूर्ण अपने संवाद या डायलॉग द्वारा। चन्द्रधर शर्मा 'गुलेरी' की प्रसिद्ध कहानी 'उसने कहा था' में "तेरी कुड़माई हो गई?" एक ऐसा संवाद था, जिसने कहानी के नायक सैनिक को लोगों की यादों में अमर कर दिया।

कई बार कहानी में पात्र इतने लोकप्रिय हो जाते हैं कि लेखक उन्हें कहानियों की शृंखला का ही हिस्सा बना लेते हैं। आर.के. नारायण द्वारा रचित पात्र स्वामी और उनका काल्पनिक दक्षिण भारतीय शहर मालगुड़ी इसके उदाहरण हैं। जासूस शर्लाक होम्स और उनके सहयोगी डॉ. वॉटसन भी इसी तरह लोकप्रिय हुए।

पात्रों का चित्रण करते समय हमें यह ध्यान रखना चाहिए कि वे जमीन से जुड़े हुए हों, उनमें सतहीपन न हो एवं वे जिस तरह व्यवहार करते हैं, उसकी झलक पाठक को कहीं अपने परिवेश में नजर आए। कहानीकार अक्सर कहानियों के पात्र अपने आस-पास के किसी व्यक्ति पर केन्द्रित रखते हैं। भीष्म साहनी ने अपनी पहली कहानी के पात्र बाजार के एक दृश्य से उठाए थे।

क्लाइमैक्स तथा समापन

हमने इस शब्द को समाचार के सन्दर्भ में समझा है जहाँ इसे सबसे महत्त्वपूर्ण जानकारी माना जाता है, किन्तु कहानी के लिए क्लाइमैक्स का अर्थ कुछ और भी है—**क्लाइमैक्स एक मोड़ है जहाँ पर कहानी के कथानक का उभार और द्वंद्व चरम उत्कर्ष पर पहुँचता है।** क्लाइमैक्स के पश्चात् कहानी तेजी से अपने समापन की ओर प्रस्थान करती है चूँकि आम तौर पर यह कहानी के अन्त से पहले ही आता है। जासूसी कहानी में अपराधी का पता चलना, किसी हास्य कथा का सबसे चुटीला हिस्सा, दो रूठे हुए दोस्तों को अचानक अपने बीच की गलतफहमी और रूठे रहने की निरर्थकता का आभास होना—ये सब क्लाइमैक्स के उदाहरण हैं। क्लाइमैक्स के अन्तर्गत कथा में जो तनाव था (अपराधी का न मिलना, दोस्तों का रूठे रहना) वह समाप्त हो जाता है जिसे अंग्रेजी में 'रेजोल्युशन' कहते हैं। कई बार जब कथा का समापन हमारी उम्मीद से अलग किसी साधारण या अटपटे ढंग से होता है तो उसे 'एंटी-क्लाइमैक्स' कहते हैं।

क्लाइमैक्स और कहानी का अन्त साथ-साथ जुड़ा हुआ है। एक सफल कहानी जो पाठक को मनभावन लगे, एक कसे हुए क्लाइमैक्स के अन्तर्गत ही मुमकिन है। जहाँ अच्छी शुरुआत पाठक को कहानी से बाँधकर रखने के लिए आवश्यक है, क्लाइमैक्स उसे एक अच्छे अनुभव का एहसास, रोमांच और आगे पढ़ने की प्रेरणा

देता है। विश्व भर में सफल कहानी लेखक वे ही माने गए हैं जो अपने समापन के जरिये पाठक को अभिभूत कर देते हैं। उदाहरण के लिए, अमेरिका के प्रख्यात लघु कथा लेखक ओ'हेनरी अपने हैरतअंगेज क्लाइमैक्स के लिए मशहूर थे यानी उनके क्लाइमैक्स में पाठक की सोच से उलट ऐसा समापन होता है जिससे वह चौंक जाता है। बेहतर समापन की यह इकलौती तकनीक नहीं है। कई बार हम अन्दाजा लगा लेते हैं कि कहानी के अन्त में क्या होगा, लेकिन फिर भी लेखक अपने शब्दों के खेल से हमें बाँधे रखता है।

प्रेमचन्द की कहानी 'नेऊर' का गम्भीर अन्त हमें इस प्रकार सोचने पर मजबूर कर देता है :

> नेऊर अपनी झोंपड़ी से न निकला और आज ही वह उस पेड़ के नीचे सड़क के किनारे उसे तरह मौन बैठा हुआ नजर आता है—निश्चेष्ट, निर्जीव।

दूसरी ओर प्रख्यात फ्रेंच लेखक गाय डी मोपासां द्वारा रचित कहानी 'नेक्लिस' में जहाँ एक समारोह के लिए उधार लिए गए हीरों का हार खो जाने पर एक दम्पति को अपनी आरामदायक जिन्दगी छोड़कर हार की कीमत चुकाने को कड़ी मेहनत करनी पड़ती है, उसकी बिलकुल अन्तिम पंक्ति में पता चलता है कि वह हार नकली था और उसकी कीमत बहुत कम थी।

कहानी अपनी लम्बाई के हिसाब से कई प्रकार की होती है, जैसे लघुकथा, उपन्यास आदि। अपनी वर्णन प्रक्रिया में यह आत्मकथात्मक भी हो सकती है जहाँ लेखक की आवाज प्रत्यक्ष होती है। कहानियों के प्रकार धार्मिक उपदेश से लेकर परिकथाओं और आज की आधुनिक कहानियाँ तक शामिल हैं।

यदि आप पहली बार कहानी लिख रहे हैं तो निम्नलिखित बातों का ध्यान रखें :

1. छोटी, यहाँ तक कि एक पन्ने की कहानी से शुरुआत करें।
2. यह देखें कि भाषा ऐसी हो जो रोचकता पैदा करे।
3. कहानी के प्लॉट की बारीकियों का निर्धारण करने हेतु एक सिनॉप्सिस बना लें।
4. कहानी के किरदार या पात्र अपने आस-पास के परिवेश से उठाएँ।

नाटक लेखन

हमने अब तक जिन साहित्यिक रचना प्रक्रियाओं के बारे में पढ़ा है, वे सभी पाठक को काल्पनिक या वैचारिक लोक में खुद ले जाने में सक्षम हैं, किन्तु नाटक के साथ ऐसा नहीं है। हमारी परम्परा में नाटक को भी 'काव्य' की संज्ञा दी गई

है (प्राचीन नाटकों में कविता में संवाद किया जाता था)। काव्य दो प्रकार के होते हैं—*श्रव्य काव्य* माने वह काव्य, जिसे सुनकर ही रसास्वादन हो सके। *दृश्य काव्य* जिसमें सुनने के साथ काव्य में पात्रों के हाव-भाव, नृत्य, संगीत और रंगमंच देखना जरूरी है। स्वाभाविक है कि **नाटक दृश्य काव्य का उदाहरण है।**

नाटक में जो लिखा जाता है, उसे दर्शकों को दिखाने हेतु एक मंच या स्टेज की दरकार होती है, एवं इस कला को *थिएटर* या *रंगमंच* कहा जाता है। अतः लेखन के स्तर पर हम नाटक को इस प्रकार परिभाषित कर सकते हैं :

नाटक लेखन वह विधा है, जिसे दर्शकों के सामने प्रत्यक्ष रूप से मंचन के लिए कथात्मक शैली में लिखा जाता है। जहाँ प्राचीन समय में नाटक के कलाकारों को नाटक के लिए उचित व्यवहार और मंच पर अपना संवाद सुनकर याद करना पड़ता था, आज हमारे सामने याद करने के लिए कागज और कलम मौजूद है। अतः मंचन से पहले लिखी गई नाट्य सामग्री को 'स्क्रिप्ट' कहा जाता है। नाटक और कहानी लेखन में मूल अन्तर यह है कि नाटक मूलतः संवाद आधारित है और लेखक उस संवाद में कम-से-कम हस्तक्षेप करता है। नाटक में यह लेखकीय हस्तक्षेप, उसमें दिखाए जानेवाले दृश्य तक सीमित रहता है, जिसमें लेखक बताता है कि मंच में किस पात्र की क्या भूमिका है और क्या-क्या चीजें मंच पर मौजूद हैं?

भारतीय परम्परा में भरतमुनि का 'नाट्यशास्त्र' नाटक के विज्ञान और प्रबन्ध पर एक महत्त्वपूर्ण टिप्पणी है, जबकि पश्चिमी सिद्धान्त अरस्तू द्वारा प्रतिपादित किया गया था। हिन्दी नाटक का श्रीगणेश उन्नीसवीं शताब्दी के उत्तरार्द्ध में भारतेन्दु हरिश्चन्द्र द्वारा किया गया और तत्पश्चात् पारसी थिएटर ने उर्दू में भी यह परम्परा शुरू की। लगभग इसी समय से नाटक में काव्यात्मक शैली की जगह बोलचाल की भाषा और यथार्थ का चित्रण शुरू हुआ, जिसके सफल प्रणेता भारत में हबीब तनवीर, विजय तेंदुलकर, मोहन राकेश, जगदीश चन्द्र माथुर तथा इंगलैंड में जॉर्ज बर्नार्ड शॉ आदि रहे हैं।

नाटक लेखन में निम्नलिखित चीजें जरूरी हैं :

दृश्य

दृश्य नाटक के सबसे शुरुआती हिस्से में से एक है। यहाँ लेखक मंच की स्थिति से लेकर पात्रों के बारे में आधारभूत जानकारी पाठकों को मुहैया कराता है। ध्यान रखनेवाली बात है कि किसी दृश्य या 'स्टेज सेटिंग' का विस्तृत वर्णन पाठक को ध्यान में रख कर किया जाता है न कि मंचन में दुहराए जाने के लिए।

उदाहरण के लिए, यदि नाटक की विषयवस्तु घर है तो दृश्य में घर में रखे फर्नीचर तथा अन्य सामान के बारे में बताया जाएगा जो नाटक के लिए जरूरी हों। यदि दृश्य किसी ऑफिस का है तो वहाँ रखे साजो-समान का वर्णन होगा। यदि वह

बाजार का है तो वहाँ की चहल-पहल, ठेलों, दुकानों, राहगीरों आदि का चित्रण होगा। पात्रों की स्थिति और उनके बारे में जानकारी—जैसे उनका चेहरा-मोहरा, उम्र, कद-काठी और नाम, पेशे या अन्य ऐसे महत्त्वपूर्ण विषय की जानकारी भी दृश्य में दी जाती है।

विष्णु प्रभाकर के नाटक 'समरेखा-विषमरेखा' में दृश्य चित्रण का उदाहरण देखिए :

> एक बैरिस्टर का ड्रॉइंग रूम बहुत आधुनिक ढंग से सजा हुआ है। बाईं ओर का दरवाजा बाहर जाता है, दाईं ओर का भीतर। पीछे की ओर भी दो दरवाजे हैं, जिनमें से एक शयनकक्ष में जाता है, दूसरा श्रृंगार-कक्ष में। सजावट में विलासिता इतनी नहीं है, जितनी कलाप्रियता। पर्दा उठने पर रेवा सोफे पर बैठी दिखाई देती है। सुन्दर युवती है, जूड़ा बाँधे, साड़ी कन्धे पर, आँखों में शरारत, ओठों पर मुस्कान, गौर वर्ण, पर सब मिलाकर भाव में गम्भीरता का अभाव नहीं है। इस समय उसके सामने तिपाई पर कुछ सुन्दर केस रखे हैं। उनमें नाना प्रकार के कीमती आभूषण हैं। रेवा एक हार लिए उसे परखने की चेष्टा कर रही है। परखती-परखती मुस्कुराकर बोल उठती है।

हालाँकि कई नाटककार ऐसे भी हैं जो दृश्यों को नुक्कड़ नाटक के हिसाब से छोटा-छोटा लिखते हैं ताकि सड़क पर भी भीड़ के समक्ष मंचन किया जा सके। यहाँ ऊपर बताए गए तमाम ब्योरों का विवरण बहुत संक्षिप्त में दिया जाता है। हबीब तनवीर के नाटक 'आगरा बाजार' का यह शुरुआती दृश्य उसका उदाहरण है :

> दो फकीर 'शहर आशोब' (नगर की दुर्दशा का वर्णन करनेवाली कविता) गाते हुए हाल में प्रवेश करते हैं और स्टेज पर जाते हैं, कफनी पहने हुए एक हाथ में कक्षकोल (भिक्षा-पात्र) और तस्बीह (जपने की माला) और दूसरे में एक दंड और लोहे के कड़ी लिये हुए। पर्दे के सामने खड़े होकर जज्म सुनाते हैं और ताल पर कड़े बजते जाते हैं।

संवाद

जैसा कहा गया, नाटक संवाद प्रधान माध्यम है। रंगमंच पर संवाद बहुआयामी होता है जिसमें न सिर्फ पात्र आपस में संवाद करते हैं बल्कि अभिनयकर्ता सामने बैठे दर्शकों से भी अपनी वाणी और हाव-भाव द्वारा संवाद करते हैं, लेकिन लिखी हुई स्क्रिप्ट में संवाद के आयाम कम हो जाते हैं। इसीलिए यह जरूरी है कि लिखते समय भी ध्यान रखा जाए कि संवाद आम बोलचाल की भाषा में हो ताकि कुछ हद तक पाठक को कल्पना के रास्ते रंगमंच की दुनिया में प्रवेश कराया जा सके।

नाटक लेखन में संवाद के जरिये सिर्फ 'क्या कहा जा रहा है' ही नहीं बताया जाता, बल्कि पात्रों का चरित्र-चित्रण भी किया जाता है और उनके बीच के सम्बन्धों पर भी रौशनी डाली जाती है। ध्यान रखें कि नाटककार कहानी लेखक की तरह नाटक के बीच में दृश्य से इतर पात्रों के विषय में लम्बी-चौड़ी जानकारी देने या उनका अवलोकन करने का काम नहीं कर सकता। अतः संवाद लेखन में अतिरिक्त ऊर्जा की आवश्यकता होती है।

पात्रों द्वारा किया हुआ संवाद लेखक द्वारा प्रतिपादित दृष्टि को आलंकारिक तरीके से दिखाने का माध्यम हो सकता है। मोहन राकेश के नाटक 'आषाढ़ का एक दिन' में कालिदास के चरित्र द्वारा किया लम्बा गया एकलाप (मोनोलॉग) उनके द्वंद्व को उजागर करता है। उसका एक हिस्सा इस प्रकार है :

> **कालिदास :** ....लोग सोचते हैं मैंने उस जीवन और वातावरण में रहकर बहुत कुछ लिखा है, परन्तु मैं जानता हूँ मैंने वहाँ रहकर कुछ भी नहीं लिखा। जो कुछ लिखा है वह यहाँ के जीवन का ही संचय था। 'कुमार सम्भव' की पृष्ठभूमि यह हिमालय है और तपस्विनी उमा तुम हो। 'मेघदूत' के यक्ष की पीड़ा मेरी पीड़ा है और विरहविमर्दिता यक्षिणी तुम हो—यद्यपि मैंने स्वयं यहाँ होने और तुम्हें नगर में देखने की कल्पना की। 'अभिज्ञान शाकुन्तलम्' में शकुन्तला के रूप में तुम ही मेरे सामने थीं। मैंने जब-जब लिखने का प्रयास किया तुम्हारे और अपने जीवन के इतिहास को फिर-फिर दोहराया। और जब उससे हटकर लिखना चाहा तो रचना प्राणवान नहीं हुई। 'रघुवंश' में अज का विलाप मेरी ही वेदना की अभिव्यक्ति है और...।

आपने देखा होगा कि यह भावावेश में की गई अभिव्यक्ति है, लेकिन कालिदास और उनके अन्य पात्र से सम्बन्ध के बारे में स्वतः ही बहुत कुछ कह जाती है जो यहाँ अनकहा है।

संवाद के प्रयोग से नाटक में हास्य, रस और मनोरंजन भी पैदा होता है। इसके लिए विभिन्न तरीके की तकनीक इस्तेमाल की जाती है। जैसे भारतेन्दु हरिश्चन्द्र के कालजयी और प्रसिद्ध नाटक 'अँधेर नगरी चौपट राजा' में दो या उससे अधिक पात्रों के बीच हास्यपूर्ण संवाद जल्दी-जल्दी किया जाता है, जिससे पढ़ने या देखनेवाले को आनन्द आता है। एक उदाहरण देखिए :

1 सेवक : *(चिल्लाकर)* पान खाइए, महाराज।

राजा : *(पीनक से चौंक घबड़ाकर उठता है)* क्या? सूपनखा आई ए महाराज। *(भागता है)*

मंत्री : *(राजा का हाथ पकड़कर)* नहीं-नहीं, यह कहता है कि पान खाइए महाराज।

राजा : दुष्ट लुच्चा पाजी! नाहक हमको डरा दिया। मंत्री, इसको सौ कोड़े लगें।

मंत्री : महाराज, इसका क्या दोष है? न तमोली पान लगाकर देता, न यह पुकारता।

राजा : अच्छा, तमोली को दो सौ कोड़े लगें।

इस संवाद की सहायता से न सिर्फ हमारा मनोरंजन होता है बल्कि स्वतः ही अन्दाजा हो जाता है कि राजा तुनकमिजाज और सनकी है।

नाटक की विधा बहुरंगी है और नाना प्रकार से इसका मंचन हो सकता है। यदि यह स्टेज पर खेला जाए तो *मंचीय नाटक* और सड़क के नुक्कड़ पर हो तो *नुक्कड़ नाटक* बन जाता है। यदि नाटक में हाव-भाव और नृत्य के माध्यम से बात कही जाए तो यह 'नृत्य नाटिका' बन जाता है, लेकिन ऐसे नाटक में लिखने को ज्यादा कुछ होता नहीं है। नाटक का विभाजन 'अंकों' और 'दृश्यों' या अंग्रेजी में कहें तो 'एक्ट' और सीन' में होता है। यदि नाटक एक अंक का हो तो उसे 'एकांकी' या 'लघु-नाटिका' कहा जाता है।

नाटक लिखते समय कुछ जरूरी बातों का ध्यान रखें :

1. दृश्य के माध्यम से वही कहें जो जरूरी हो। पात्रों का चरित्र-चित्रण ज्यादातर संवाद के माध्यम से ही करें।
2. नाटक की प्रवृत्ति के हिसाब से शब्दों का चयन करें। आम तौर पर लोकरंजन के नाटकों में देशज शब्दों का बहुत इस्तेमाल होता है।
3. यथासम्भव बड़े-बड़े संवाद न लिखें जिसको बोलने में अभिनेता को दिक्कत हो।
4. कहानी की तरह ही नाटक का एक सिनॉप्सिस तैयार रखें। जरूरत पड़ने पर उसे अंकों और दृश्यों में बाँटें।
5. पात्रों का परिचय देते समय आवश्यक जानकारी, जैसे वेशभूषा या चेहरा, कद-काठी इत्यादि शुरुआत में ही दे दें।
6. यदि बात कहने के तरीके में अन्तर है तो उसे कोष्ठक के माध्यम से बताना न भूलें। मसलन '(चिल्लाकर)', '(हँसकर)', '(कुर्सी से उठते हुए)', '(सामने से आते हुए)' आदि।

कहानी का नाट्य रूपान्तरण

कहानी और नाटक में लेखन शैली का अन्तर भले ही हो, कथात्मक शैली की समानता होती है। दोनों ही एक प्रारम्भ से शुरू होके क्लाइमैक्स की ओर बढ़ते हैं और अन्त

में रिजोल्युशन होता है। अत: कहानियों का प्राय: स्टेज के लिए रूपान्तरण किया जाता है ताकि जो आनन्द पाठकों को हुआ उसे दर्शक भी महसूस कर सकें। यह निश्चित है कि कहानी का नाट्य रूपान्तरण करने में कुछ हद तक कहानी की प्रकृति बदल जाती है, लेकिन यह बदलाव कथानक या प्लॉट में कम-से-कम होता है।

प्रताप सहगल ने अपने लेख 'कहानी का रंगमंच : बनती हुई नई परम्परा' में लिखा है—"शब्द के माध्यम से आवेग, विचार, विश्लेषण और टकराहटों की दुनिया को खड़ा करना जितना चुनौतीपूर्ण सृजनात्मक कर्म है, उन्हीं के शब्दों को चाक्षुष (देखे जा सकनेवाले) बिम्बों में बदलते हुए एक पूर्ण दृश्य में बदलना भी कोई कम चुनौतीपूर्ण सृजन-कर्म नहीं है।"

हमें कहानी को नाटक में बदलने के लिए यह समझना होगा कि कहानी के प्लॉट को मंच के हिसाब से कैसे ढाला जाए? मंच में संवाद के अलावा ध्वनि, मंच निर्देशन, लाइटिंग आदि बहुत कुछ ऐसा होता है जो कहानियों के कल्पना लोक की दरकार नहीं होता है। अत: कहानियों को नाटक में बदलने हेतु कुछ चीजों का ध्यान रखते हुए आगे बढ़ें :

1. कहानी को भागों में बाँट लें ताकि उन्हें अंकों और दृश्यों में बदला जा सके।
2. कहानी का जो भाग किसी स्थान, समय या व्यक्ति का विवरण दे रहा है, उसे दृश्य में परिवर्तित करें, लेकिन ध्यान रहे कि दृश्य की भाषा कहानी की भाषा से थोड़ी अलग हो।
3. कई बार कुछ संवाद हमें अपनी समझ से डालने होते हैं। मसलन, कहानी में कहा गया—"राकेश ने शंकर को बुलाया" तो इसका नाट्य रूपान्तरण होगा "**राकेश :** अरे शंकर, इधर आओ तो"।
4. कहानी में कई बार लेखकीय स्वर प्रधान हो जाता है और उसकी भाषा भी दार्शनिक और क्लिष्ट। नाटक में हमें दर्शकों के लिए इसे सरल और संक्षिप्त करके संवाद और दृश्य लिखने होंगे।

आधुनिक थिएटर के उभार के बाद कई कहानियों का नाट्य रूपान्तरण एवं स्टेज पर मंचन हुआ है। इसमें अंग्रेजी में प्रख्यात लेखक चार्ल्स डिकेंस का लघु उपन्यास 'ए क्रिसमस कैरल' शामिल है। हिन्दी में ऐसी कहानियों की भरमार रही है जिनका मंचन किया गया हो। भीष्म साहनी की 'चीफ की दावत' से लेकर प्रेमचन्द की 'बड़े भाई साहब' आदि कई कहानियों का नाट्य रूपान्तरण किया गया है। और तो और, विश्व साहित्य के कई महान कहानिकारों, जैसे ऐंटन चेखोव की कहानियों का हिन्दी में अनुवाद करके मंचन किया गया है।

कहानियों के मंचन के सन्दर्भ में एक बड़ी पहल 1975 में देवेन्द्र राज अंकुर द्वारा 'कहानी का रंगमंच' शुरुआत करके की गई। इसमें उन्होंने निर्मल वर्मा की तीन कहानियों का नाट्य रूपान्तरण किया। इन कहानियों का रूपान्तरण होने पर

1997 में वर्मा ने लिखा—"जिन कहानियों को अरसा पहले मैंने अकेले कमरे में लिखा था, उन्हें खुले मंच पर दर्शकों के बीच देखना वैसा ही था जैसे टेपरिकॉर्डर पर अपनी बात सुनना।"

डायरी लेखन

डायरी का स्वरूप अन्य साहित्यिक विधाओं से थोड़ा अलहदा इस मामले में है कि वह मूल रूप से अपने लिए लिखी जाती है और प्रकाशित न होने तक नितान्त निजी रचना है। **डायरी में हम एक निश्चित अवधि पर तिथिवार अपने जीवन में हुई किसी घटना, अपने विचार और निजी भावनाओं की अभिव्यक्ति कर सकते हैं।** चूँकि डायरी का स्वरूप निजी होता है, इसीलिए इसे लिखने का स्वरूप भी लचीला होता है। कई लोग इसे प्रतिदिन ब्योरेवार तरीके से लिखते हैं जिसमें महत्त्वपूर्ण घटना का उल्लेख हो। कई लोग इसमें अपने विचार अभिव्यक्त करते हैं। कई लोग किसी काल्पनिक चरित्र को सम्बोधित कर कथात्मक शैली में कुछ लिख सकते हैं। हालाँकि डायरी और अन्य साहित्यिक विधाओं में मूल अन्तर यही है कि डायरी तिथि और अवधि में कुछ हद तक नियमितता बनाए रखती है (लेकिन कितनी अवधि पर लिखना है यह लेखक के हाथ में होता है)। डायरी के माध्यम से कई साहित्यिक और पत्रकारीय लेखन भी होते हैं—जैसे चुनाव यात्रा की डायरी या कोई यात्रा वृत्तान्त।

एक आम डायरी का नमूना देखिए :

सोमवार, 1 नवम्बर 2021

प्यारी डायरी

आज का दिन कल से कुछ उबाऊ रहा। मैं घूमने जाना चाहता था, लेकिन बादलों ने ऐसा कहर ढाया कि जहाँ देखो, ओले ही ओले। इस बीच नवम्बर के महीने में भी अत्यधिक बारिश हो रही है। ऋतु परिवर्तन को लेकर हमें और सजग होना चाहिए। आज बहुत कुछ लिखने को नहीं है। उम्मीद करता हूँ, कल होगा और तुमसे ज्यादा विस्तार से बात होगी।

—तुम्हारा

यह डायरी का एक प्रारूप है, जिसमें उसे एक व्यक्ति की तरह मान लिया जाता है और सम्बोधित किया जाता है। ऐसी डायरी जो अपने लिए और किसी काल्पनिक चरित्र को सम्बोधित करते हुए लिखी गई, उसका सबसे बड़ा उदाहरण ऐन फ्रैंक की डायरी है। ऐन जर्मनी में रहनेवाली एक यहूदी लड़की थी और जब हिटलर की नाजी पार्टी ने सत्ता में आकर यहूदियों पर अत्याचार तेज किए तो ऐन

का परिवार नीदरलैंड चल आया। 1940 में जर्मनी ने वहाँ भी कब्जा कर लिया और ऐन का परिवार 1944 तक एक गुप्त स्थान पर छिपा रहा। यह डायरी उस समय लिखी गई। दुर्भाग्य से ऐन पकड़ी गईं और उन्हें यातना शिविर में भेज दिया गया जहाँ वे बच नहीं पाईं। उनकी उम्र सोलह साल थी। उनके पिता ने 1951 में ऐन की अज्ञातवास में लिखी डायरी को अंग्रेजी में 'डायरी ऑफ अ यंग गर्ल' के नाम से छपवाया। यह विश्व की सबसे ज्यादा पढ़ी गई डायरियों में से एक है, जिसे द्वितीय विश्वयुद्ध का एक महान दस्तावेज माना जाता है। हिन्दी में अनुवादित होकर यह 'डायरी के पन्ने' नाम से छपी है। ऐन ने यह डायरी अपनी गुड़िया किटी को सम्बोधित कर लिखी है और इसमें अपनी बढ़ती उम्र और वयस्कता की चुनौतियों के साथ उस समय की राजनीतिक उथल-पुथल का भी जिक्र किया है।

उस डायरी का एक नमूना इस प्रकार है :

> मंगलवार, 13 जून 1944
>
> मेरी प्यारी किटी
>
> मेरा एक और जन्मदिन गुजर गया है। इस हिसाब से मैं पन्द्रह बरस की हो गई हूँ। मुझे काफी सारे उपहार मिले हैं—स्प्रिंगर की पाँच खंडों वाली कलात्मक इतिहास की पुस्तक, चड्ढियों का एक सेट, दो बेल्टें, एक रूमाल, दो दही के कटोरे, जैम की शीशी, शहद वाले दो बिस्किट मम्मी-पापा की तरफ से, वनस्पति विज्ञान की एक किताब, मार्गोट की तरफ से सोने का एक ब्रैस्लेट, वान दान परिवार की तरफ से स्टिकर एलबम, डसेल की तरफ से बायोमॉल्ट और मीठे मटर, मिएप की तरफ से मिठाई, बेप की तरफ से मिठाई और लिखने के लिए कॉपियाँ और सबसे बड़ी बात—मिस्टर कुगलर की तरफ से मारिया टेरेसा नाम की किताब तथा क्रीम से भरे चीज के तीन स्लाइस। पीटर ने पीओनी फूलों का खूबसूरत गुलदस्ता दिया। बेचारे को यह उपहार जुटाने में ही अच्छी-खासी मेहनत करनी पड़ी, लेकिन वह कुछ और जुटा ही नहीं पाया।
>
> बेहद खराब मौसम—लगातार बारिश, हवाएँ और उफान पर समुद्र के बावजूद हमले शानदार तरीके से जारी हैं।
>
> कल चर्चिल, स्मट्स, आइजेनहॉवर तथा अरमोल्ड उन फ्रांसीसी गाँव में गए, जिन पर ब्रिटिश सैनिकों ने पहले कब्जा कर लिया था और बाद में मुक्त कर दिया। चर्चिल एक टॉर्पीडो नाव में थे। इनसे तटों पर गोलाबारी की जाती है। बहुत-से लोगों की तरह चर्चिल को भी पता नहीं है—डर किस चिड़िया का नाम है? जन्मजात बहादुर।
>
> .... मैं उस वक्त को याद करती हूँ जब नीला आसमान, पक्षियों की चहचहाने की आवाज, चाँदनी और खिलतीं कलियाँ, इन चीजों ने मुझे कभी भी

अपने जादू में बाँधा न होता। मेरे यहाँ आने के बाद चीजें बदल गई हैं।........ यह मेरी कल्पना मात्र नहीं है—आसमान, बादलों, चाँद और तारों की तरफ देखना मुझे शान्ति और आशा की भावना से सराबोर कर देता है। यह वैलेरियन या ब्रोमाइड की तुलना में आजमाया हुआ बेहतर नुस्खा है। शान्ति पाने की रामबाण दवा।

इन अंशों में आपने गौर किया होगा कि ऐन न सिर्फ अपने दैनिक जीवन के हालचाल सुना रही हैं बल्कि अपनी अन्तर-भावनाओं से भी परिचय करा रही हैं। जाहिर है, यह डायरी उन्होंने अपने लिए लिखी थी तो इसमें सार्वजनिक और निजी, हर तरह की बातों का समागम है।

डायरी लेखन जहाँ मूलत: निजी रहा है, आज उसका साहित्यिक और व्यावसायिक मूल्य पहले से कहीं ज्यादा है। इसी कारण कई लेखक डायरी की संरचना का इस्तेमाल कर कई अन्य विधाओं में लेखन करते हैं। उदाहरण के लिए, 'काल्पनिक डायरी' या 'फिक्शनल डायरी' एक ऐसी विधा है, जिसके अन्तर्गत एक काल्पनिक पात्र अपने जीवन के बारे में लिख रहा होता है। इस विधा का इस्तेमाल करके कहानियाँ और उपन्यास भी लिखे जा चुके हैं। हमें इस बात के प्रति सजग रहना चाहिए कि डायरी की संरचना का इस्तेमाल कर लिखे गए उपन्यास और असल डायरी लेखन में फर्क है। इसीलिए हम डायरी उपन्यास को डायरी लेखन की प्रतिनिधि रचना नहीं मानते।

'यात्रा वृत्तान्त' या 'ट्रैवलॉग' डायरी लेखन का एक प्रकार है, जिसमें लेखक जगह-जगह घूमकर ब्योरेवार उसका चित्रण करता है। मधु कांकरिया ने कई सारे यात्रा वृत्तान्त इस शैली में लिखे हैं। इसके अलावा जेल में गणेश शंकर विद्यार्थी जैसे लेखकों ने भी अपनी डायरी लिखी है जो पढ़ने लायक है।

रेडियो, सिनेमा और इंटरनेट के लिए सृजनात्मक लेखन

जिस तरह प्रिंट पत्रकारिता के इतर साहित्य, सृजनात्मक लेखन का उदाहरण प्रस्तुत करता है, इलेक्ट्रॉनिक और डिजिटल माध्यम में भी इसके समानान्तर रूप मौजूद हैं। आज इंटरनेट, टेलीविजन, रेडियो आदि मनोरंजन और हजारों-लाखों लोगों की रुचि के लिए खूब इस्तेमाल होते हैं। सिनेमा एक कहानी होती है जो बड़े या छोटे पर्दे पर दिखाई जाती है, रेडियो में कई मनोरंजक कार्यक्रम तथा रेडियो आधारित नाटक तैयार किए जाते हैं। इंटरनेट, जो निकट भविष्य में ही लोगों के मनोरंजन का प्रधान माध्यम बनने की ओर अग्रसर है, यूट्यूब वीडियो से लेकर स्ट्रीमिंग आधारित वेब सीरीज तक कई विधाओं का जनक बन गया है।

इस भाग में हम सृजनात्मक और मनोरंजन आधारित लेखन की कुछ चुनिन्दा विधाओं पर ही बात करेंगे जो कुछ समय से मौजूद रही हैं। हाल ही में प्रचलित हो रहीं कई अन्य विधाएँ भविष्य में ऐसा स्वरूप लेंगी, जब उनका बेहतर आकलन किया जा सकता है। हम इस भाग में खुद को इन विधाओं और उन्हें लिखने से जुड़े कारकों तक महदूद रखेंगे। ये विधाएँ इस प्रकार हैं :

1. रेडियो नाटक
2. पटकथा लेखन
3. ब्लॉग लेखन

रेडियो नाटक

रेडियो का माध्यम केवल और केवल ध्वनि माध्यम है यानी श्रवण संचार का उदाहरण। पिछले अध्याय में हमने पढ़ा कि नाटक की विधा 'दृश्य काव्य' के अन्तर्गत आती है—यानी उसे देखकर ही उसका रसास्वादन किया जा सकता है। नाटक में कथानक के अलावा अभिनेता के हाव-भाव और मंच की साज-सज्जा भी एक महत्त्वपूर्ण अवयव है। ऐसे में रेडियो नाटक एक बेजोड़ नमूना है, श्रव्य माध्यम और दृश्य काव्य की परम्पराओं को मिलाने का।

रेडियो नाटक में किसी कथानक के अनुसार श्रव्य माध्यम के लिए नाटक तैयार किया जाता है जो श्रोता के हिसाब से ढाला जाता है। कुछ चीजें जो रंगमंच के लिए जरूरी होती हैं, उनका रेडियो नाटक में योगदान नहीं होता जबकि रेडियो के माध्यम का ध्यान रखते हुए उसमें कुछ चीजें जोड़ी भी जा सकती हैं। अंग्रेजी में इसे 'ऑडियो ड्रामा' भी कहा जाता है। इस नाटक में जो चीजें श्रोता को प्रभावित करती हैं, वे हैं नाटक कलाकारों का श्रव्य अभिनय—यानी बोलने-चालने का तरीका, भाव्यभिव्यक्ति और डायलॉग डिलिवरी। इसके अलावा विविध तरह के ध्वनि प्रभाव या 'साउंड इफेक्ट', जैसे बाजार में चहल-पहल की आवाज, किसी मशीन के चलने की आवाज या नेपथ्य में लोगों के बातचीत करने की आवाज का सही इस्तेमाल भी रेडियो नाटक को असरदार बनाता है। अत: लिखते समय रेडियो नाटक को उसे तरह तैयार करना भी होता है।

रेडियो नाटक रेडियो के सार्वजनिक प्रसारण माध्यम बनने के बाद से ही शुरू हो गए थे, लेकिन थिएटर में रेडियो और टेलीफोन क्या सहायता कर सकते हैं, इसका प्रयोग 1880 के दशक में ही होने लगा था। बहरहाल, टेलीविजन के उभार तथा सिनेमा हॉल के सीमित होने तक रेडियो मनोरंजन का सबसे विस्तृत जरिया था, जिसके अन्तर्गत कई तरह के नाटक बनाए गए। इसमें बीबीसी ऐसी सेवा है जो आज भी रेडियो नाटक तैयार करती है। भारत में साठ के दशक से, खासकर 'विविध भारती' के आने के बाद कई नाटक तैयार हुए। बीबीसी की हिन्दी सेवा

भी 2012 में अपनी समाप्ति तक रेडियो नाटक तैयार करती रही थी। हिन्दी के कई स्थापित कहानिकारों और नाटककारों ने रेडियो के लिए विशेष रूप से नाटक तैयार किए या अपनी पहले की रचनाओं को रेडियो माध्यम के लिए रूपान्तरित किया है।

रेडियो नाटक लेखन के सन्दर्भ में सबसे बड़ी बात यह है कि जहाँ रंगमंच का नाटक देखनेवाले लोग नाटक से इतर कारणों से भी जा सकते हैं—दोस्तों के साथ वक्त गुजरना, लोगों से मिलना-जुलना आदि, रेडियो नाटक श्रोता को सिर्फ उसकी दिलचस्पी के आधार पर बाँधे रख सकता है। जैसा कि हमने रेडियो समाचार लेखन के समय कहा, रेडियो नाटक में भी तुरन्त स्टेशन बदल देने का विकल्प होता है। यह विकल्प एक असल थिएटर में नहीं होता चूँकि दर्शक टिकट लेकर और सम्भवतः बहुत दूरी तय करके वहाँ तक गए हैं और रहेंगे। अतः आकर्षक रेडियो नाटक अपने भाषा प्रभाव, साउंड इफेक्ट और बात के जादू पर ही ऑडियंस को अपने साथ पकड़ के रखते हैं। दूसरा महत्त्वपूर्ण पक्ष यह है कि श्रोता की कल्पनाशीलता को उड़ान भरवाना रेडियो नाटक के लिए सम्भव है। बीबीसी में काम करनेवाले रेडियो नाटक विशेषज्ञ पॉल ब्लूमफील्ड के अनुसार "रेडियो नाटक आँख नहीं, अपितु कान को सम्बोधित करता है। इसके बाद नाटक के प्रोड्यूसर पर निर्भर है कि वे साउंड इफेक्ट और वाचक (नैरेटर) आदि की क्या भूमिका तय करते हैं?"

यह बात कि रेडियो नाटक कान, यानी हमारे सुनने की शक्ति की ओर केन्द्रित है, इस उदाहरण से समझ आ जाएगी :

> कट :
>
> बाजार की चहल-पहल की आवाज, मोटर गाड़ियाँ, दुकानों में बजता संगीत, गाड़ियों के अलग-अलग प्रकार के हॉर्न, जिसमें से एक कुछ ज्यादा ही तीखा और संगीतमय है। धीरे-धीरे महसूस होता है कि चहल-पहल की आवाज कुछ लोगों की लगातार आवाज लगाने की आवाज में परिवर्तित हो रही है। अब हम एक सब्जी मंडी में हैं, जहाँ सब्जीवाले एक-दूसरे के ऊपर अपनी-अपनी सब्जियों के दाम चिल्लाकर ग्राहकों को अपनी ओर आकर्षित करने की कोशिश कर रहे हैं—"टमाटर सस्ता हो गया है बाबूजी, टमाटर सस्ता!" "भिंडी बीस रुपये किलो, भैया", "अरे आंटी जी, सस्ता लगा देंगे, कितने में लीजिएगा?" इस कोलाहल के समागम के बीच धीरे-धीरे हमें एक महिला की मधुर, किन्तु दृढ़ आवाज स्पष्ट उभरकर आती है और नेपथ्य का शोर हल्का हो जाता है। अर्चना (थोड़ा तेज बोलते हुए जैसे किसी का ध्यान आकर्षित कर रही हो) भैया, ये पहाड़ से अभी-अभी कच्ची हल्दी आई है न?
>
> विक्रेता (हर शब्द पर जोर डालकर धीरे-धीरे बोलते हुए) बिलकुल ताजा माल है, मैडम। एक मिनट...(अब वह हल्की-सी 'ऊँह' की आवाज निकालता

है मानो किसी चीज तक पहुँचने के लिए हाथ बढ़ा रहा हो, साथ ही थैली के खोले जाने जैसी आवाज आती है) ये...देखिए मैडम, कच्ची हल्दी आजकल मिलती ही नहीं है। सब पौडर के नाम पर नकली बेच रहे हैं। लीजिए, खुद देखिए। (हल्के-से खाँसता है)

अर्चना : हूँ...*(पाँच सेकंड का विराम जिससे अनुमान होता है कि वह हल्दी देख रही है)* कितने की दे रहे हो?

विक्रेता : अब मैडम आप ऐसा करो, बीस रुपये पाव ले जाओ।

अर्चना : नहीं भैया, इतना तो नहीं होता। पन्द्रह लगाइए।

विक्रेता : अरे मैडम, आप भी वही वाली बात *(अल्पविराम)* आप माल देखिए न? पहाड़ से ताजा आया है। ऐसी चीजें अब बाजार में मिल ही नहीं रही हैं...

रेडियो नाटक कैसे लिखा जाता है, उसका यह नमूना देखिए और कुछ बातों पर ध्यान दीजिए। आम नाटकों में हम 'दृश्य' लिखते हैं, लेकिन रेडियो श्रव्य माध्यम है। अतः रेडियो नाटक में अलग-अलग भागों के लिए 'कट' लिखा जाता है। किसी कट के भीतर हमें इस बात का ध्यान रखना है कि श्रोता सिर्फ आवाज के भरोसे हैं और उस माध्यम से उन्हें ज्यादा-से-ज्यादा जानकारी देनी है। अतः जो चीज दिखाई देती है, हम उसकी आवाज साउंड इफेक्ट के जरिये सुनवाते हैं। यहाँ बाजार के दृश्य में हर एक छोटी-बड़ी गतिविधि का चित्रण करने हेतु आवाज पर बल दिया गया है। पात्र के बात करने का तरीका, विराम, छोटी-से-छोटी हलचल जो श्रोता की जानकारी के लिए जरूरी है, उसका विस्तृत ब्योरा रेडियो नाटक की स्क्रिप्ट में होना चाहिए।

रेडियो नाटक में विभिन्न चरण होते हैं, जिनका वर्णन हम यहाँ करेंगे :

- **संवादः** पात्रों के बीच संवाद रेडियो नाटक का प्रमुख अंग है। इनकी बोलचाल की महत्ता और भी बढ़ जाती है चूँकि हाव-भाव के जरिये अभिनेता जो कह सकते थे वह यहाँ सम्भव नहीं, इसीलिए हर जरूरी बात को संवाद में कहना जरूरी है। यदि मंचीय नाटक या अन्य रचना का रूपान्तरण हो रहा है तो अतिरिक्त संवाद की आवश्यकता पड़ती है।
- **वाचक या नैरेटर :** वाचक दो तरह के हो सकते हैं—एक जो वाचक होने के साथ नाटक का सक्रिय पात्र भी है और दूसरा, जिसका नाटक के संवाद से सम्बन्ध नहीं पर वह उसकी घटनाओं पर टीका-टिप्पणी करने और कोई महत्त्वपूर्ण जानकारी देने तक सीमित रहता है।
- **साउंड इफेक्ट :** भारतीय परम्परा में ध्वनि दो प्रकार की बताई गई है—'व्यक्त' ध्वनि यानी मनुष्य द्वारा बोली गई बात। 'अव्यक्त' ध्वनि से

ही हमारा तात्पर्य साउंड इफेक्ट से है, जिसमें दरवाजा खुलने की आवाज से लेकर बर्तन खनकने की आवाज तक सभी शामिल हैं। साउंड इफेक्ट की भूमिका रेडियो नाटक में ज्यादा होती है चूँकि श्रोताओं को क्या हो रहा है, उसके लिए ज्यादा-से-ज्यादा संकेत चाहिए होते हैं।

- **संगीत :** रेडियो नाटक में संगीत कई प्रकार से इस्तेमाल हो सकता है—स्वतंत्र रूप से, किसी के डायलॉग के नेपथ्य में, दृश्य परिवर्तन के दौरान या नाटक के शुरुआत/अन्त तथा वाचक के बोलते समय। इन सभी समयों में संगीत का प्रकार अलग-अलग होता है।

रेडियो नाटक के कई प्रकार हो सकते हैं, लेकिन प्रमुख ये हैं :

1. **झलकी** सबसे कम समय का नाटक है, जिसका ज्यादातर इस्तेमाल हास्य और मनोरंजन के लिए होता है।
2. **एकांकी** में एक रेडियो नाटक एक निश्चित अवधि के भीतर पूरा कर लिया जाता है।
3. **धारावाहिक** रेडियो नाटक का सबसे प्रचलित और लम्बा स्वरूप है। यह नाटक किस्तों या 'एपिसोड' में प्रसारित होता है, ठीक उसी तरह जैसे मंचीय नाटक में अंक होते हैं। अन्तर बस यह है कि जहाँ मंचीय नाटक एक बार में सम्पूर्ण होता है, धारावाहिक में कई दिनों, महीनों यहाँ तक कि सालों तक नाटक एपिसोड चल सकते हैं। धारावाहिक नाटक भी कई तरह के होते हैं—पहले वे, जिनमें पात्र और प्लॉट लगभग एक ही रहता है और उनके जीवन में बदलाव को एपिसोड-दर-एपिसोड दर्ज किया जाता है। दूसरे वे, जहाँ पात्र बदल जाते हैं पर नाटक की थीम एक-सी होती है, जैसे कोई जासूसी नाट्य शृंखला, जिसमें जासूसी का तत्त्व समान है, पर पात्र और प्लॉट अलग।

रेडियो नाटक का उपयोग मनोरंजन के साथ-साथ दर्शकों के ज्ञान और भाव्यभिव्यक्ति में वृद्धि और सरकारी योजनाओं को आगे बढ़ाने के लिए भी किया जाता है। आकाशवाणी ने कितने ही नाटक सरकारी कार्यक्रमों की महत्ता बताते हुए प्रसारित किए हैं।

रेडियो माध्यम में सैटेलाइट और टरेस्ट्रीयल स्वरूप के लगातार क्षीण होते जाने के साथ रेडियो नाटक अब इंटरनेट पर उपलब्ध होने लगे हैं। जो पुराने नाटक हैं वे पहले कैसेट और रिकॉर्डर में संचित किए जाते थे, किन्तु आजकल वे नेट पर 'पॉडकास्ट' के रूप में उपलब्ध हैं।

जैसा कि कहा गया, रेडियो नाटक की विधा में कई लेखकों ने अपना योगदान दिया है। इनमें रेडियो के लिए विशेष रूप से तैयार नाटक, हिन्दी और पश्चिमी

रचनाओं का नाट्य रूपान्तरण तथा पहले से मंचित नाटकों का रेडियो के लिए परिवर्तन। चूँकि कई बार इनके शीर्षक चर्चित रचनाओं के होते थे, इसीलिए इनमें से कई बहुत प्रसिद्ध हुए हैं। जगदीश चन्द्र माथुर द्वारा रचित 'रीढ़ की हड्डी', रेवती सरण शर्मा द्वारा रचित 'मैं क्यों नहीं' इसके उदाहरण हैं। इसके अलावा कई ऐसे रेडियो निर्माता हुए हैं, जिन्होंने नाटकों का बेहद सफल रूपान्तरण किया है। बीबीसी में नीलाभ अश्क, मनोज भटनागर और तमिल भाषा के लिए शंकरमूर्ति इसके उदाहरण हैं। अस्सी और नब्बे के दशक में शेक्सपियर से लेकर प्रेमचन्द तक की रचनाओं के ऊपर रेडियो नाटक प्रसारित किए गए हैं।

रेडियो नाटक लेखन में कुछ चीजें जो ध्यान देने योग्य हैं, इस प्रकार हैं :

1. रेडियो नाटक में अभिनेता को वाचा और वाणी पर पूरा नियंत्रण रखना होता है। इसीलिए कठिन शब्दों का इस्तेमाल स्क्रिप्ट में यथासम्भव न करें।
2. भाषा-शैली सतही न रखें।
3. संवाद में पात्र के बोलते हुए ध्वनि की गति (आराम से या जल्दी) और पिच (धीमे या जोर से) का सटीक विवरण दें।
4. साउंड इफेक्ट और कट की बाकी चीजों के महीन-से-महीन बिन्दु को ऐसे लिखें ताकि अभिनेता उसे समझकर उसी हिसाब से अभिनय कर सके।
5. संगीत का यथासम्भव उपयोग करें और उसके लिए स्पेस छोड़ें।
6. एक अच्छा श्रोता बनें। तमाम रेडियो नाटक सुनें और उसे हिसाब से लिखें ताकि एक लेखक से ज्यादा एक श्रोता की नजर से लिख सकें।

पटकथा लेखन

हमारे समक्ष वह विधा है, जिसका सम्पूर्ण स्वरूप आज नित नई शैली में लगातार और ज्यादा लोकप्रिय हो रहा है। पटकथा लेखन टेलीविजन और सिनेमा उद्योग (छोटे और बड़े पर्दे) को तो संचालित करता ही है, आजकल इंटरनेट पर दर्शकों के लिए निर्मित हो रहे वेब सीरीज के लिए भी यह जरूरी है। पटकथा लेखन का आधारभूत अंग वह है जो किसी भी स्क्रीन माध्यम की जान है, वीडियो कैमरा। कैमरे की दिशा और गति के आस-पास ही कथात्मक शैली में पटकथा बुनी जाती है।

दरअसल 'पटकथा' शब्द का विच्छेद ही इस प्रकार है :

पट + कथा = पटकथा

यहाँ 'पट' का अर्थ है पर्दा और 'कथा' का अर्थ है **कहानी**। अतः, **पर्दे या स्क्रीन के लिए लिखी गई कहानी पटकथा कहलाती है।** अंग्रेजी में इसे 'स्क्रीनप्ले' कहते हैं, लेकिन किसी पटकथा और कहानी में मूल अन्तर यही है कि पटकथा में सिर्फ प्लॉट ही सब कुछ नहीं होता बल्कि उस कथा को फिल्मा

रहे कैमरे के पीछे का तकनीकी तामझाम, कैमरे की स्थिति (एंगल), ध्वनि, सेटिंग (जैसी रंगमंच पर होती है) भी बहुत आवश्यक होती है। इस सन्दर्भ में राजेन्द्र पांडे द्वारा की गई टिप्पणी सार्थक लगती है—"पटकथा लेखन में कथा लेखन समाया हुआ है, लेकिन यह कथा लेखन के बाहर के तत्त्वों को भी अपने में समेटे हुए है"।

पटकथा के अन्तर्गत हम फिल्म, धारावाहिक, डॉक्यूमेंट्री आदि कई तरह की विधाओं के लिए लेखन कर सकते हैं। इन सभी में कुछ मूल तत्त्व समान हैं तो कुछ विधा के अनुसार अलग-अलग।

जब लिखी गई कथा को कैमरे पर कैद किया जाता है तो उसे 'शूटिंग' कहते हैं। अतः पटकथा में लेखन से लेकर शूटिंग तक के तकनीकी पक्ष का ध्यान रखते हुए लेखन किया जाता है। चूँकि अब टेलीविजन एवं फिल्म उद्योग इतना बड़ा व्यावसायिक प्रतिष्ठान बन चुका है, पटकथा को लेकर मानक बहुत कड़े हो गए हैं। हमें पटकथा लेखन में न सिर्फ शैली और स्वरूप का ध्यान रखना चाहिए बल्कि उसके साथ-साथ किस कागज पर, कौन-से फॉण्ट में टाइप करके पटकथा जमा करनी है, यह भी महत्त्वपूर्ण है। पटकथा के सन्दर्भ में ऐसे बहुत सारे तकनीकी पहलू हैं जिन पर विस्तृत रूप से हम चर्चा करेंगे। वे सभी पहलू इस प्रकार हैं :

- **सीन :** सीन या दृश्य नाटक की ही तर्ज पर पटकथा लेखन का सबसे महत्त्वपूर्ण पहलू है। नाटक से इसका मूल अन्तर यह है कि हम मंच की जगह कैमरा के दृष्टिकोण से सीन लिखते हैं। अतः पटकथा में सीन कुछ इस तरह से लिखा जाएगा—"कैमरा भीतर के कमरे में जाए", "कैमरा नदी की ओर घूमे" आदि। किसी फिल्म या धारावाहिक में नाटक की अपेक्षा एक साथ दो दृश्य समानान्तर चलते हैं, जैसे एक तरफ एक चोर किसी घर में घुसा है और दूसरी ओर पुलिस घर की ओर आ रही है। ये दोनों दृश्य आगे-पीछे होते रहते हैं जिससे दर्शकों में रोमांच की अनुभूति होती है।
- **एक्शन :** कैमरा द्वारा एक समय पर फिल्माए जाते हुए फिल्म को उसका एक्शन कहा जाता है।
- **जूम :** कैमरा की वह तकनीक जिससे कोई छवि छोटी और दूर जाती, या बड़ी और पास आती दिखाई जा सकती है।
- **क्लोज अप :** जब कैमरे को किसी चीज के ऊपर विशेष रूप से ध्यान केन्द्रित करना हो तो उसके लेंस को 'जूम' करके उस वस्तु के पास ले आया जाता है, जैसे आँखों से गिरते आँसू में चेहरे के उस हिस्से का क्लोज अप।
- **कट टू :** इसका अर्थ नाटक के 'दृश्य परिवर्तन' के समान है। जब एक सीन से दूसरे में जाना होता है तो 'कट टू' लिखा जाता है।

- **फेड इन :** 'फेड इन ' या 'डिजाल्व' का अर्थ है, किसी चीज का घुल जाना। जब फिल्म या धारावाहिक का कोई महत्त्वपूर्ण हिस्सा समाप्त हो जाए और दूसरा शुरू हो—जैसे पात्रों की जिन्दगी में बीस साल बीत जाना, तो पुराने दृश्य को धीरे-धीरे गायब या 'फेड' किया जाता है।
- **फ्लैशबैक और फ्लैश फॉरवर्ड :** कई बार जब पात्र किसी चीज को याद कर रहा होता है तो उस याद के दृश्य को पर्दे पर दिखाने के लिए 'फ्लैशबैक' शब्द का इस्तेमाल किया जाता है। उसी प्रकार यदि कोई भविष्य में होनेवाली किसी घटना का अनुमान लगा रहा है तो उसे 'फ्लैश फॉरवर्ड' कहा जाता है। आपने यह तकनीक कई बार इस्तेमाल होते हुए देखी होगी।
- **'इंट' और 'एक्सट' :** 'इंट' जिसे अंग्रेजी में INT लिखा जाता है, से अर्थ है कि सीन 'इन डोर' अर्थात् बन्द दरवाजे के पीछे फिल्माया जा रहा है।'एक्सट या EXT का अर्थ है कि सीन 'एक्सटीरियर' अर्थात् बाहर खुले में फिल्माया जा रहा है। पटकथा लेखक को यह सब लिखकर देना होता है चूँकि फिल्मों में दृश्य बहुत तेजी से बदलते हैं।
- **डॉली :** बड़े फिल्म कैमरे को हम एक जगह से दूसरी जगह पहियों की सहायता से ले जा सकते हैं, जिसे 'डॉली' कहा जाता है।
- **पुल बैक :** 'जूम' तकनीक या डॉली के जरिये कैमरा किसी पात्र या दृश्य से दूर ले जाया जाता है।

आपने नोट किया ही होगा कि इन तकनीकों के बारे में बात करते-करते हम लेखन से फिल्म निर्माण की दुनिया में दाखिल हो गए हैं। फिल्म निर्माण और कैमरे में यदि आपकी दिलचस्पी है तो उसके लिए कई किताबें और अध्ययन के लिए कोर्स भी मौजूद हैं। यहाँ इतना कहना काफी होगा की पटकथा की रचना प्रक्रिया काफी हद तक फिल्म निर्माण की प्रक्रिया से जुड़ी हुई है। आजकल तो पटकथा लेखन में मदद करने के लिए पहले से तैयार सॉफ्टवेयर उपलब्ध हैं जहाँ आप दृश्य, संवाद तथा कैमरा सम्बन्धी निर्देश अलग-अलग करके लिख सकते हैं।

पटकथा लेखन को लेकर एक बुनियादी सिद्धान्त *थ्री एक्ट स्ट्रक्चर* या 'त्री-अंक संरचना' माना जाता है। इस संरचना के अनुसार हम किसी पटकथा के कथानक या प्लॉट में शुरुआत को मध्य से और मध्य को अन्त से अलग रखना सीखते हैं। हमें यह जानना होगा की पटकथा और कहानी में सिर्फ स्क्रीन का फर्क नहीं बल्कि उसके हिसाब से ही कथानक गढ़ने का भी फर्क है। अत: यहाँ 'एक्ट' नाटक के अंकों की तरह हैं और इन्हें एक-दूसरे से अलग रखने के कुछ सिद्धान्त हैं। यह सिद्धान्त 1979 में पटकथा लेखक सिड फील्ड द्वारा दिया गया था।

थ्री एक्ट स्ट्रक्चर में तीन अंक होते हैं :

- **एक्ट एक—सेटअप, इनसाइटिंग इंसिडेंट :** पहले अंक में प्लॉट को आधार देनेवाली घटना को 'इनसाइटिंग इंसिडेंट' या 'प्रेरक घटना' कहा जाता है। यह प्रेरक इसीलिए है क्योंकि इस घटना से प्लॉट में दिलचस्पी आना शुरू होती है। अत: जासूसी फिल्म में कोई अपराध होना इनसाइटिंग इंसिडेंट है। पहला एक्ट कथानक को दर्शकों के सामने सजाता-सा है इसीलिए इसे सेटअप कहते हैं।
- **एक्ट दो—मिड्पॉइंट, कन्फ्रंटेशन :** कन्फ्रंटेशन या टकराव का अर्थ है कहानी द्वंद्व या तनाव ऊपर उठते जाना। जैसे किसी फिल्म में अचानक दो दोस्तों की दोस्ती में दरार आ जाना टकराव को इंगित करता है। दूसरा अंक प्लॉट का मध्य का हिस्सा है इसीलिए इसे मिड्पॉइंट (मध्यभाग) कहते हैं।
- **एक्ट तीन—क्लाइमैक्स, रेजोल्युशन :** क्लाइमैक्स के विषय में हम पहले ही विस्तार से पढ़ चुके हैं। यह प्लॉट का अन्तिम हिस्सा है जहाँ से उसका तनाव और द्वंद्व समाप्ति की ओर बढ़ता है एवं रेजोल्युशन होता है। दोस्तों की दरार खत्म हो जाना रेजोल्युशन का ही उदाहरण है।

थ्री एक्ट स्ट्रक्चर को हम चित्र के माध्यम से निम्न रूप से अभिव्यक्त कर सकते हैं :

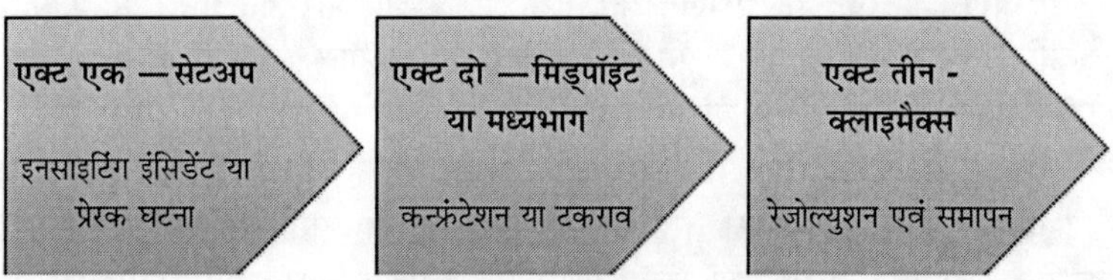

चित्र 6.1: 'थ्री एक्ट स्ट्रक्चर' का चित्रण।

पटकथा लेखन उद्योग बहुत विस्तृत हो चुका है। प्रारम्भ में यह सिर्फ 'फीचर फिल्म' या लघु सिनेमा के लिए लिखा जाता था, लेकिन अब धारावाहिक और डॉक्यूमेंटरी भी इसके अंग हैं। भारत में शुरुआत से ही साहित्य और सिनेमा का रिश्ता रहा है। शुरुआत के उपन्यासकारों में मनोहर श्याम जोशी ने तो पटकथा लेखन न सिर्फ किया है बल्कि उस पर टिप्पणी भी लिखी है। मन्नू भंडारी के उपन्यास 'आपका बँटी' पर फिल्म ही नहीं बनी बल्कि 1980 के उत्तरार्द्ध में दूरदर्शन पर 'रजनी' नामक धारावाहिक की पटकथा उन्होंने ही लिखी जो सामाजिक कुरीतियों के खिलाफ खड़ी होनेवाली महिला की कहानी है। इसके अलावा अंग्रेजी उपन्यासकार

आर.के. नारायण के उपन्यास 'गाइड' पर उस नाम की प्रसिद्ध फिल्म बनी। प्रेमचन्द की कहानी 'शतरंज के खिलाड़ी' पर भी फिल्म बनाई गई है। हाल के उदाहरणों में चेतन भगत के उपन्यासों पर बनीं 'थ्री इडियट्स', 'हैलो' और 'काई पो छे' तथा वेब सीरीज में विक्रम चन्द्रा के अंग्रेजी उपन्यास पर 'सेक्रेड गेम्स' शामिल है। वेब सीरीज के साथ अब इंटरनेट सबकी पहुँच में आने से अब बिना संसाधन के जनता में से भी लोग आगे आकर फिल्म बना रहे हैं और उसे यूट्यूब जैसे माध्यम से शेयर कर रहे हैं।

पटकथा के सन्दर्भ में निम्नलिखित बातें ध्यान में रखें :

1. पर्दे के दर्शक तथा मंच के दर्शक में अन्तर होता है। अत: कथानक की सामग्री या कथावस्तु को उस हिसाब से तैयार करें।
2. वैसी ही भाषा और शब्द इस्तेमाल करें जैसी आप पटकथा को प्रसारित होते समय देखना चाहते हैं।
3. यथासम्भव शुरुआत में सॉफ्टवेयर की मदद से भी पटकथा लिखना सीख सकते हैं, किन्तु बेहतर हो कि इसके लिए विद्वानों की किताबें देखें।
4. शुरुआत में बड़ी फिल्म या वेब सीरीज की जगह किसी धारावाहिक के अंक के लिए पटकथा तैयार करें।

ब्लॉग लेखन

ब्लॉग लेखन इंटरनेट के प्रचलन के साथ शुरू हुआ और कालान्तर में काफी लोकप्रिय बन गया है। हमने ब्लॉग की परिभाषा को अध्याय : तीन में जाना। ब्लॉग लेखन मूलत: किसी वेबसाइट पर स्वतंत्र रूप से अपने विचार अभिव्यक्त करने का माध्यम है। इसके बारे में सबसे जरूरी बात यह है की ब्लॉग में वेबसाइट खुद-ब-खुद एक डायरी की तरह आपके आलेखों का संग्रह तिथिवार सँजोकर रखती है। आपका सबसे नया ब्लॉग पोस्ट सबसे पहले नजर आएगा और उससे पुराना उसके नीचे।

गूगल द्वारा संचालित 'ब्लॉगर' एवं 'वॉर्डप्रेसस' ऐसी वेबसाइट्स हैं जो आपको अपना खुद का ब्लॉग बनाने का माध्यम देती हैं। आप चाहें तो अलग-अलग विषय पर अलग ब्लॉग बना सकते हैं। ब्लॉगिंग वेबसाइट आपको यह सुविधा देती है कि आप न सिर्फ अपने विचार लिख पाएँ बल्कि वेबसाइट पर मौजूद औजारों की मदद से उसे खूबसूरत रूप से सजाकर प्रस्तुत कर पाएँ। अत: ब्लॉग लेखन ऑनलाइन स्तर पर आपकी व्यक्तिगत किताब होता है, बस इस अन्तर के साथ की आम तौर पर आप चाहते हैं कि आपके विचार हर कोई जाने। दरअसल 'ब्लॉग' शब्द 'वेब लोग' से आया है जिसमें वेब का अर्थ ऑनलाइन माध्यम से है और लोग का दैनदिनी से। अत: *एक प्रकार से ब्लॉग एक ऑनलाइन डायरी है।*

ब्लॉग की विशेषता यह है कि यह एक लेख नहीं बल्कि उनकी सिलसिलेवार चलनेवाली कड़ी है। ब्लॉग कई विषयों पर आधारित हो सकते हैं। समाचार और पत्रकारिता के विषयों पर तो वे हो ही सकते हैं, पर सामान्य तौर पर वे ही ब्लॉग लोकप्रिय हुए हैं जो मनोरंजन, ज्ञानवर्धन, टेक्नोलॉजी, अर्थ, यात्रा वृत्तान्त या अनुभवों की खूबसूरत भाव्यभिव्यक्ति पर आधारित हों। ब्लॉग की विषयवस्तु सराहे जाने का पैमाना उस ब्लॉग के ज्यादा-से-ज्यादा 'फॉलोअर' या प्रशंसक होना है। यदि आप किसी ब्लॉग को 'फॉलो' या 'सबस्क्राइब' करते हैं तो आपके पास ई-मेल पर उससे सम्बन्धित नई पोस्ट आती-जाती हैं।

ब्लॉग लेखन के सन्दर्भ में कोई एक खास पैमाना इसीलिए नहीं चूँकि यह हर व्यक्ति अलग-अलग तरीके से लिखता है। हमने ऊपर कई प्रकार के पत्रकारीय और साहित्यिक लेखन पर बात की है। अतः ब्लॉग यदि हल्की-फुल्की शैली में लिखा जा रहा है तो वह ऑनलाइन फीचर की तरह है, जबकि यदि वह डायरी की तरह लिखा जाता है तो उसके नियम लागू होते हैं, लेकिन यह बात पक्की है की पाठकों को आपके ब्लॉग निरन्तर रोचक और ज्ञान से भरे, मनोरंजक, सन्तुष्टि देनेवाले आदि लगने चाहिए।

कई सारे लोकप्रिय अभिनेता, राजनेता, खिलाड़ी, लेखक, मीडिया हस्तियाँ तथा अन्य चर्चित लोग अपना ब्लॉग बनाते हैं, जिसके जरिये वे अपने मन की बात अपने चाहनेवालों और बाकी दुनिया तक पहुँचाते हैं। अतः हम कह सकते हैं की सामान्य तौर पर ब्लॉग एक भावनात्मक जुड़ाव वाला माध्यम है और पत्रकारिता की 'हार्ड न्यूज' शैली के नियम इस पर नहीं चल सकते, लेकिन यह भी सच है कि अकादमिक ज्ञान, जैसे इतिहास, विज्ञान, पर्यावरण या अन्य विषयों पर अच्छी भाषा में जानकारी कई बार ब्लॉग पर मिलती है। उदाहरण के लिए, अंग्रेजी में सोनाली रानाडे का ब्लॉग इतिहास के विषयों पर काफी चर्चित है।

आपको अपने ब्लॉग की सफलता का मान अपने फॉलोवर्स के साथ ही ब्लॉग पर आ रही टिप्पणियों या 'कमेंट्स' के जरिये हो जाता है। यदि लोग आपके ब्लॉग की किसी बात से खुश न भी हों, तो भी उनका आना कहीं-न-कहीं आपके ब्लॉग की सफलता का नमूना है। ब्लॉग का विषय बहुत सावधानी से चुनना चाहिए। आँकड़ों से पता चलता है कि स्वास्थ्य और फिटनेस, फैशन, खाना और खेल से सम्बन्धित ब्लॉग सबसे ज्यादा पढ़े जाते हैं।

भारतीय सन्दर्भ की बात करें तो हिन्दी में 2003 से पहला ब्लॉग शुरू हुआ। इसके निर्माता श्री आलोक ने 'नौ दो ग्यारह' नाम से इसे शुरू तो किया ही, ब्लॉग के लिए 'चिट्ठा' शब्द का प्रयोग किया जो बहुत लोकप्रिय हुआ है। वैसे तो हिन्दी टायपिंग की प्रक्रिया यूनिकोड तथा इनपुट टूल्स की तकनीकों द्वारा आसान होने से ब्लॉगर्स की भरमार हो गई है, लेकिन अंग्रेजी की अपेक्षा इसका स्पेस छोटा है।

फिर भी कहानियों, कविताओं, चर्चाओं और नुस्खों से सम्बन्धित नए-नए ब्लॉग प्रकाश में आते रहते हैं।

ब्लॉग लिखते समय निम्नलिखित तथ्य ध्यान में रखें :

1. विषय का चुनाव करते समय यह ध्यान दें कि कितने पाठकों को यह पसन्द आएगा?
2. ब्लॉग की साज-सज्जा और प्रस्तुतीकरण को सुधारने के लिए दिए गए औजार इस्तेमाल करें।
3. छोटी-छोटी पोस्ट लिखें, लेकिन निरन्तर लिखें।
4. सफल ब्लॉगर्स के ब्लॉग पढ़ते रहें।

सहायक ग्रंथ सूची

- अभिव्यक्ति और माध्यम, एनसीईआरटी द्वारा प्रकाशित कक्ष ग्यारहवीं और बारहवीं के लिए जनसंचार और मीडिया पर सन्दर्भ पुस्तक।
- संचार के मूल सिद्धान्त, लेखक : ओमप्रकाश सिंह, लोकभारती प्रकाशन।
- टेलीविजन की भाषा, लेखक : हरिश्चन्द्र बर्णवाल, राधाकृष्ण प्रकाशन।
- रेडियो वार्ता शिल्प, लेखक : सिद्धनाथ कुमार, राधाकृष्ण प्रकाशन।
- भारत में प्रिंट, इलेक्ट्रॉनिक और न्यू मीडिया, लेखक : सन्दीप कुलश्रेष्ठ, प्रभात प्रकाशन।
- समाचार एवं प्रारूप लेखन, लेखक : डॉ. रामप्रकाश एवं डॉ. दिनेश कुमार गुप्त, राधाकृष्ण प्रकाशन।
- पत्रकारिता के विविध रूप, लेखक : डॉ. रामचन्द्र तिवारी, आलेख प्रकाशन।
- सोशल नेटवर्किंग : कल और आज, लेखक : राकेश कुमार, रिगी पब्लिकेशन।
- टीवी समाचार की दुनिया, लेखक : कुमार कौस्तुभ, किताबघर प्रकाशन।
- मीडिया लेखन और सम्पादन कला (Media Writing and Editing Techniques), लेखक : डॉ. गोविन्द प्रसाद एवं अनुपम पांडे, डिस्कवरी पब्लिशिंग हाउस।
- नए जन-संचार माध्यम और हिन्दी, सम्पादक : सुधीश पचौरी एवं अचला शर्मा, राजकमल प्रकाशन।
- Writing For the Media, लेखक : उषा रमन, ऑक्सफोर्ड यूनिवर्सिटी प्रेस।
- Understanding Journalism, लेखक : एलएस बर्न्स, विस्तार पब्लिकेशन।
- Online Journalism; Principles and Practices of News for the Web, लेखक : जेसी फॉस्ट, हेथवे पब्लिशर्स।
- रेडियो नाटक का पुनर्जन्म, लेखक : अचला शर्मा, http://www.abhivyakti-hindi.org/rachanaprasang/radionatak.htm।

- कहानी का रंगमंच : बनती हुई नई परम्परा, लेखक : प्रताप सहगल, http://gadyakosh.org/gk/कहानी का रंगमंच : बनती हुई नई परम्परा / प्रताप सहगल।
- कहानी का रंगमंच, सम्पादक : महेश आनन्द, वाणी प्रकाशन।
- Screenplay: The Foundations of Screenwriting, लेखक : सिड फील्ड, डेल पब्लिशिंग कम्पनी।